U0662718

汽车发动机
电控系统

第 3 版

主　编　刁维芹　侯　勇

副主编　陆静兵　侯文胜

参　编　高昌　谭荣英　郭建英

机械工业出版社

本书为"十二五"职业教育国家规划教材修订版，是根据教育部最新颁布的《高等职业教育专科专业教学标准》修订而成的。本书主要介绍了电控燃油喷射系统、汽油机电控点火系统、怠速控制系统、排气净化与排放控制、进气与增压控制、柴油机电控系统及发动机电控系统的故障诊断内容。同时，本书对发动机电控系统的故障诊断所用的仪器、设备和诊断、检测的思路及方法做了详细的介绍。

本书可作为高等职业院校汽车检测与维修技术、汽车电子技术、汽车制造与试验技术及相关专业教材，也可作为汽车行业从业人员的岗位培训用书。

为方便教师教学，凡选用本书作为授课教材的教师，可免费获得电子课件及课后习题答案，可以教师身份登录www.cmpedu.com下载或拨打编辑热线索取。

图书在版编目（CIP）数据

汽车发动机电控系统 / 刁维芹，侯勇主编. --3版.
北京：机械工业出版社, 2025.7. --（"十二五"职业
教育国家规划教材：修订版）. -- ISBN 978-7-111
-78707-5

I. U464
中国国家版本馆CIP数据核字第2025T64M76号

机械工业出版社（北京市百万庄大街22号　邮政编码100037）
策划编辑：葛晓慧　　　　　　责任编辑：葛晓慧　张双国
责任校对：张爱妮　张亚楠　　封面设计：陈　沛
责任印制：常天培
北京联兴盛业印刷股份有限公司印刷
2025年8月第3版第1次印刷
210mm×285mm · 11.5印张 · 219千字
标准书号：ISBN 978-7-111-78707-5
定价：49.00元

电话服务　　　　　　　　　网络服务
客服电话：010-88361066　　机 工 官 网：www.cmpbook.com
　　　　　010-88379833　　机 工 官 博：weibo.com/cmp1952
　　　　　010-68326294　　金 书 网：www.golden-book.com
封底无防伪标均为盗版　　　机工教育服务网：www.cmpedu.com

随着汽车技术的飞速发展，电子化和智能化已经成为汽车发展的主要趋势，也给汽车后市场的从业人员提出了新的挑战和更高的要求。为此，我们要坚持"以服务为宗旨、以就业为导向、以技能为核心"的职业教育理念，推进职业教育教学改革。为使汽车相关专业的学生和从业者更好地掌握汽车发动机电控系统的构造、原理和故障诊断方法，我们搜集了大量的资料，在第 2 版的基础上进行了修订。

本次修订的宗旨是：

1）注重专业课程内容与职业标准对接，根据产业转型升级对职业标准提出的新要求，将职业标准融入课程标准、课程内容的设计和实施中。

2）注重教学过程与生产过程的对接，强化工学结合，加强实习实训环节，培养符合产业需求的人才。

3）内容与时俱进，在内容的选取上，突出当今主流轿车普遍采用的发动机电控技术及先进的维修方法。

4）形式新颖，融入"互联网+"的内容，力求多方位、多角度地展现教材内容，便于读者学习。

5）为充分体现《习近平新时代中国特色社会主义思想进课程教材指南》的思想，从相关知识点切入，通过融入爱国精神、大国重器、工匠精神、身边榜样及绿色环保等素质教育元素，全面提升教材的铸魂育人功能，引导学生从思想上提高认识，使学生的世界观、人生观、价值观等得到升华，从而达到全程育人、全方位培养人才的目的。

本次修订在内容方面做了较多的补充和调整，采用任务目标—基本理论知识—任务实施—任务巩固的形式进行编排。全书共有 7 个项目，分别是电控燃油喷射系统、汽油机电控点火系统、怠速控制系统、排气净化与排放控制、进气与增压控制、柴油机电控系统和发动机电控系统的故障诊断。

本书由刁维芹、侯勇任主编，陆静兵、侯文胜任副主编，参与编写的还有高昌、谭荣英、郭建英。本书在编写的过程中得到了北京海联力通、北京正德永成等维修企业的大力支持，在此向他们表示衷心的感谢。

在本书编写过程中，编者借鉴和参考了国内外大量资料，在此向相关资料的作者表示衷心的感谢。

由于编者水平有限，书中难免有错误和不妥之处，敬请广大读者批评指正。

编 者

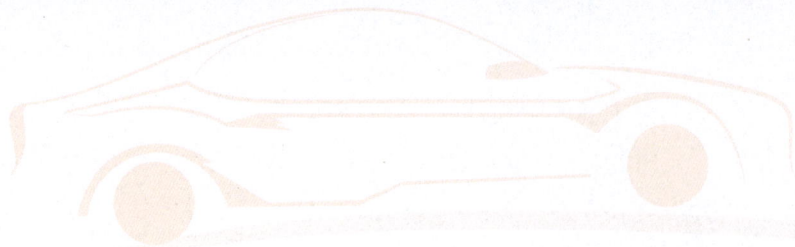

目 录 CONTENTS

认识发动机电控系统

【课堂互动】

【学习目标】

1. 了解发动机电控技术的发展及应用。
2. 认识发动机电控系统的组成、作用和工作过程。

现代社会对汽车产品的要求是排放清洁、资源节约、动力强劲、操作方便、乘坐舒适、使用安全，依靠改变传统的机械结构和有关结构参数来提高汽车的性能已临近极限，无法满足现代社会提出的新要求。电子控制技术的兴起与发展，尤其是其在汽车工业上的应用，使汽车产品技术性能的极大提高成为可能，为汽车产业的发展注入了生机和活力。

一、电子技术在发动机上的应用

发动机电控技术可分为电控汽油喷射、电控点火、排气控制、进气增压控制、故障自诊断、安全保险、备用控制以及其他控制技术。

（1）电控汽油喷射装置　在现代汽车上，机械式或机电混合式燃油喷射系统已趋于淘汰，电控汽油喷射装置因其性能优越而得到了普及。电控喷油装置可以自动保证发动机始终工作在最佳状态，使其在输出功率一定的条件下最大限度地节油和净化空气。经过实验并修正得到发动机最佳工况时的供油控制规律，事先把这些客观规律编成程序存入微型计算机的存储器中。当发动机工作时，根据各传感器测出的空气流量、排气管中含氧量、进气温度、发动机转速及工作温度等参数，按预先编好的运算程序进行运算，然后和内存中的最佳工况的参数进行比较和判断后调整供油量。这样就能够使发动机一直在最优工作状态下运行，从而使发动机的综合性能得到提高。

（2）电控点火装置　它由微型计算机、传感器及其接口、执行机构等几部分构成。该装置可根据传感器传递的发动机各项参数进行运算、判断，然后进行点火时刻的调节，这样可以节约燃料，减少空气污染。此外，新型发动机电控装置还有自适应控制、智能控制及自诊断功能等。一般认为，发动机电控装置的节能效果在15%以上，在环境保护方面效果更明显。

（3）排气控制装置　汽车发动机排放的尾气是大气污染源，应该采取各种有效措施改造发动机以减少汽车的排放污染。关于汽车发动机排气的控制和净化问题，各国都进行了大量研究工作，研究出了不少的技术措施。这些方法大致可分为发动机本身结构的改进和增加排放净化装置两种。由于发动机本身结构的改进较难满足日益严格的排放法规和降低成本的要求，因此现代汽车采取了多种排放控制措施来减少汽车的排气污染，如三元催化转化、废气再循环、活性炭罐蒸发控制、二次空气供给等。

（4）进气增压控制装置　发动机中增压系统的安装日渐增多，其目的是提高进气效率。电控增压系统的研制开发使增压技术跨上一个台阶。目前，应用较普遍的是电控废气涡轮增压系统，其由切换阀、作动器、空气冷却器、空气滤清器、ECU、释压电磁阀组成。通常，增压器是为发动机的低速小负荷工况而设计的。发动机大负荷运行容易导致增压器超速运行而损坏，为此电控废气涡轮增压系统专门在排气管的废气涡轮室处增加了一条旁通气道，由 ECU 对切换阀的开度进行调整。

（5）故障自诊断系统　现代轿车发动机的电控系统中，ECU 一般都带有故障自诊断系统，可自行检测、诊断发动机控制系统各部分的故障。对于传感器，可通过检测其信号是否超出规定范围来直接进行判断；对于执行器，在其初始电路中增设专门回路来实现监测；对于 ECU 本身，有专用程序进行诊断。故障自诊断系统一般由 ECU 中的识别故障及故障运行控制软件、故障监测电路和故障运行后备电路等组成。

（6）安全保险装置　如果 ECU 的输入信号不正常，它将按照存储器中存储的固定喷油持续时间和固定点火提前角控制发动机，使发动机能够继续维持工作。当 ECU 本身出故障时，装有备用控制系统的发动机能继续对喷油和点火进行控制，使车辆继续行驶。

（7）柴油机的电控装置　柴油机电控技术当前主要应用于柴油喷射、废气再循环、尾气催化转化等方面。目前先进的柴油机电控技术应用是共轨式电控喷油系统，它由电磁阀、传感器和中央处理单元组成。与传统喷射系统不同，在共轨系统中，压力的产生和喷射互不相联。在一定限度内，喷射压力的选择不受发动机转速和喷油量的影响。

随着科学技术和经济的高速发展，人们对汽车性能的要求也不断提高，为此现代汽车上大量地应用了电子技术。电子技术不仅提高了传统汽车的性能和水平，而且开拓了电子技术新的应用领域，开创了当今的汽车电子时代。汽车的电子化程度已成为衡量汽车技术水平高低的重要标志。未来汽车市场的竞争，就其本质而言，是汽车电子化的竞争。

二、发动机电控系统的基本组成

任何一种电控系统，其主要组成都可以分为信号输入装置、电控单元（ECU）和执行元件三大部分，如图 0-1 所示。

▲ 图 0-1　电控系统的基本组成

1. 信号输入装置

它主要由各种传感器组成，主要功能是采集控制系统所需的信息，并将其转换成电信号通过电路输送给 ECU。主要的传感器和信号输入装置有以下几种：

（1）空气流量计　测量发动机的进气量，将信号输入 ECU。

（2）进气管绝对压力传感器　测量进气管内气体的绝对压力，将信号输入 ECU。

（3）节气门位置传感器　检测节气门的开度及开度变化，将信号输入 ECU。

【课堂互动】

（4）凸轮轴位置传感器　提供曲轴转角基准位置信号。

（5）曲轴位置传感器　检测曲轴转角位移，给 ECU 提供发动机转速信号和曲轴转角信号。

（6）进气温度传感器　检测进气温度信号。

（7）冷却液温度传感器　给 ECU 提供冷却液温度信号。

（8）车速传感器　检测汽车的行驶速度，给 ECU 提供车速信号。

（9）氧传感器　检测排气中的氧含量，向 ECU 输入空燃比的反馈信号，进行喷油量的闭环控制。

（10）爆燃传感器　检测汽油机是否爆燃及其爆燃强度。

（11）空调开关 A/C　当空调开关打开，空调压缩机工作，发动机负荷加大时，由空调开关向 ECU 输入信号，作为喷油量和点火提前角的修正信号。

（12）档位开关　自动变速器由空档挂入其他档时，向 ECU 输入信号，对喷油量和点火提前角进行修正。

（13）起动开关 STA　发动机起动时，给 ECU 提供一个起动信号，作为喷油量和点火提前角的修正信号。

（14）制动灯开关　制动时，向 ECU 提供制动信号，作为对喷油量、点火提前角和自动变速器等的控制信号。

（15）动力转向开关　当转向盘由中间位置向左、右转动时，由于动力转向液压泵工作而使发动机负荷加大，此时向 ECU 输入信号，调整喷油量和点火提前角。

（16）巡航控制开关　当进入巡航控制状态时，向 ECU 输入巡航控制状态信号，由 ECU 对车速进行自动控制。

2. 电控单元

电控单元（ECU）俗称"电脑"，是发动机控制系统的核心，它具备的基本功能如下：

1）接收传感器或其他输入装置的信息，给传感器提供 5V、9V 或 12V 的参考电压，将输入的信息转变为 ECU 能接收的信息。

2）存储、计算、分析处理信息。存储该车型的特征参数和运算中所需的有关数据信息。

3）运算分析。根据信息参数求出执行命令数值，将输出的信息与标准值对比，确定故障信息。

4）输出执行命令。

5）自我修正功能（学习功能）。在实际维修中如果怀疑 ECU 有故障，可通过检测 ECU 各端子的工作参数与标准进行比较来确定。最好的方法是用一个已知无故障的 ECU 来替代，若故障现象消失，说明原 ECU 有故障。ECU 发生故障一般无法修理，必须更换。

3. 执行元件

执行元件是受 ECU 控制并具体执行某项控制功能的装置。在发动机的集中控制系统中，执行元件主要有喷油器、点火器、怠速控制阀、巡航控制电磁阀、节气门控制电动机、EGR 阀、进气控制阀、二次空气喷射阀、油泵继电器、风扇继电器、空调压缩机、自诊断显示与报警装置、仪表显示装置等。

【课堂互动】　随着发动机控制功能的增加和进一步发展，执行元件的数量将进一步增加。

图 0-2 所示为汽油发动机电控系统的组成。

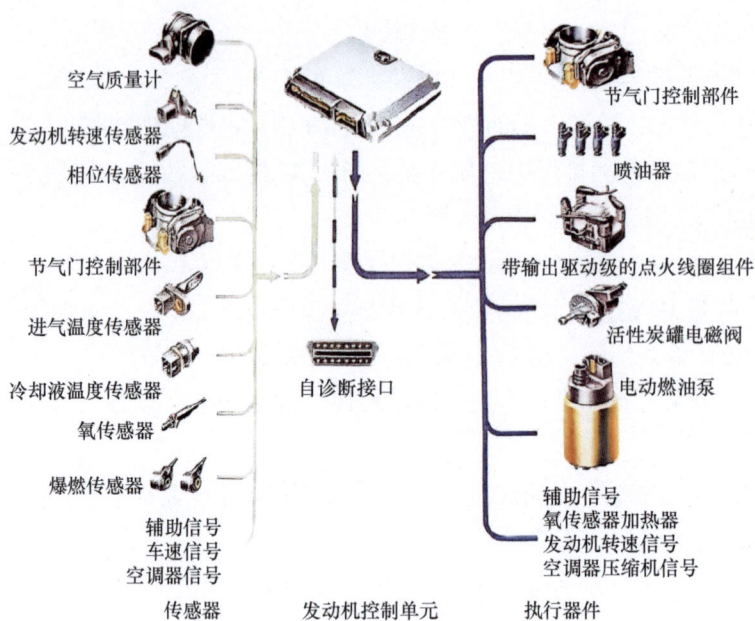

　空气质量计
　发动机转速传感器
　相位传感器

　节气门控制部件
　进气温度传感器
　冷却液温度传感器
　氧传感器
　爆燃传感器
　　　　辅助信号
　　　　车速信号
　　　　空调器信号
　　　　传感器

　节气门控制部件
　喷油器
　带输出驱动级的点火线圈组件
　活性炭罐电磁阀
　电动燃油泵

　自诊断接口
　发动机控制单元

　辅助信号
　氧传感器加热器
　发动机转速信号
　空调器压缩机信号
　执行器件

▲ 图 0-2　汽油发动机电控系统的组成

【素养课堂】

"把民族汽车品牌搞上去"——从中国一汽创建 70 年看中国汽车工业发展

新中国成立初期，百废待兴。"什么时候能坐上我们自己造的小汽车？"朴素的话语承载了一个国家的工业梦想。党把建设一汽列为"一五"时期 156 个重点项目之一。1953 年 7 月 15 日，来自全国各地的万名建设者会聚长春市西南郊，于茫茫荒野上夯下了第一根基桩。一汽创业之路由此铺就，新中国汽车工业从此展开。

1956 年 7 月 13 日，第一辆国产解放牌货车总装下线，为中国不能造汽车的历史画上句号；1958 年 5 月 12 日，第一辆国产轿车——东风金龙驶出试制车间，开启了我国自主造轿车的历程……

改革开放迅速打开汽车市场。当时，国内汽车产能不足百万辆，产品"缺重少轻"，转型升级迫在眉睫。紧跟产业步伐，一汽开始建设现代化生产基地，大力发展轻型车和轿车；与大众、丰田等建立合资公司，快速提升制造能力……通过结构调整与合资合作，企业快速成长，2001 年产量和收入比 1988 年分别增长 3.2 倍和 13.4 倍。

党的十八大以来，一汽按下改革快进键。中国一汽成长为全球知名汽车制造商，位居世界 500 强企业前列；到 2022 年底累计产销汽车超 5400 万辆，实现营业收入 79881 亿元；近 5 年红旗品牌销量增长 65 倍，品牌价值达到 1155 亿元；连续 12 年解放品牌领跑行业，品牌价值达到 1187 亿元。

电控燃油喷射系统

【学习目标】

1. 掌握电控燃油喷射系统的基本组成与功能。
2. 能够说明电控燃油喷射系统的控制功能和控制原理。
3. 知道电控燃油喷射系统各主要元件的结构与工作原理。
4. 能够使用检测仪器对电控燃油喷射系统各元件进行正确的检测。

任务一　认识电控燃油喷射系统

【任务目标】

⭐ **知识目标：**
　　1. 了解燃油喷射系统的基本类型和特点。
　　2. 掌握电控燃油喷射系统的基本组成和功能。

◎ **技能目标：**
　　1. 能说出电控发动机的总体结构。
　　2. 能说出主要传感器、执行器的位置和作用。

◎ **素养目标：**
　　1. 能够在工作中与小组成员合作交流，有团队合作意识，锻炼沟通能力。
　　2. 养成 7S 工作习惯。
　　3. 养成服从管理、规范作业的良好工作习惯。

【基本理论知识】

一、燃油喷射系统的类型

1. 按喷射位置分类

燃油喷射系统按喷射的位置分类，有缸内喷射式和进气管喷射式两种。

（1）缸内喷射式　缸内喷射式电控燃油喷射系统的主要特点是喷油器安装在气缸盖上，燃油直接喷入发动机气缸内并与空气混合形成可燃混合气，如图1-1所示。

采用缸内喷射方式，通过合理组织缸内的气体流动，可以实现分层燃烧和稀薄燃烧，有利于进一步减小发动机有害物排放量，减小燃油消耗量。但是，缸内喷射需要能耐高温和耐高压的喷油器；气缸盖的结构设计上需要有安装喷油器的空间，对发动机的改动较大，使制造成本增加。

（2）进气管喷射式　进气管喷射也称缸外喷射，其特点是喷油器安装在进气总管或者进气歧管上，燃油由喷油器喷入进气总管或者进气歧管的进气门前，喷入的燃油在进气管中与空气混合形成可燃混合气，在进气行程被吸入气缸。采用进气管喷射对发动机改动很小，且喷油器不与高温、高压的燃气接触。进气管喷射按喷油器的安装部位不同，可分为单点喷射和多点喷射。

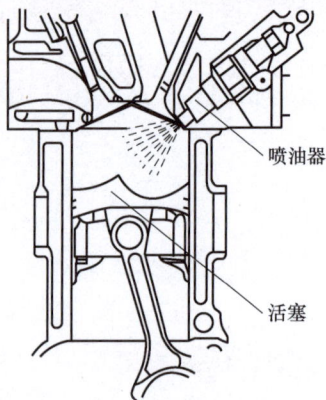

▲ 图1-1　缸内喷射式电控
燃油喷射系统

1）单点喷射。单点喷射也称节气门体喷射或集中喷射。它采用1或2个喷油器，喷油器安装在进气总管的节气门上方，如图1-2所示。单点喷射的主要特点是结构简单，由于它只有1或2个喷油器，因此故障源少，工作可靠性好。但是，由于单点喷射的燃油是喷在进气总管内的，因此各缸混合气的均匀性不如多点喷射。

2）多点喷射。多点喷射是在每个气缸的进气歧管上都安装1个喷油器，汽油喷射在进气门附近并与空气混合形成混合气，如图1-3所示。多点喷射由于每缸都有1个喷油器，因此各缸混合气的均匀性得到很大的改善。另外，在进气管设计时，可充分利用空气的惯性增压效应实现高功率化设计。现在的电控汽油喷射发动机绝大多数采用多点喷射。

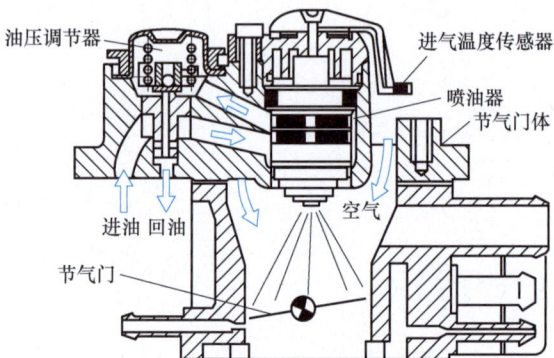

▲ 图1-2　单点喷射

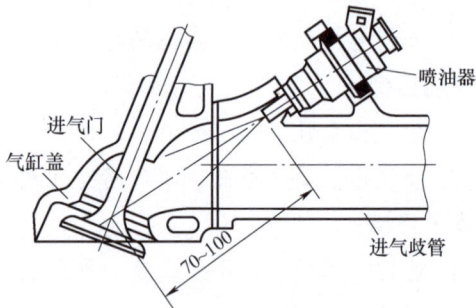

▲ 图1-3　多点喷射

2. 按喷射方式分类

根据喷射方式的不同，燃油喷射系统可以分为连续喷射式和间歇喷射式。

（1）连续喷射　连续喷射又称为稳定喷射，是在发动机运行期间，喷油器不间断地把汽油连续地喷入进气管。这种喷射方式不需要考虑各缸的工作顺序和喷油定时，因此控制非常简单；但混合气的均匀性、空燃比控制精度及过渡工况的响应特性都较差。

（2）间歇喷射　间歇喷射又称为脉冲喷射，即燃油以脉冲方式在某一时间段内喷入进气管。间歇喷射按各缸喷油器工作顺序不同，分为同时喷射、分组喷射和顺序喷射

3 种方式。

1）同时喷射方式。采用同时喷射方式时，一般发动机曲轴每转 1 转，各缸喷油器同时喷油 1 次，发动机 1 个工作循环所需的油量，分 2 次喷入进气管，因此这种喷射方式也称为同时双次喷射。同时喷射的喷油器工作情况如图 1-4 所示。

对于同时喷射方式，由于所有气缸的喷油是同时进行的，喷油正时与发动机工作过程没有联系，因此各缸对应的喷射时间不可能都达到最佳，从而

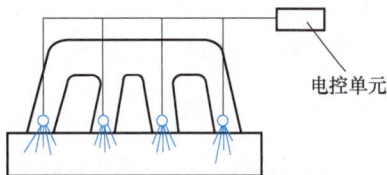

▲ 图 1-4　同时喷射

造成各缸混合气形成的时间长短不一致，混合气质量不一致。但是，同时喷射方式具有不需气缸判别信号，用一路控制电路就能控制所有的喷油器，电路与控制系统简单等优点，故早期生产的电控汽油喷射发动机大多采用这种喷射方式。

2）分组喷射方式。分组喷射方式把发动机所有气缸分成 2 组（四缸机）或 3 组（六缸机），电控单元用 2 路或 3 路控制电路控制各组喷油器。在发动机工作期间，各组喷油器依次交替喷射，每个工作循环各组喷油器均喷射 1 次（或 2 次）。分组喷射的喷油器工作情况如图 1-5 所示。分组喷射对空燃比的控制精度较同时喷射有了较大的提高，但控制电路相对比较复杂。

3）顺序喷射方式。顺序喷射也称独立喷射。发动机运行期间，喷油器按各缸的工作顺序，依次把汽油喷入各缸的进气歧管，曲轴每转 2 转，各缸喷油轮流进行 1 次。顺序喷射的喷油器工作情况如图 1-6 所示。

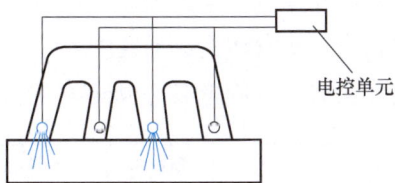

▲ 图 1-5　分组喷射

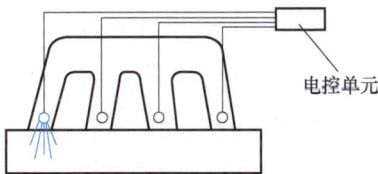

▲ 图 1-6　顺序喷射

由于顺序喷射是按各缸的工作顺序进行的，因此电控单元必须通过传感器获得基准气缸的有关信息，即所谓的判缸信号。对于顺序喷射控制，一般需要正时和缸序两个输入信号，电控单元才能对喷射过程进行准确的控制。其喷射正时大多在排气行程上止点前 $60°\sim70°$。

顺序喷射需要有与喷油器数目相同的控制电路，因此存在控制系统的复杂性增加等缺点。但由于顺序喷射可以根据发动机的运行工况设定最佳的喷射时刻，对提高混合气最终的质量十分有利，也有利于提高燃油经济性，降低有害物排放量。因此，现在绝大多数电控汽油机都采用顺序喷射方式。

3. 按空气量测量方式分类

按空气量测量方式分类，燃油喷射系统可分为 D 型喷射系统和 L 型喷射系统。

（1）D 型喷射系统　D 是德语的 Druck（压力）的第一个字母。D 型电控燃油喷射系统利用绝对压力传感器检测进气管内的绝对压力，ECU 根据进气管内绝对压力和发动机转速计算出发动机的进气量，再根据进气量和发动机转速确定基本喷油量。其工作原理如图 1-7 所示。

（2）L 型喷射系统　L 是德语的 Luft（空气）的第一个字母。L 型电控燃油喷射系

统利用空气流量计直接测量发动机的进气量，ECU不必进行计算，即可根据空气流量计信号得出与该空气量相应的喷油量。由于消除了计算进气量的误差影响，其计算的准确程度高于D型电控燃油喷射系统，故对混合气浓度的控制更精确。L型电控燃油喷射系统工作原理如图1-8所示。

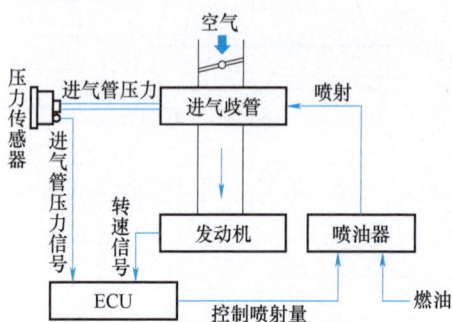

▲ 图1-7　D型电控燃油喷射系统工作原理

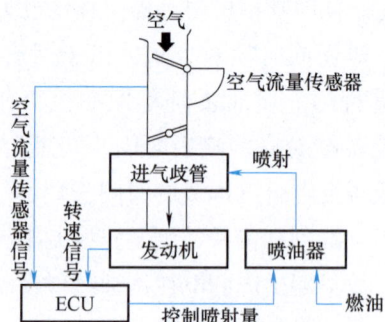

▲ 图1-8　L型电控燃油喷射系统工作原理

4. 按电控系统的控制模式分类

按电控系统的控制模式进行分类，燃油喷射系统可分为开环控制和闭环控制两种类型。

（1）开环控制（图1-9a）　开环控制是把根据实验确定的发动机各种运行工况所对应的最佳供油量的数据事先存入计算机中，在发动机实际运行过程中，ECU主要根据各个传感器的输入信号判断发动机所处的运行工况，再找出最佳供油量，并发出控制信号。控制信号经功率放大器放大后，再驱动电磁喷油器动作，以此精确地控制混合气的空燃比，使发动机处于最佳运行工况。

（2）闭环控制（图1-9b）　闭环控制是在排气管上加装氧传感器，根据排气中含氧量的变化，测出吸入发动机燃烧室内混合气的空燃比，并把它输入到计算机中，再与设定的目标空燃比进行比较，将误差信号经放大器放大后控制电磁喷油器，使空燃比保持在设定的目标值附近。因此闭环控制可以达到较高的空燃比精度，并可消除产品差异和磨损等引起的性能变化，工作稳定性好，抗干扰能力强。

什么是开环控制？什么是闭环控制？

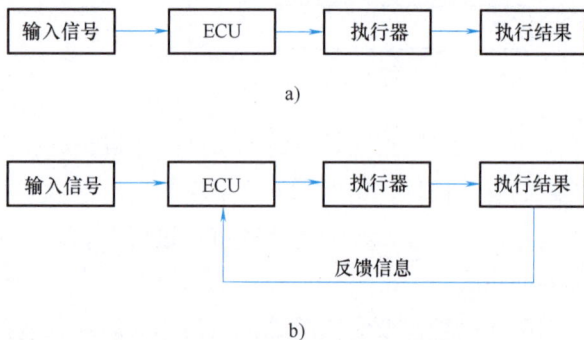

▲ 图1-9　开环和闭环控制示意图
a）开环控制示意图　b）闭环控制示意图

目前普遍采用开环和闭环相结合的控制方案。

二、燃油喷射系统的基本组成和功能

电控燃油喷射系统通常由空气供给系统、燃油供给系统和电控系统三部分组成。电控系统通过各种传感器来检测发动机的运转参数（包括发动机的进气量、转速、负荷、温度、排气中的氧含量等）的变化，再由ECU根据输入信号和数学模型来确定所需要的燃油喷射量，并通过控制喷油器的开启时间来控制喷入气缸内的每循环喷油量，进而实现对气缸内可燃混合气空燃比进行精确控制的目的，如图1-10所示。

【课堂互动】

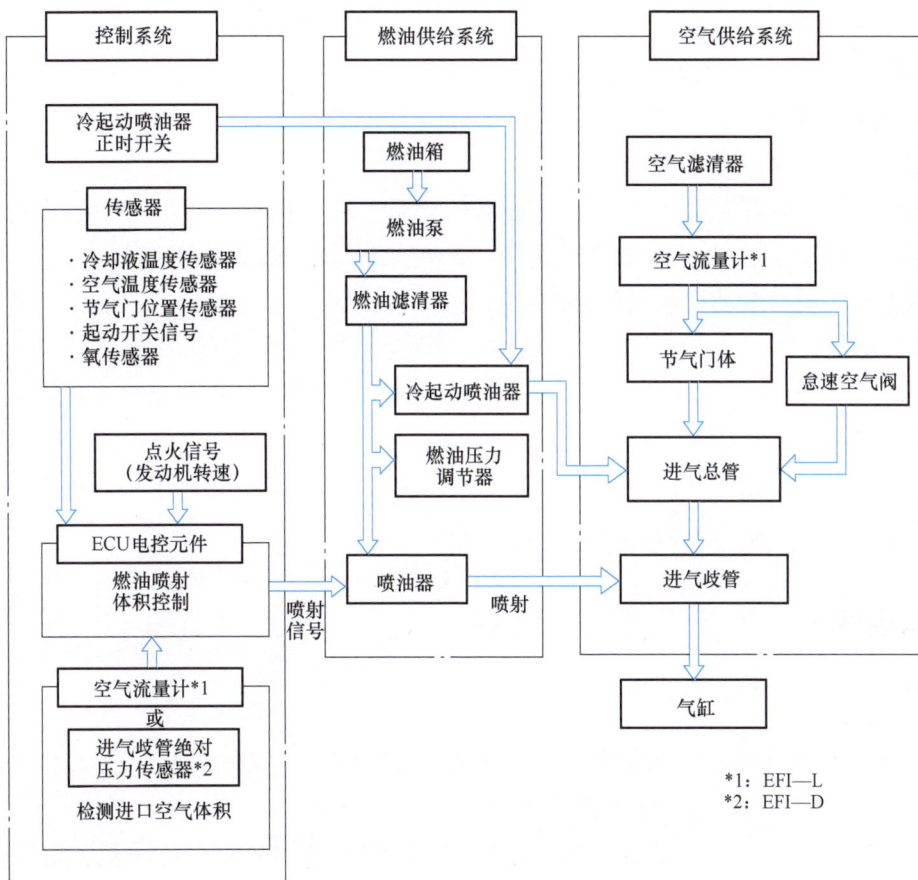

▲ 图 1-10　电控燃油喷射系统

1. 空气供给系统

该系统根据节气门或怠速空气阀的开度，将从空气滤清器来的空气进行计量后供给燃烧室。它由空气流量计（或进气歧管压力传感器）、节气门体、怠速空气阀、进气总管和进气歧管等组成。

2. 燃油供给系统

该系统将燃油加压后，根据电控单元的指令喷射燃油。它由燃油泵、燃油滤清器、喷油器和燃油压力调节器等组成。

3. 电控系统

该系统根据各传感器送来的信号，对燃油喷射装置的喷射时刻和喷射量进行控制。它由吸入空气量信息、发动机转速信息、节气门开度信息、冷却液温度和进气温度信息等信息源和电控单元组成。

【任务实施】

1. 目的与要求

1）认识电控发动机的总体结构、气路、油路。

2）认识电控发动机的主要传感器、执行器及所在位置、基本功用。

3）认识电控发动机检修常用的工具、仪器。

【课堂互动】

2. 设备与器材

电控发动机 4 台，常用工具 4 套，维修手册。

3. 内容与步骤

1) 认识传感器、执行器。

传感器：包括空气流量计、节气门位置传感器、进气温度传感器、冷却液温度传感器、曲轴位置传感器、凸轮轴位置传感器、氧传感器、爆燃传感器等。

执行器：包括电动汽油泵、电磁喷油器、点火模块、怠速控制阀、活性炭罐电磁阀、故障指示灯等。

2) 了解电控发动机的气路和油路。观察发动机总体布置，找出其空气流经路线和燃油流动路线。

3) 认识常用的工具和仪器。常用的工具和仪器主要包括跨接线、试灯、汽车万用表、真空表、油压表、故障诊断仪等。

【任务巩固】

1. 判断题

1) 对于 4 缸发动机，电控单元用两个电路来控制 4 个喷油器喷射，是分组喷射。

（　　　）

2) 通过进气管压力与发动机转速测量计算出进气量的方式是间接测量方式。

（　　　）

3) 按喷油器数目的不同，燃油喷射系统可分为连续喷射式和间歇喷射式。（　　　）

4) 按燃油喷射位置不同，燃油喷射系统可分为缸内喷射式和缸外喷射式。（　　　）

5) 采用同时喷射的电控燃油喷射系统，曲轴每转 2 转，各缸同时喷油 1 次。（　　　）

6) 顺序喷射按发动机各缸的工作顺序喷油，喷油正时与发动机工作循环有很大关系。

（　　　）

7) 采用顺序喷射方式时，一般喷油是在排气上止点前进行。　　　　（　　　）

2. 选择题

1) 汽油机燃油配制的两种类型均是依据（　　　）计量进气量，然后根据进气量供给适当空燃比的混合气进入气缸。

2) 燃油喷射控制系统是根据直接或间接测量的（　　　），确定燃烧所需的汽油量，并通过控制喷油器开启（　　　）来进行精确配制，使一定量的（　　　）以一定压力通过喷油器喷射到发动机的进气道或气缸内与相应空气形成可燃混合气。

3) 连续喷射都是喷到（　　　），而且大部分的燃油是在进气门（　　　）时喷射的，因此大部分的燃油是在进气道内（　　　）。

4) 单点喷射系统是在进气管的（　　　）安装一个中央喷射装置，用（　　　）喷油器集中向进气歧管喷射，形成可燃混合气，在发动机进气行程时被吸入气缸内。多点喷射系统是在（　　　）附近安装一个喷油器。

选择答案：

A. 空气进气量　　　　B. 真空度　　　　C. 节气门开度和发动机转速

D. 吸入　　　　　　　E. 进气道内　　　F. 节气门体上或稳压箱内

G. 时间　　　　　　H. 蒸发的　　　　　I. 汽油

J. 关闭　　　　　　K. 一只或两只　　　L. 每个气缸进气门

3. 问答题

1）同时喷射、分组喷射、顺序喷射的特点各是什么？

2）电子控制式的喷射装置有哪些？特点是什么？

3）什么是缸内喷射？什么是缸外喷射？各有什么特点？

4）什么是开环控制？什么是闭环控制？各有什么特点？

5）空气量的检测方式分几类？空燃比控制方式和控制系统各分几类？

任务二　空气供给系统的维护与检测

【任务目标】

⭐ **知识目标：**

1. 掌握空气供给系统的组成和作用。

2. 掌握空气供给系统各传感器的结构、工作原理。

⬡ **技能目标：**

1. 能够根据电路图对各传感器进行单体元件测试。

2. 能够根据维修手册对空气供给系统零件进行维护。

⬡ **素养目标：**

1. 与小组成员团结协作，有团队意识。

2. 规范操作，养成 7S 工作习惯。

3. 工作讲效率，吃苦耐劳。

【基本理论知识】

空气供给系统的作用是为发动机提供清洁的空气并控制发动机正常工作时的进气量。负荷越大，其提供的空气越多；反之，负荷越小，其提供的空气越少。当空气供给系统发生阻塞、泄漏等故障时，必然引起进气量与发动机负荷的不协调，从而导致发动机运转不良。一般情况下，当空气供给系统发生阻塞故障时，发动机会因为进气不畅而动力不足，甚至不能运转。

一、空气供给系统的组成

空气供给系统的组成如图 1-11 所示，主要由空气滤清器、空气计量装置（空气流量计或进气压力传感器）、节气门体、怠速空气调整器、进气歧管等组成。有的汽车还配有起谐振作用的谐振气室和起调节进气作用的控制阀。有些发动机为了提高气压，增加充气量，应用了涡轮增压技术和二次进气技术。发动机工作时，驾驶人通过加速踏板

【课堂互动】

控制节气门的开度，以此来改变进气量，控制发动机的运转。进入发动机的空气经空气滤清器滤去尘埃等杂质后，经空气流量计，沿节气门通道进入动力腔，再经进气歧管分配到各个气缸中。

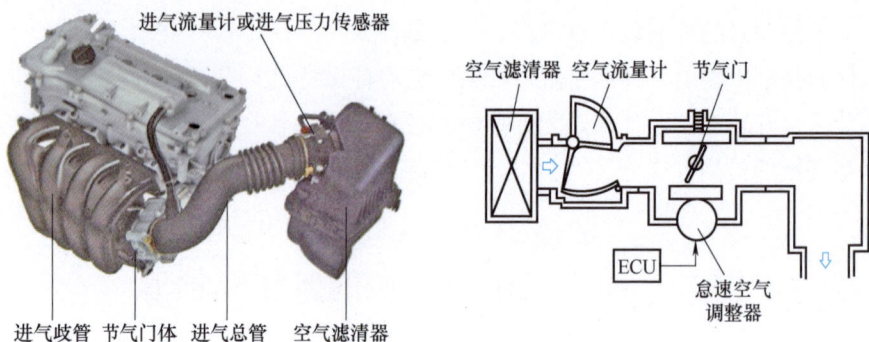

▲ 图 1-11　空气供给系统的组成

二、空气供给系统主要元件的构造与检测

1. 空气滤清器

（1）空气滤清器的作用　滤除空气中的杂质，降低进气噪声，减轻发动机的磨损。其结构如图 1-12 所示。

采用纸质滤芯的空气滤清器如图 1-13 所示，由壳体和滤芯两部分组成。纸质干式空气滤清器的滤芯采用经过树脂处理的微孔滤纸制成，滤纸多孔、疏松、折叠，有一定的机械强度和抗水性，具有滤清效率高、结构简单、重量轻、成本低、保养方便等优点，是目前应用最广泛的汽车用空气滤清器。

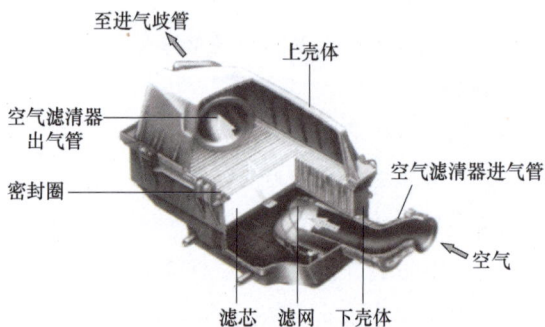

▲ 图 1-12　空气滤清器的结构

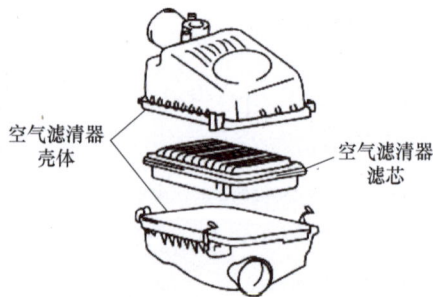

▲ 图 1-13　纸质滤芯空气滤清器

（2）空气滤清器的维护　一般汽车每行驶 15000km，应对空气滤清器进行一次维护。

维护空气滤清器时，拧下滤清器盖上的蝶形螺母，有锁扣的拆开锁扣，拆下滤清器盖，然后取出密封圈和滤芯。检查空气滤清器滤芯，若沾有油污或破损，应更换新件。对能继续使用的空气滤清器滤芯，可以轻轻敲打，将灰尘震掉，也可用压缩空气从里向外吹掉灰尘，压缩空气的压力应不超过 196kPa，以免损坏滤芯。

安装空气滤清器时，应注意将密封圈正确安装在原位，以防止不清洁的空气进入气缸。若橡胶密封圈老化或损坏，必须更换新件。

【课堂互动】

2. 空气流量计

空气流量计是测量发动机吸入空气量多少的装置。进气量用来计算基本喷油持续时间和基本点火提前角。电控燃油喷射系统能否正确地将空燃比控制在所需的范围内，决定了发动机的动力性、经济性和排放指标等。汽油机空燃比的调节是采用调整与进气量相匹配的供油量的方式，因此进气流量的测量是控制空燃比的基础。目前应用的空气流量计主要是热线式及热膜式空气流量计。

空气流量计的作用是什么？进气量用来计算什么？

（1）热线式空气流量计

1）结构。热线式空气流量计包括由铂丝制成的热线、空气温度传感器（冷线）、电子回路等。它有两种结构：一种是主流测量式，热线和温度传感器都装在位于空气主通道上的取样管内，如图 1-14 所示；另一种是旁通测量式，把热线缠绕在绕线管上并置于空气的旁路内，如图 1-15 所示。这两种热线式空气流量计为了使热线温度与进气温度的温差维持恒定，都设有控制回路。

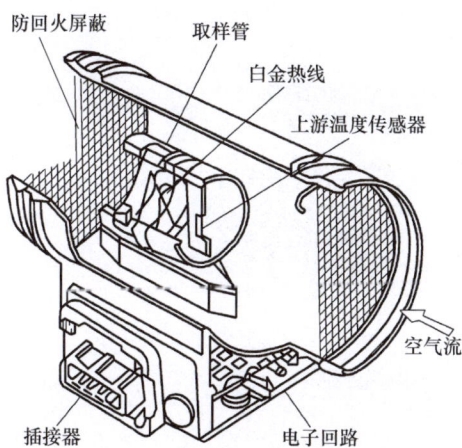

▲ 图 1-14　热线式空气流量计
（主流测量式）结构

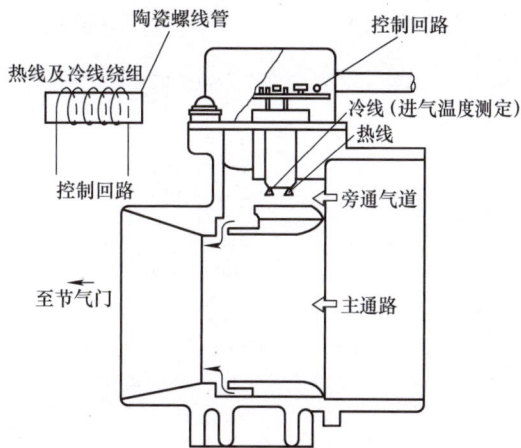

▲ 图 1-15　热线式空气流量计
（旁通测量式）结构

2）工作原理。热线式空气流量计在空气通路中放置一个发热体，由于热量被空气吸收，发热体本身会变冷，热线的电阻值会发生变化（变小）。发热体周围通过的空气流量越大，被带走的热量越多。热线式空气流量计就是利用发热体与空气之间的这种热传递现象进行空气流量测量的。

这种空气流量计设有进气温度测定部分和发热部分，ECU 根据进气温度和进气量的大小，改变供给热线的电流，保持吸入空气的温度与热线的温度差恒定，并通过测定热线电流的大小感知气体的流量（质量流量）。从原理上，热线式空气流量计具有在 ECU 中计算持续期及空燃比时无须对进气温度和压力进行修正的特点。其基本工作原理如图 1-16 所示。

热线式、热膜式空气流量计的组成各有哪些？

输出电压 U_M 是与热线电流 I_H 成比例的模拟信号。为了提高测量精度，内部设有稳压电路，以便控制热线两端电压保持恒定，使其不受外部电源变动的影响。

加热电流 I_H 变化较大（50~1200mA），精密电阻 R_3 为避免自热，采用温度系数很低的金属薄膜电阻。电桥电路另一个臂上电阻器的电阻很大，电流只有几毫安，以减少电损耗。其中R_K是白金薄膜电阻，与R_1相连作为温度补偿。

由于这种流量计基于热线表面与空气的热传导，热线上的任何沉积物都将对输出信号产生有害的影响，因此控制电路中具备自动"烧净"功能。每当发动机熄火后4s，控制电路发出控制电流，使热线温度迅速升至1000℃加热1s，将黏附于热线表面的污染物完全烧净。

（2）热膜式空气流量计

1）结构。热膜式空气流量计的发热体不是热线而是热膜。它将热线、补偿电阻（冷线）及精密电阻用厚膜工艺固定在以陶瓷为基片的树脂膜上。同时，它的分析电路比热线式的要简单得多，而起动速度几乎相同。其结构如图1-17所示。

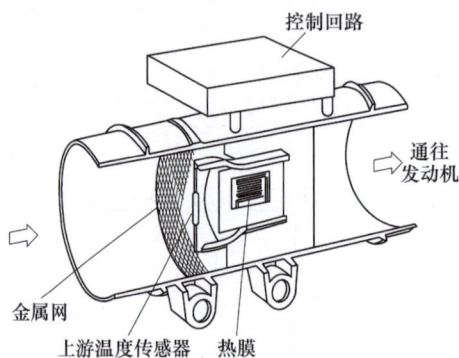

▲ 图1-16 热线式空气流量计工作原理
R_H—热线传感器电阻 R_K—冷线电阻
R_1、R_2、R_3—高精密电阻 U_M—空气流量的电压信号

▲ 图1-17 热膜式空气流量计结构

2）工作原理。热膜式空气流量计的工作原理与热线空气流量计式的相同。

3. 进气压力传感器

进气压力传感器是一种间接检测空气流量的传感器，其作用与空气流量计相当。ECU根据发动机转速、节气门开度、进气管压力与进入发动机气缸的空气流量的对应关系，计算出进气量，从而计算出基本喷油量。

进气压力传感器的安装位置较灵活，位于节气门体的后方，有的车型通过真空软管与进气总管连接；有的车型将进气歧管绝对压力传感器直接安装在进气总管上。

（1）压敏电阻式压力传感器 它由压力转换元件和对输出信号进行放大的混合集成电路等构成。压力转换元件是利用半导体压阻效应制成的硅膜片。硅膜片为边长约3mm的正方形，中部经光刻腐蚀形成直径约2mm、厚约50μm的薄膜。在膜片表面规定位置有4个应变电阻，以惠斯顿电桥方式连接，如图1-18所示。

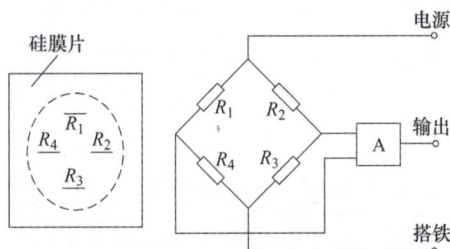

硅膜片的一侧是真空室，另一

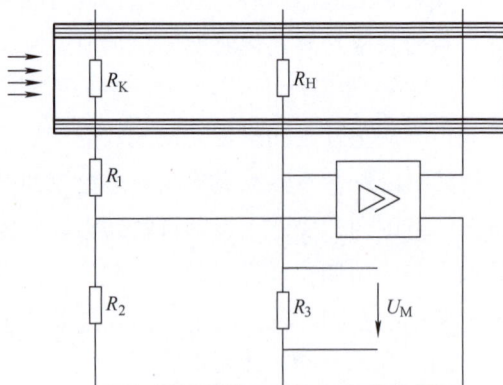

▲ 图1-18 压敏电阻式压力传感器工作原理

侧导入进气歧管压力。进气歧管侧的绝对压力越大，硅膜片的变形越大，其变形与压力成正比，膜片上的应变电阻阻值的变化也与硅膜片变形的变化成正比。这样就可利用惠斯顿电桥将硅膜片的变形转换成电信号。

【课堂互动】

（2）差动变压器式进气压力传感器　差动变压器是一种开磁路互感式电感传感器。由于其具有两个接成差动结构的二次线圈，所以又称为差动变压器，其结构如图1-19所示。

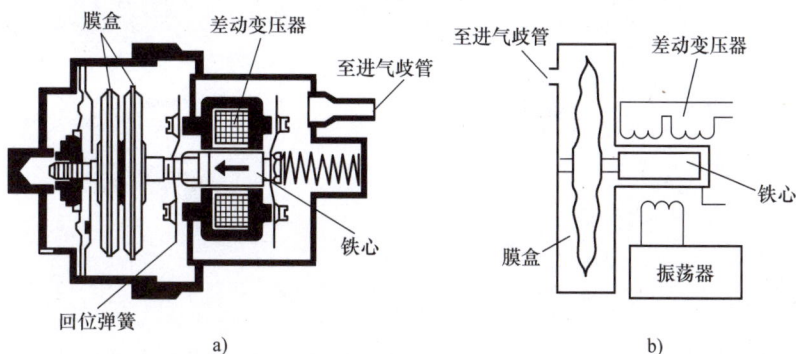

差动变压器式进气压力传感器主要由哪几部分组成？

▲ 图 1-19　差动变压器式进气压力传感器

a）结构　b）工作原理

它主要由膜盒、铁心、感应线圈和电子电路等构成。

膜盒由薄金属片焊接而成，其内部被抽成真空，外部与进气歧管相通，进气歧管压力的变化使膜盒产生膨胀和收缩的变化。置于感应线圈内部的铁心与膜盒联动，感应线圈由两个绕组构成，一个与振荡电路相连，产生交流电压，在线圈周围产生磁场；另一个为感应组，产生信号电压。当进气歧管中的压力变化时，膜盒带动铁心在磁场中移动，感应线圈产生的信号电压随之发生变化，将这信号电压送给 ECU，就可根据这个电压的大小计算出相应的空气量。

4. 节气门体和节气门位置传感器

（1）节气门体　节气门体包括控制进气量的节气门通道和怠速运行的空气旁通通道。节气门位置传感器装在节气门轴上，用来检测节气门开度，并把这个开度信号及时传给 ECU。当减速时，节气门由开到全闭，有时会导致发动机的冲击和熄火，为了防止这种情况发生，在节气门阀体上装有使节气门缓慢回位的缓冲器。节气门体的结构如图1-20所示。

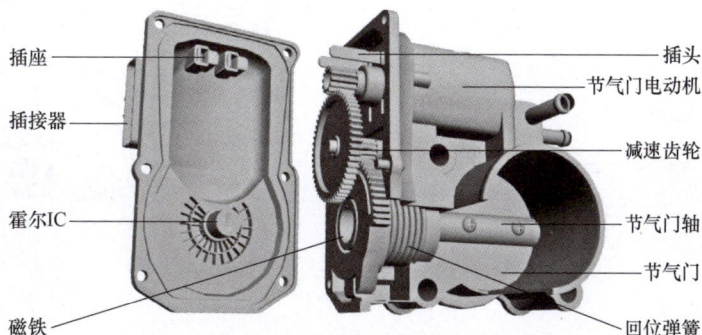

▲ 图 1-20　节气门体的结构

节气门体位于空气流量计和发动机之间的进气管上，如图 1-21 所示，可与驾驶人操纵的加速踏板联动，即踩下踏板时，节气门开度增大，松开加速踏板，则节气门自动回位，从而控制进气量的大小，控制汽车运动工况的变化。

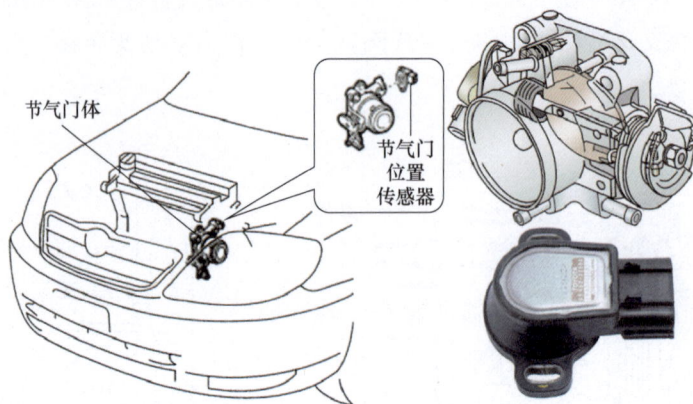

▲ 图 1-21 节气门体安装位置及外观

节气门体是空气供给系统的重要部件，在维修时应检查节气门体内是否有积垢或结胶，必要时用化油器清洗剂进行清洗。

（2）节气门位置传感器 节气门位置传感器安装在节气门体上，它将节气门开度转换成电压信号输出，以便 ECU 控制喷油量。节气门位置传感器有开关式和线性两种类型。

1）开关式节气门位置传感器。这种节气门位置传感器实质上是一种转换开关，又称为节气门开关，其结构如图 1-22 所示。它由一个节气门轴联动的凸轮，一个活动触点、两个固定触点——急速触点 IDL 和大负荷触点 PSW 等组成。凸轮控制触点的开启和闭合。当节气门转动时，活动触点随节气门一起转动，当节气门处于全关闭位置时，活动触点与急速触点接通，即急速触点闭合，ECU 判定发动机处于急速工况，从而按急速工况的要求控制喷油和点火；当节气门接近全开时（一般节气门开度在 50° 以上），活动触点和大负荷触点接通，即大负荷触点闭合，ECU 进行大负荷加浓控制；当节气门在中间位置时，活动触点两固定触点均断开，ECU 判定发动机处于部分负荷工况。

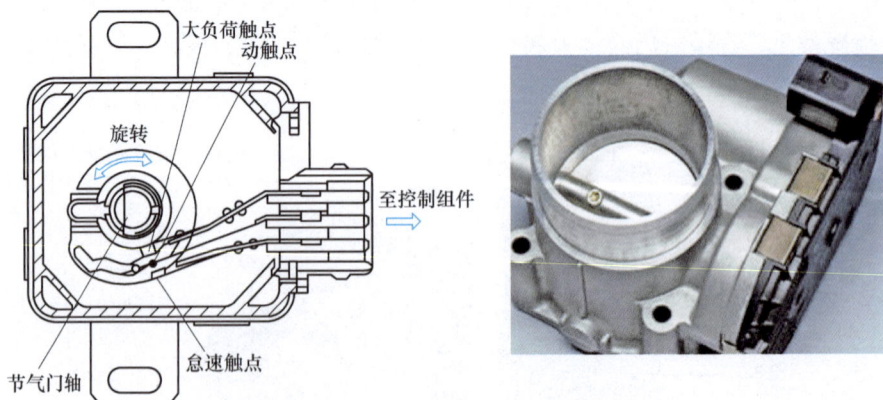

▲ 图 1-22 开关式节气门位置传感器

开关式节气门位置传感器结构比较简单，但其输出是非连续的。开关式节气门位置传感器的输出特性如图 1-23 所示。ECU 根据触点的闭合情况确定发动机工况。当节气

门关闭时，怠速触点 IDL 闭合、大负荷触点 PSW 断开，怠速触点 IDL 输出端子输出的 【课堂互动】
信号为低电平"0"，大负荷触点 PSW 输出端子输出的信号为高电平"1"。当 ECU 接收到节气门位置传感器输入的这两个信号时，如果车速传感器输入 ECU 的信号表示车速为零，那么 ECU 判定发动机处于怠速状态，并控制喷油器增加喷油量，保证发动机怠速转速稳定而不至于熄火。如果此时车速传感器输入 ECU 的信号表示车速不为零，那么 ECU 判定发动机处于减速状态，并控制喷油器停止喷油，以降低排放和提高经济性。

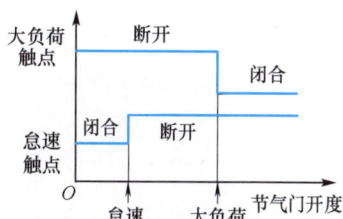

▲ 图 1-23　开关式节气门位置传感器的输出特性

当节气门开度增大时，凸轮随节气门轴转动并将怠速触点 IDL 顶开，大负荷触点 PSW 保持断开状态，IDL 端子输出高电平"1"，PSW 端子也输出高电平"1"，当 ECU 接收到两个高电平信号时，便可判定发动机处于部分负荷状态，此时 ECU 根据空气流量传感器信号和曲轴转速信号计算确定喷油量，主要保证发动机的经济性和排放性能。

当节气门接近全部开启（80% 以上负荷）时，凸轮转动使大负荷触点 PSW 闭合，PSW 端子输出低电平"0"，IDL 端子保持断开而输出高电平"1"。ECU 接收到这两个信号时，便可判定发动机处于大负荷运行状态，从而控制喷油器增加喷油量，保证发动机输出足够的动力，此时将大负荷触点称为功率触点。

2）线性节气门位置传感器。线性节气门位置传感器装在节气门上，它可以连续检测节气门的开度。它的结构、实物图及输出特性如图 1-24 所示。在传感器上安装了两个与节气门联动的电刷触头，其中一个电刷触头在印刷电路基片上的滑片电阻上滑动，利用电阻值的变化，测得与节气门开度对应的线性输出电压，根据输出的电压值，可知节气门的开度。另一个电刷触头在节气门关闭时与怠速触点 IDL 接触。IDL 主要给 ECU 提供怠速信号，用于断油控制和点火提前修正。节气门开度输出信号 V_{TA} 则使 ECU 对喷油量进行控制，随着节气门开度的增大，节气门开度输出电压线性增大。

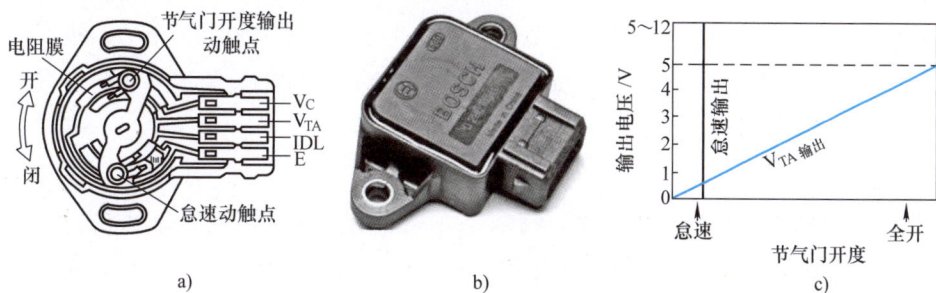

▲ 图 1-24　线性节气门位置传感器
a）结构　b）实物图　c）输出特性

5. 进气歧管

进气歧管位于节气门与进气门之间。之所以称为歧管，是因为空气进入节气门后，经过歧管缓冲后，空气流道就在此分歧了，对应发动机气缸的数量，如四缸发动机就有 4 道，五缸发动机则有 5 道，将空气分别导入各气缸中，如图 1-25 所示。以自然进气发动机为例，由于进气歧管位于节气门之后，所以当节气门开度小时，气缸内无法吸到足量的空气，就会造成歧管真空度高；而当节气门开度大时，进气歧管内的真空度就会变小。因此，部分喷射供油发动机都会在进气歧管上装设一个压力计，检测其真空度供给ECU判定发动机负荷，而给予适量的喷油。

▲ 图 1-25　进气歧管

【任务实施】

1. 目的与要求

1）能识读电路图和维修手册。

2）能够识别空气供给系统部件，并对相关部件进行检测。

2. 设备与器材

1）整车或电控发动机试验台架。

2）相应的检测仪器和常用工具。

3. 内容与步骤

（1）进气系统的观察和部件拆装

1）仔细观察电控发动机的空气供给系统，熟悉系统组成和安装位置。

2）拆装空气滤清器进行检查，必要时更换滤芯。

（2）空气流量计的检测

1）配线及插接器的检查。主要是检测线束的导通性，以确认线束通畅、无断路及短路现象，插接器牢靠，各信号传递无干扰。检查时，应先关闭点火开关，拔下传感器插头与电控单元插接器，使用数字万用表分别测量各线束间的电阻值。相连导线电阻值应小于5Ω，不相连导线电阻值应为∞。

2）电压测试。

电源电压测试：打开点火开关，将数字万用表设置在直流电压20V档，红色表针置于空气流量计的电源引脚，黑色表笔置于蓄电池负极或发动机进气歧管壳体，显示电压值应与维修手册提供的参数相符。

信号电压测试：起动发动机并使其达到工作温度，将数字万用表设置在直流电压20V档，测量空气流量计信号输出引脚，怠速时应显示电压1.5V左右；急踩加速踏板时应显示2.8V电压。若不符合上述变化，或电压反而下降，在电源电压与参考电压完好的前提下，可以断定空气流量计损坏，必须更换。检测时的具体数值，应以相应车型的维修手册提供数据为准。

工作波形检测与分析：连接示波器，观察其工作波形情况并进行分析。

（3）节气门位置传感器的检测　2016款丰田凯美瑞混合动力车型（发动机型号

6AR-FSE）采用了非接触式双霍尔元件式节气门位置传感器。它主要由霍尔元件和磁铁 **【课堂互动】**
组成，其中磁铁安装在节气门轴上，并可以绕霍尔元件转动。

1）控制电路，如图 1-26 所示。

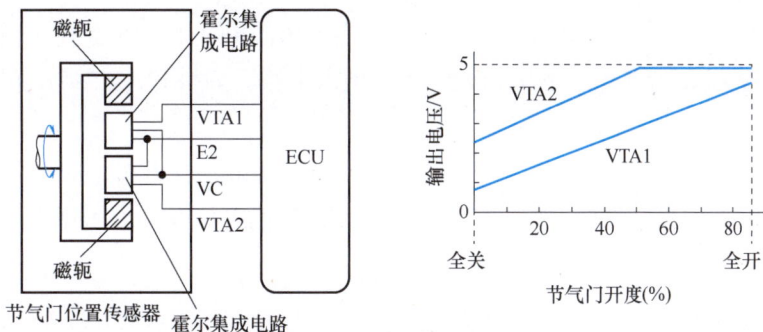

▲ 图 1-26　控制电路

当节气门开度变化时，磁铁随之转动，从而改变了与霍尔元件之间的相对位置。霍
尔集成电路由磁轭环绕。霍尔集成电路将磁通量产生的变化转换为电信号，并以节气门
位置信号的形式将其输出至 ECU。

节气门位置传感器有两个传感器电路：VTA1 和 VTA2，各自发射一个信号。VTA1
用来检测节气门开度，VTA2 用来检测 VTA1 的故障。传感器信号电压与节气门开度成
比例，在 0~5V 之间变化，并且传送到 ECU 端子 VTA1 和 VTA2。

节气门关闭时，传感器输出电压降低；节气门打开时，传感器输出电压升高。ECU
根据这些信号计算节气门开度，并控制节气门执行器来响应驾驶人的输入。这些信号同
时用来计算空燃比修正值、功率提升修正值和燃油切断控制。

2）电路连接。节气门位置传感器电路如图 1-27 所示。

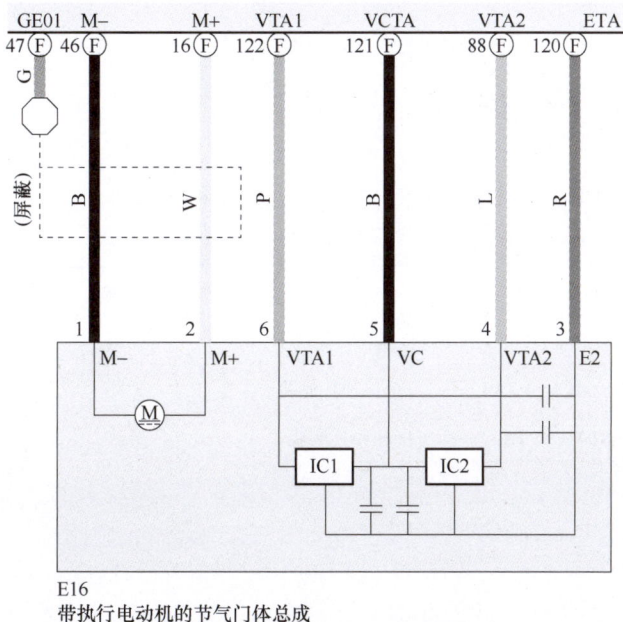

▲ 图 1-27　节气门位置传感器电路

　　节气门位置传感器集成在节气门体总成E16内。E16有6个端子。端子1和2为节气门执行电动机控制端口。端子6和4分别输出节气门位置信号VTA1和VTA2到发动机控制单元端口E81（F）的122#和88#。端子5是来自发动机控制单元121#提供的VCTA 5V参考电压；端子3通过发动机控制单元120#搭铁。

　　3）检测。

　　① 检查传感器供电。点开节气门体插接器E16，用万用表测量E16端子5和3之间的电压，应为4.5~5.5V。否则，检查ECU电源电路。如果ECU电源电路正常，则更换ECU。

　　② 检查传感器的信号电压。连接故障诊断仪，接通点火开关，踩下加速踏板，并读取节气门位置传感器数据VTA1和VTA2读数，数值应与表1-1中相符。

表1-1　传感器输出电压标准值

完全松开加速踏板时		完全踩下加速踏板时（发动机运转）		故障部位
VTA1	VTA2	VTA1	VTA2	
0~0.2V	0~0.2V	0~0.2V	0~0.2V	VCTA电路存在开路
4.5~4.98V	4.5~4.98V	4.5~4.98V	4.5~4.98V	ETA电路存在开路
0~0.2V 或 4.5~4.98V	2.1~3.1V（失效保护）	0~0.2V 或 4.5~4.98V	2.1~3.1V（失效保护）	VTA1电路开路或对搭铁短路
0.6~1.4V（失效保护）	0~0.2V 或 4.5~4.98V	0.6~1.4V（失效保护）	0~0.2V 或 4.5~4.98V	VTA2电路开路或对搭铁短路
0.5~1.1V	2.1~3.1V	3.2~4.8V（非失效保护）	4.6~4.98V（非失效保护）	节气门位置传感器电路正常

　　③ 检查传感器线束及插接器。断开节气门体插接器E16和发动机ECU插接器E81的连接，检查插接器之间或插接器与车身搭铁之间的电阻值。电阻值应与表1-2中相符，如不符合，更换或检查线束。

表1-2　线束检查

检测仪连接	条件	规定状态
E16-5（VC）—E81-121（VCTA）	始终	小于1Ω
E16-6（VTA1）—E81-122（VTA1）	始终	小于1Ω
E16-4（VTA2）—E81-88（VTA2）	始终	小于1Ω
E16-3（E2）—E81-120（ETA）	始终	小于1Ω
E16-5（VC）或E81-121（VCTA）—车身接地和其他端子	始终	10kΩ或更大
E16-6（VTA1）或E81-122（VTA1）—车身接地和其他端子	始终	10kΩ或更大
E16-4（VTA2）或E81-88（VTA2）—车身接地和其他端子	始终	10kΩ或更大

【任务巩固】

1. 判断题

1）空气供给系统的作用是为发动机可燃混合气的形成提供必要的空气，并计量和

控制汽油燃烧时所需要的空气量。　　　　　　　　　　　　　　　（　　）　　【课堂互动】

2）在 L 型 EFI 系统中，发动机进气量通过进气歧管绝对压力传感器来计量。在 D 型 EFI 系统中，进气量则由空气流量计来计量。　　　　　　　　　　　　（　　）

3）在冷却液温度较低时，为加快发动机暖机过程，设置了快怠速装置，由 ECU 控制的怠速控制（ISC）阀可提供较多的空气量。　　　　　　　　　　　　（　　）

4）空气流量计是增大发动机吸入空气量的装置。　　　　　　　　　（　　）

5）压力传感器在汽车上主要用于检测气压和油压。　　　　　　　　（　　）

6）节气门体置于空气流量计和发动机之间的进气管上，用于控制发动机运转工况。

（　　）

2. 填空题

1）根据测量原理不同，空气流量计有＿＿＿＿、＿＿＿＿、＿＿＿＿和＿＿＿＿。

2）进气压力传感器分为＿＿＿＿和＿＿＿＿。

3）节气门位置传感器分为＿＿＿＿和＿＿＿＿两种。

4）电控燃油喷射系统能否正确地将空燃比控制在所需的范围内，决定了发动机的＿＿＿＿、＿＿＿＿和＿＿＿＿指标等。

3. 问答题

1）汽车在正常行驶时，空气流量是如何控制的？怠速时，进气量是如何调整的？

2）热线式空气流量计的工作原理是什么？

3）进气压力传感器的作用、工作原理是什么？

4）节气门体安装在何处？作用是什么？根据燃料供给方式的不同，其功用和结构有何不同？

5）空气供给系统的作用、组成及空气流通路线是什么？

任务三　燃油供给系统的维护与检测

【任务目标】

⭐ 知识目标：

1. 掌握燃油供给系统的组成和功用。

2. 掌握燃油供给系统各部件的结构和工作原理。

3. 掌握燃油供给系统在不同工况下的工作过程。

🏷 技能目标：

1. 能够根据维修手册对燃油供给系统进行维护。

2. 能够根据维修手册对燃油系统进行拆装和检测。

⬡ 素养目标：

1. 在工作中与小组成员合作交流，培养团队意识。

2. 养成 7S 工作习惯。

3. 培养劳动意识、责任意识、担当意识。

【基本理论知识】

燃油供给系统的作用是供给发动机燃烧过程所需的燃油。燃油供给系统主要由燃油泵、燃油滤清器、油压脉动阻尼器、油压调节器、喷油器等组成，如图 1-28 所示。

燃油从燃油箱中被燃油泵吸出，由燃油滤清器将杂质滤除后通过输油管送到各个喷油器。喷油器根据 ECU 发出的指令，将计量后的燃油喷入各进气歧管或稳压室中，与流入发动机内的空气进行混合，形成可燃混合气。

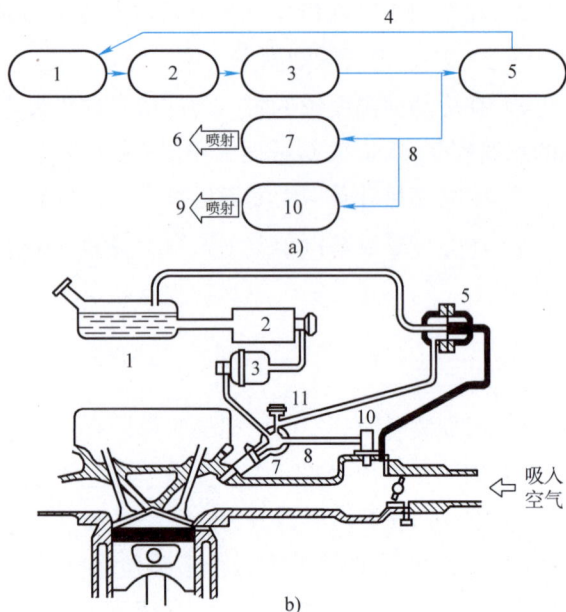

▲ 图 1-28　燃油供给系统的组成

a）燃油供给系统框图　b）燃油供给系统结构图

1—燃油箱　2—燃油泵　3—燃油滤清器　4—回油管　5—燃油压力调节器　6—各缸进气歧管　7—喷油器　8—输油管　9—进气总管　10—冷起动喷油器　11—油压脉动阻尼器

一、电动燃油泵

电动燃油泵的作用是把燃油从燃油箱内吸出并通过喷油器供给发动机各气缸。

电动燃油泵根据安装位置不同，可分为内置式电动燃油泵和外置式电动燃油泵两种。目前大多数 EFI 系统广泛采用内置式电动燃油泵。

电动燃油泵主要是由泵体、永磁电动机、溢流阀、单向阀和外壳等组成，如图 1-29 所示。

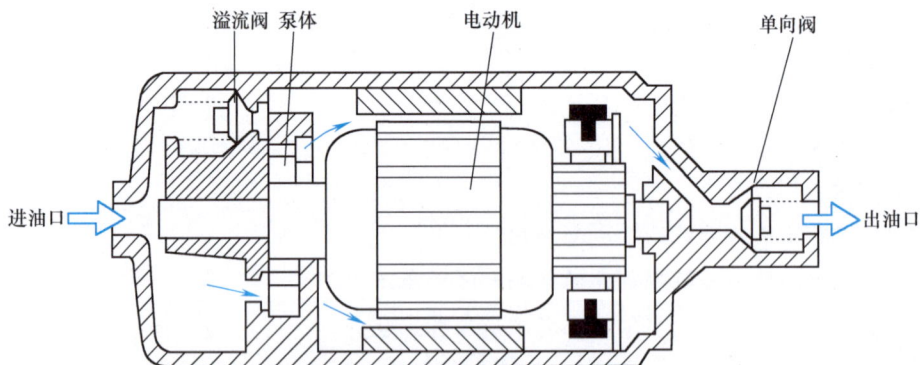

▲ 图 1-29　电动燃油泵的结构

1. 电动燃油泵的类型

（1）滚柱泵　滚柱泵是目前电动燃油泵最常见的结构形式，主要由转子、滚柱、泵体等组成，如图 1-30 所示。

装有滚柱的泵转子偏心安装在电动机的电枢轴上，随电动机一起转动。滚柱安装在泵转子的凹槽内，可以自由移动，泵壳体侧面制有进油口和出油口。当转子旋转时，位于转子凹槽内的滚柱在离心力的作用下，压靠在泵壳体的内表面上，两个相邻的滚柱之间形成一个封闭的空腔。由于转子被偏心安装，腔室的容积在转动过程中不断变化。在腔室容积增大的一侧设有进油口，而在腔室容积变小的一侧设有出油口。当腔室容积变大时，其内部形成低压，将燃油吸入；当腔室容积变小时，其内部压力增大，将燃油压出，这样就可以将燃油从燃油箱吸出并加压后供到供油管路中。

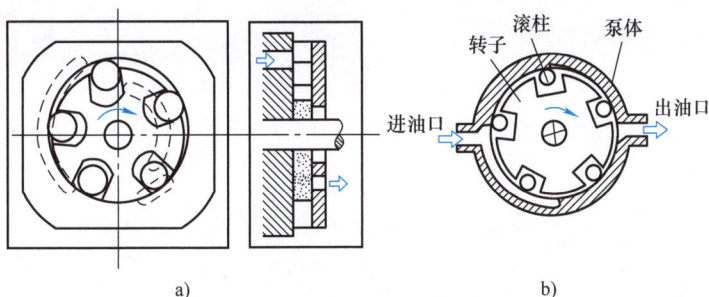

【课堂互动】

▲ 图 1-30　滚柱泵的结构
a）滚柱泵结构　b）滚柱泵工作原理

（2）齿轮泵　齿轮泵由带外齿的主动齿轮、带内齿的从动齿轮和泵套组成，其结构如图 1-31 所示。它主要是利用内、外齿轮在啮合过程中腔室容积大小的变化，将燃油以一定的压力泵出。

（3）涡轮泵　涡轮泵又称为再生泵，泵的燃油输送和压力的建立完全是由液体分子之间的动量转换实现的。其结构非常简单，由三部分组成：圆周上有许多翼片的叶轮和两个在相对于翼片部位开有合适通道的法兰组成的壳体，如图 1-32 所示。当叶轮旋转时，叶轮边缘的叶片把燃油从进油口压向出油口。

由于涡轮泵泵油压力波动较小，外形尺寸小、质量小、工作可靠，并可直接安装在燃油箱内，故被内置式的燃油供给系统广泛采用。

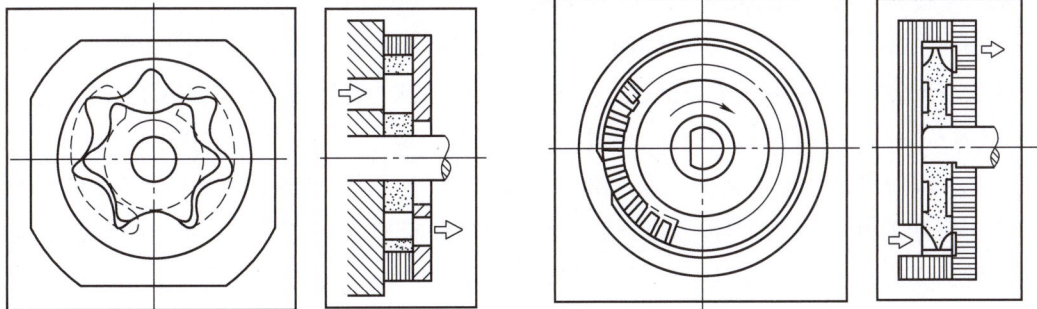

▲ 图 1-31　齿轮泵的结构

▲ 图 1-32　涡轮泵的结构

（4）双级电动燃油泵　由于燃油极易挥发，加上燃油泵工作时温度升高，吸油时产生局部真空，更助长了燃油的汽化，特别是燃油泵吸油腔内存在的气泡，将使泵油量明显减少，从而导致输油压力的波动。为此，在现代汽车上，电动燃油泵采用双级泵的结构形式并将其安装在燃油箱内的趋势日益明显。双级泵有初级泵和主输油泵，两者合成为一个组件，相互独立并轴向串联，由一个电动机驱动，如图 1-33 所示。初级泵一般采用叶片式，它能分离吸油端产生的蒸气，并以较低的压力将燃油送到主输油泵内。主输油泵一般采用齿轮泵或涡轮泵，用以提高泵油压力。这种双级电动燃油泵具有良好的热起动能力，其主输油泵起主导作用，初级泵起改善燃油输送性能的作用。

2. 电动燃油泵的控制

（1）电动燃油泵的控制功能

1）预运转功能。即当点火开关打开而不起动发动机时，电动燃油泵能预先运转 3~5s，向油管中预先充入压力燃油，保证顺利起动。

2）起动运转功能。即在发动机起动运转过程中，电动燃油泵能同时运转，保证起动供油。

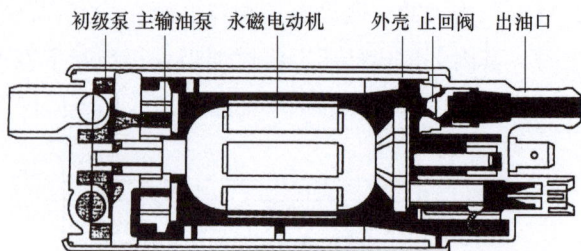

▲ 图 1-33　双级电动燃油泵基本结构

3）恒速运转功能。即在发动机正常运转过程中，电动燃油泵能始终恒速运转，保证正常的泵油压力和泵油量。

4）变速运转功能。即根据发动机工况的变化控制油泵高、低速运转变换。当发动机高速、大负荷工况下耗油较多时，电动燃油泵高速运转；当发动机在低速、中小负荷工况工作时，电动燃油泵低速运转，以减少不必要的电动燃油泵磨损和电能消耗。

5）自动停转保护功能。发动机熄火后，即使点火开关仍处于接通状态，电动燃油泵也能自动停转。这一功能可防止汽车因碰撞等事故造成油管破裂时的燃油大量外溢，而避免因点火开关处于接通位置引起火灾。

总之，对电动燃油泵控制的基本要求是只有当发动机处于运转状态时，电动燃油泵才工作；若发动机不运转，即使接通点火开关，电动燃油泵也不工作。

（2）电动燃油泵常见控制电路　电动燃油泵常见的控制电路有油泵开关控制式、ECU 控制式、油泵继电器控制式和油泵 ECU 控制式。

1）油泵开关控制式。电动燃油泵油泵开关控制式控制电路如图 1-34 所示。这种控制方式使用于博世 L 型燃油喷射系统，采用叶片式空气流量计的汽车发动机上，适用电动燃油泵转速不变、输油量恒定的控制系统。

在油泵的控制电路中，控制燃油泵电源的继电器有两组互相并联的电磁线圈，任一组电磁线圈通电都可以使继电器触点闭合。线圈 L_1 的一端与点火开关的 IG 位置相连，另一端与叶片式空气流量计相连，通过叶片式空气流量计中的油泵开关搭铁。发动机不运转时，即使点火开关在起动位置，由于没有进气，空气流量计的测量片没有偏转，电动燃油泵开关触点是断开的，线圈 L_1 不通电，继电器触点不闭合，电动燃油泵也不运转；当发动机运转时，进气流使空气流量计测量片偏转，电动燃油泵开关触点闭合，线圈 L_1 通电，继电器触点闭合，电动燃油泵运转。

在线圈 L_1 上还并联着一个电容器，它用于由于某种原因而导致电动燃油泵开关触点断开时，线圈 L_1 断电。电容器可在线圈 L_1 断电的瞬间向线圈 L_1 放电，使继电器触点保持闭合，防止电动燃油泵停转，继续保持稳定供油。

与 L_2 相连的电动燃油泵检查开关用于检查电动燃油泵的控制电路。将接头搭铁后，只要打开点火开关，电动燃油泵电路接通后即开始运转。线圈 L_2 的一端与点火开关端子 ST 起动位置相连，另一端搭铁。当点火开关转至起动位置，线圈 L_2 通电，继电器触点闭合。这时，电动燃油泵运转，向发动机提供液压油。

2）ECU 控制式。采用 ECU 控制的电动燃油泵控制电路如图 1-35 所示。该控制电路由 ECU 和电路断开继电器对电动燃油泵工作进行控制。

【课堂互动】

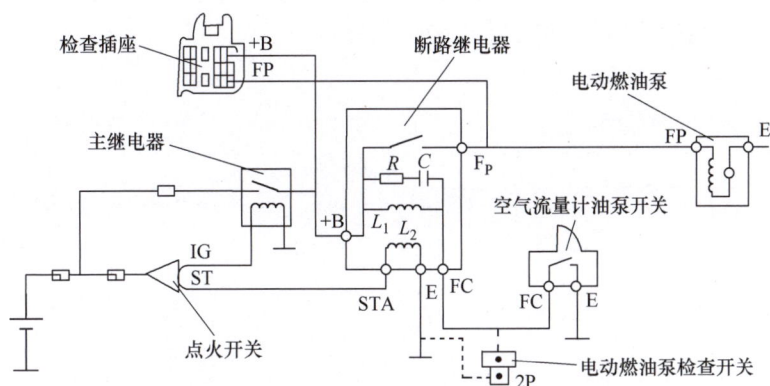

▲ 图 1-34　电动燃油泵油泵开关控制式控制电路

当起动发动机时，点火开关处于起动档，点火开关端子 ST 通电，断路继电器 L_2 线圈通电，使断路继电器闭合，电源向电动燃油泵供电，电动燃油泵工作，处于起动供油状态。

当发动机起动后进入正常运转时，转速传感器将发动机转速信号 Ne 输入 ECU，ECU 控制晶体管 VT 导通，L_1 线圈通电，断路继电器触点继续保持闭合状态，电动燃油泵继续工作。

当发动机停止运转时，ECU 接收不到转速传感器发出的 Ne 信号而使晶体管 VT 截止，线圈 L_1 断电，断路继电器触点打开，电动燃油泵供电电路中断，油泵停止工作。

这种控制方式还具有预运转功能，即转动点火开关由"OFF"位至"ON"位，但不起动发动机时，ECU 会控制电动燃油泵运转 3~5s，使油路中的油压提高，从而方便起动。

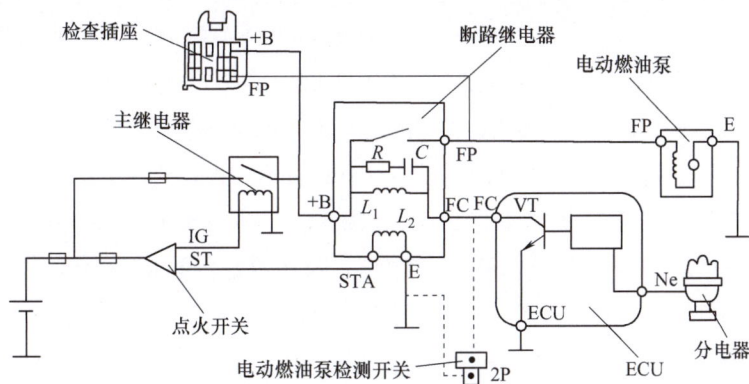

▲ 图 1-35　采用 ECU 控制的电动燃油泵控制电路

3）油泵继电器控制式。这种控制方法适用于两级转速电动燃油泵控制系统，ECU 根据发动机负荷和转速信号控制电动燃油泵低速或高速运转，以输出不同的燃油量，适用发动机负荷需要。它的控制电路如图 1-36 所示。

该电路由 ECU、电动燃油泵继电器、电阻器、电动燃油泵断路继电器、主继电器等组成。当发动机工况处于起动、大负荷高速运转时，ECU 内的晶体管是截止的，电动燃油泵继电器触点 B 闭合，电流经点火开关、断路继电器、触点 B 到电动燃油泵，

【课堂互动】　使电动燃油泵高速运转。当发动机处在小负荷工况运转时，ECU 内的晶体管导通，电动燃油泵继电器中的触点 A 闭合，电流流经电阻器产生电压降后再流到电动燃油泵电路中，这时电动燃油泵低速运转，输出较少的燃油。

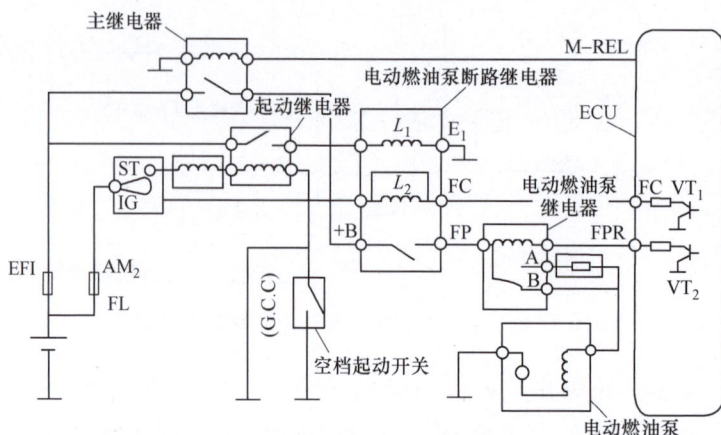

▲ 图 1-36　电动燃油泵继电器控制式控制电路

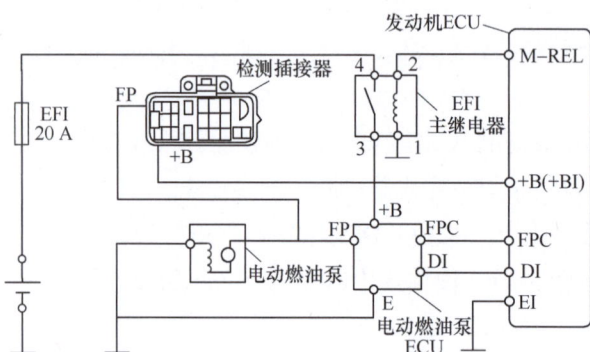

▲ 图 1-37　电动燃油泵油泵 ECU 控制式控制电路

4）油泵 ECU 控制式。如图 1-37 所示，这种控制方式可用于两级转速燃油泵控制系统，主要由发动机 ECU、电动燃油泵 ECU、主继电器等组成。发动机 ECU 控制电动燃油泵转速是根据发动机起动信号、节气门位置信号、发动机转速信号进行的。

当发动机低于最低转速（120r/min）时，电动燃油泵 ECU 断开油泵电路，即使点火开关接通，电动燃油泵也不工作。

当发动机在起动或高速、大负荷工况时，发动机 ECU 给电动燃油泵 ECU 的 FPC 端输入一个高电平信号（5V），汽油泵 ECU 的 FP 端向驱动电动机提供较高的电压（12~14V），使电动燃油泵高速运转。当发动机在怠速或小负荷的电压工况时，发动机 ECU 向电动燃油泵 ECU 的 FPC 端输入一个低电位信号（2.5V），此时电动燃油泵 ECU 的 FP 端向电动燃油泵供给低于蓄电池电压（9V）的电压，使电动燃油泵低速运转。

3. 电动燃油泵的测试

当测试燃油泵的工作状况时，应保证蓄电池电压正常，电动燃油泵熔断器正常，燃油滤清器正常。

（1）电动燃油泵电路的检查

1）接通点火开关，应该能够听到电动燃油泵起动的声音，若用手指捏住输油管，应能感到油压。

2）如果电动燃油泵没有起动，应检查电动燃油泵、电动燃油泵继电器以及电动燃油泵控制电路。

3）关闭点火开关，电动燃油泵继电器必须有动作声，否则检查电动燃油泵继电器电路。如果电路正常，更换电动燃油泵继电器。

4）如果电动燃油泵继电器良好，电动燃油泵仍然不工作，则在点火开关接通的情况下，用万用表测量电动燃油泵导线上的供电电压。电压的正常值约为蓄电池的电压（12V），如果电压没有达到规定值，则需要根据电路图查找并排除电动燃油泵电路故障；如果电压达到了规定值，同时电动燃油泵处的搭铁导线没有断路情况，说明电动燃油泵有故障，应检查更换电动燃油泵。

【课堂互动】

（2）电动燃油泵的检验

1）关闭电动燃油泵开关，脱开电动燃油泵电插头。

2）用电阻表测电动燃油泵线圈电阻值，如果不在规定范围，则更换电动燃油泵总成。

3）给电动燃油泵加上 12V 电源，检查电动燃油泵的运转情况。如果不正常，则更换电动燃油泵总成。

注意：本试验应在 10s 内完成，以免烧毁电动燃油泵线圈，同时使电动燃油泵远离蓄电池。

（3）测量电动燃油泵的供油量

1）关闭点火开关。

2）泄压后，将压力表连接到输油管上，将软管接到回油管上，并伸到量杯内。

3）使用接头导线短接电动燃油泵继电器的触点和蓄电池正极端子，使电动燃油泵运转并建立系统油压后断电。

4）倒空量杯。

5）接通电动燃油泵，使之运转。测量规定时间内的泵油量，与规定值进行比较。如果没有达到最低的输油量，故障原因可能为输油管弯曲或阻塞、燃油滤清器阻塞、电动燃油泵自身故障等。

二、燃油压力调节器

1. 燃油压力调节器的功用

燃油压力调节器的主要功用是随进气压力的变化调整燃油压力，使燃油分配管压力与进气歧管压力的差值保持不变。采用控制压差恒定的方法，可以使 ECU 用单一控制参数——喷油器开启时间，就能对喷油量进行既简单又精确的控制。ECU 通过控制喷油器电磁线圈通电时间，就能实现喷油器开启时间的控制。

2. 燃油压力调节器的结构

燃油压力调节器一般安装在燃油分配管的末端，也有的安装在回油管中，两个油口连接供油管和回油管，真空口通过真空管连接节气门下游的进气管，其结构如图 1-38 所示。橡胶膜片将金属壳体的内腔分成真空室和燃油室两个腔室。真空室通过真空管与节气门下游的进气管相通，通过软管引入进气歧管的负压，内装一个具有一定预紧力的螺旋弹簧，弹簧预紧力作用在膜片上。燃油室通过两个管接头与燃油分配管及回油管相连，膜片和回油管之间有一个回油阀。膜片下方承受燃油压力，膜片上方为进气压力与弹簧压力之和。

3. 燃油压力调节器的工作原理

发动机运转时，进气歧管的负压和弹簧预紧力共同作用在膜片上。燃油泵供给的燃油同时输送到喷油器和压力调节器的燃油室。若进油管油压低于预定值，球阀将回油孔关闭，燃油不再进一步流动。当油压超过预定值时，燃油压力推动膜片使阀向上移动，回油孔打开，燃油经回油管流回燃油箱，同时弹簧室的弹簧被进一步压缩。一部分燃油经回油孔流回燃油箱，燃油分配管内的油压下降，膜片在弹簧力的作用下向下移动到原来位置，球阀将回油孔关闭，使燃油分配管内的油压不再下降。

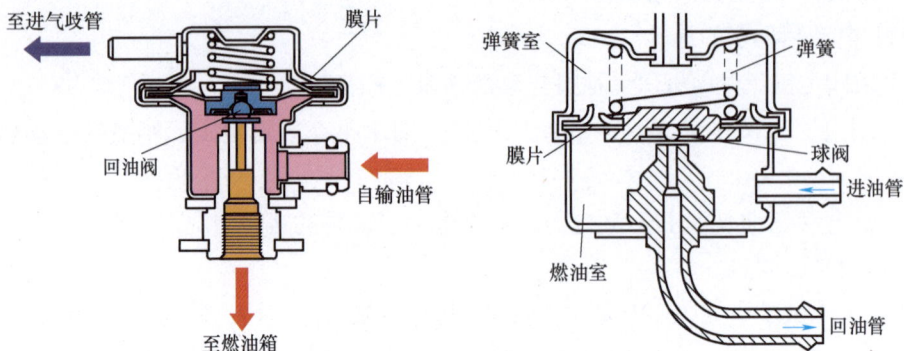

▲ 图 1-38　燃油压力调节器的结构

作用在膜片上方的进气歧管负压用来调节燃油分配管内的压力。若弹簧的预紧力为 0.25MPa，则进气歧管负压为零时，燃油分配管内的压力保持在 0.25MPa。发动机在怠速工况时，进气歧管压力约为 –0.054MPa，此时回油孔开启的燃油压力为 0.196MPa。节气门全开时，进气歧管的压力约为 –0.005MPa，这时回油孔开启的燃油压力变为 0.245MPa，即节气门全开时的油压调整值自动调整为 0.245MPa。

电动汽油泵停止工作时，膜片在弹簧力的作用下将回油孔关闭，使电动汽油泵与燃油压力调节器之间的油路内保持一定的残余压力。

燃油分配管内油压调整值随进气歧管压力而变化的情况如图 1-39 所示。当油泵工作时，由于燃油泵的泵油量远大于喷油量，故在油压作用下膜片移向真空室一侧，阀门打开，多余燃油流回燃油箱，燃油管内保持一定的油压。当进气压力减小时，膜片上移，阀门开度增大，回油量增大，燃油压力随进气压力的减小而减小；反之，当进气压力增大时，膜片下移，阀门开度减小，回油量减小，燃油压力随进气压力的增大而增大，从而使燃油压力与进气压力之差保持恒

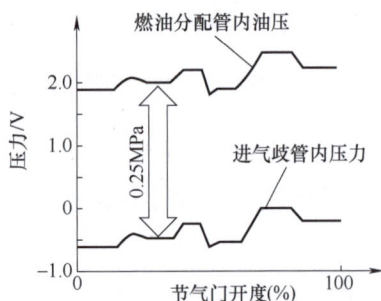

▲ 图 1-39　节气门开度与进气歧管压力及燃油分配管内油压的关系图

定。油泵停止工作时，燃油压力下降，阀门关闭，使油路中建立一定的保持油压，以保证发动机顺利起动。

对于单点喷射系统，喷油器安装在节气门体上，燃油喷射在节气门前方，燃油压力调节器不需要根据进气压力调节油压，而是根据大气压力调节油压。

4. 燃油压力调节器的故障

由于燃油压力调节器的作用是调节燃油压力，所以出现故障时会直接影响喷油压力的高低和发动机的供油量，使发动机出现怠速不稳、起动困难、加速无力、油耗增大、冒黑烟等故障现象。可以通过测量燃油压力检查燃油压力调节器的性能。燃油压力调节器不可调整，它的主要故障是真空管破裂或堵塞、弹簧疲劳后张力变小或膜片破裂。真空管破裂会使得燃油压力过大；真空管堵塞使得燃油压力不能调整；弹簧疲劳会引起燃

油压力减小，供油量不足；膜片破裂不仅会引起燃油压力减小，还会使燃油进入进气歧管，从而引起混合气过浓。

【课堂互动】

三、燃油脉动衰减器

由于燃油泵供油存在供油脉动，喷油器喷油引起油压波动，这就需要安装燃油脉动衰减器，衰减燃油压力波动，并降低供油噪声。燃油脉动衰减器一般安装在燃油分配管上或燃油泵上，内部由膜片和弹簧组成。来自燃油泵的燃油先流到燃油脉动衰减器，然后流向燃油分配管。当燃油压力增大时，膜片压缩弹簧使膜片前部的空间增大，使本来过大的压力值趋于缓和；当燃油压力减小时，弹簧伸张使膜片前部的空间减小，向油轨补偿燃油，从而防止油压减小。

脉动衰减器由壳体、膜片、弹簧、调节螺钉等组成，如图 1-40 所示。膜片把阻尼减振器分隔成膜片室和燃油室两个部分。膜片室内有弹簧，将膜片压向燃油室，旋转调节螺钉可调整弹簧的预紧力。来自电动汽油泵的燃油经油道进入燃油室，油压通过膜片作用在弹簧上。当油压升高时，膜片向膜片室拱曲，燃油室容积增大，燃油脉动压力减小，同时弹簧被压缩。当燃油压力下降时，弹簧伸长，膜片向燃油室拱曲，燃油室容积减小，油压变大。燃油室容积的变化吸收了油压脉动的能量，使燃油压力脉动迅速衰减，有效地降低了由压力波动产生的噪声。

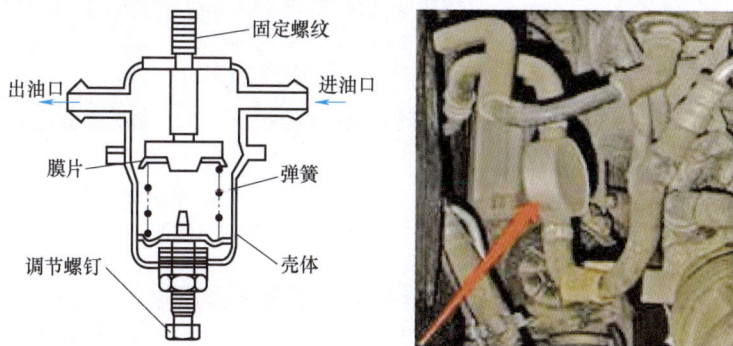

▲ 图 1-40　燃油脉动衰减器

四、燃油滤清器

燃油滤清器的作用是清除燃油中的杂质，防止堵塞喷油器等部件，减少运动部件的磨损，如图 1-41 所示。

燃油滤清器与普通的滤清器一样，采用过滤形式，壳体内有一个纸质滤芯，如图 1-42 所示。滤芯的微孔平均直径为 10μm，并串接一个棉纤维制成的过滤筛，以达到较好的滤清效果。

燃油从入口进入滤清器，经过壳体内的滤芯过滤后，清洁的燃油从出口流出。安装时，注意燃油滤清器壳体上的箭头标记为燃油流动方向。

燃油滤清器阻塞后，会导致供油压力和供油不足，影响发动机的动力性，因此，要定期进行维护。一般每行驶 30000~40000km 或两个二级维护周期，更换一次燃油滤清器。若使用的燃油含杂质较多时，应缩短更换周期。

▲ 图 1-41　燃油滤清器

▲ 图 1-42　滤芯

五、喷油器

1. 喷油器的作用与类型

喷油器安装在各缸的进气歧管处，在 ECU 的控制下定时、定量地向各缸进气门喷射雾状燃油。

1）喷油器根据针阀的结构特点，可分为轴针式喷油器和孔式喷油器，如图 1-43 所示。两者的结构大致相同，主要区别是阀体有所不同。

轴针式喷油器的主要特点是喷孔不易堵塞，但燃油的雾化质量稍逊于孔式喷油器，且由于针阀的质量较大，因此动态响应较差。

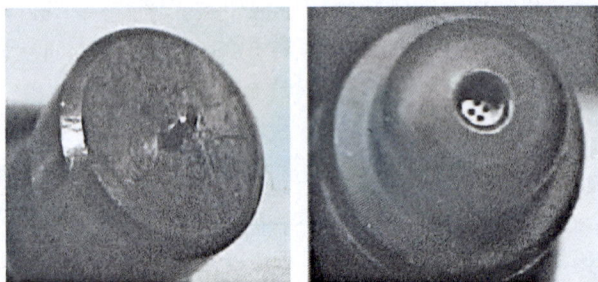

▲ 图 1-43　轴针式和孔式喷油器
a）轴针式喷油器　b）孔式喷油器

孔式喷油器的喷孔数为 1 个或 2 个，针阀头部为锥形或球形（也称球阀式喷油器）。孔式喷油器的特点是燃料雾化质量较好，且球阀式针阀的质量仅为轴针式针阀的一半，故响应速度快；其不足之处是喷孔易堵塞。

2）喷油器根据电磁线圈的电阻值不同，可以分为低阻值喷油器和高阻值喷油器。

低阻值喷油器：低阻值喷油器电磁线圈的匝数较少，电阻值为 0.6~3Ω。其线圈的电感小，动态响应特性好，可用电流驱动或电压驱动。当采用电压驱动方式时，须在驱动回路中串入附加电阻，增加回路的阻抗。

高阻值喷油器：高阻值喷油器电磁线圈的电阻值为 12~17Ω。它只能采用电压驱动方式，故驱动电路较简单，成本较低，但无效喷射时间较长，响应特性较差。

2. 喷油器的结构与工作原理

（1）喷油器的结构　喷油器实际上是一个电磁阀。电磁式喷油器由喷油器体、衔铁（柱塞）、针阀、电磁线圈、回位弹簧、喷口等组成。其中，针阀紧压喷口，与衔铁做成一体相连，回位弹簧处于衔铁上方，如图 1-44 所示。

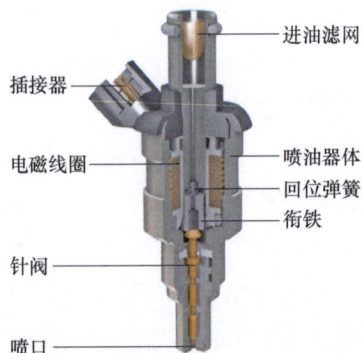

进油滤网
插接器
电磁线圈
喷油器体
回位弹簧
衔铁
针阀
喷口

▲ 图 1-44　喷油器的结构

（2）喷油器的工作原理　当线圈无电流时，喷油器内的针阀被回位弹簧压在喷油器出口处的密封锥形阀座上。当发动机ECU以占空比的形式发出喷油信号时，喷油器内部的电磁线圈被触发接通，有电流通过，电磁线圈产生电磁吸力，吸动柱塞上移约0.1mm，此时针阀全开，液压油从针阀与阀座之间的精密环形缝隙中喷出。当喷油信号结束后，喷油器电磁线圈的电流被切断，电磁迅速消失，在喷油器回位弹簧的作用下，针阀迅速回位，阀门关闭，喷油器停止喷油，如图1-45所示。

【课堂互动】

喷油器的喷油量与针阀升程、喷孔面积、喷油器内外压力差及针阀开启的持续时间有关，但因前三项已确定不再变化，因此喷油量只取决于针阀开启的持续时间，而针阀开启的持续时间（即喷油量）由ECU所发出的占空比决定。

喷油器头部装有橡胶隔热环，如图1-46所示，起隔热和密封作用（防止漏气）；与燃油分配管连接的尾部装有O形环，用来防止漏油。喷油器尾部的内部制有滤网，用于对燃油进行喷射前的过滤。喷油器的O形环不可重复使用。安装O形环时，应先将其涂上燃油。把喷油器向输油管上安装时，小心不要损坏O形环。把喷油器安装到输油管上后，用手转动喷油器。若喷油器旋转不平滑，则说明O形环已经损坏。

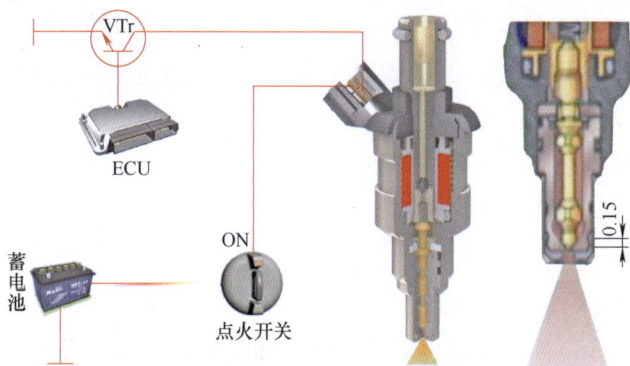

▲ 图 1-45　喷油器的工作原理

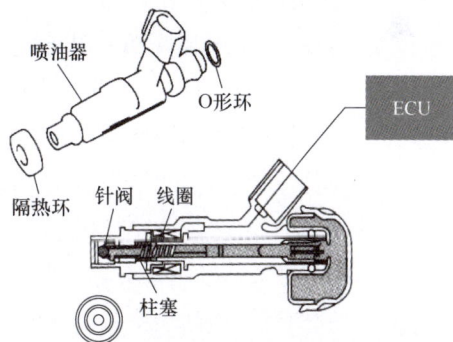

▲ 图 1-46　喷油器组件

3. 喷油器的驱动方式

喷油器的驱动方式有两种：电压驱动方式和电流驱动方式。低阻值喷油器可以用电压驱动，也可以用电流驱动；高阻值喷油器只能用电压驱动。

（1）电压驱动方式　喷油器电压驱动方式电路如图1-47所示。采用高阻值喷油器时，驱动电路中不需要串联附加电阻（图1-47a），采用低阻值喷油器时，驱动电路中串联附加电阻（图1-47b）。串联附加电阻的目的是防止由于低阻值喷油器电路的电阻值过小、工作电流过大而造成喷油器烧坏。

电压驱动式控制电路的工作原理很简单，电源电路向喷油器提供电源电压（12~14V），ECU通过脉冲信号来控制功率晶体管的导通与截止，从而控制喷油器电路的通断。脉冲信号的宽度决定了喷油器电路的导通时间，即决定了喷油时间或喷油量。

由于喷油器电路被切断时，其电磁线圈会产生感应电动势，容易造成功率晶体管被击穿。功率晶体管可能出现短路和断路两种情况：短路时，喷油器会连续喷油，发动机会冒黑烟或"淹死"火花塞而使某缸不工作；断路时，喷油器不喷油，发动机会因某缸不工作而运转不平稳。因此，电路中一般都设有消弧电路。

【课堂互动】

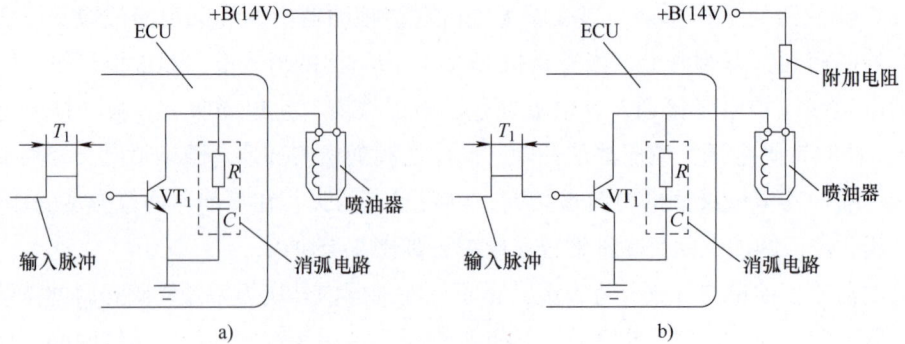

▲ 图 1-47　喷油器电压驱动方式电路

a）采用高阻值喷油器　b）采用低阻值喷油器

（2）电流驱动方式　喷油器电流驱动方式电路如图 1-48 所示。由于采用了低阻值喷油器，其电磁线圈的电感较小，且电路中没有配附加电阻，所以在电路接通后，电流上升很快，可以有效缩短喷油器打开的滞后时间，从而提高了喷油器的动态效应。但是，由于电路中的电阻值较小，电流会过大而烧坏喷油器及 ECU 内部的功率晶体管，为此，在电路中设有电流检测电阻（反馈电阻），其上的电压降反映了喷油器的工作电流。该电压

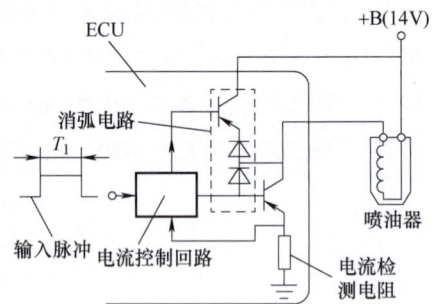

▲ 图 1-48　喷油器电流驱动方式电路

降反馈到电流控制回路，再由电流控制回路对功率晶体管的导通程度进行反馈控制，从而控制喷油器的工作电流，防止因电流过大而烧坏喷油器。

4. 喷油器的控制电路

发动机工作时，各种传感器将检测到的信息送往 ECU，ECU 经运算判断后输出控制信号，控制功率晶体管的导通与截止。当功率晶体管导通时，即接通喷油器电路，喷油器打开而开始喷油。当功率晶体管截止时，切断喷油器电路，喷油器关闭而停止喷油，如图 1-49 所示。

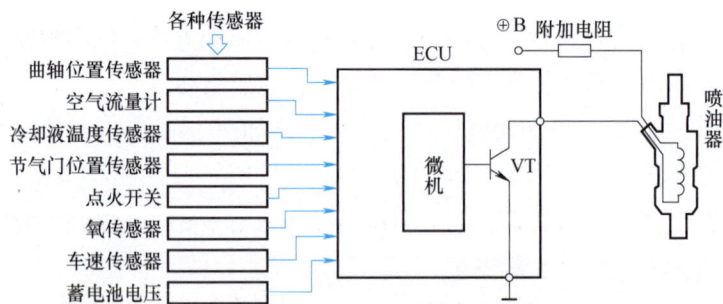

▲ 图 1-49　喷油器控制电路

由于各缸喷油器按照发动机的工作顺序进行独立喷射，控制各喷油器的功率晶体管也相互独立，ECU 中功率晶体管及控制回路的数量等于喷油器的数量，如图 1-50 所示。在这种情况下，一个功率晶体管或控制回路发生故障时，只会影响一个气缸的工作。

5. 喷油器的检查

1）简单检查方法。在发动机工作时，用手触试或用听诊器检查喷油器针阀开闭时

的振动声响。如果感觉无振动或听不到声响，说明喷油器或其他电路有故障。

【课堂互动】

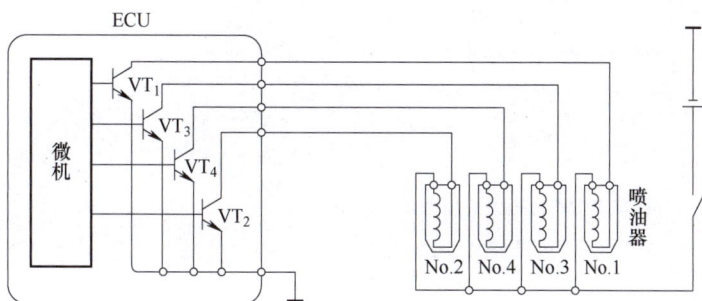

▲ 图 1-50 独立喷射式喷油器控制电路

2）喷油器电阻检查。拆开喷油器线束插接器，用万用表测量喷油器两端子之间的电阻值。低阻值喷油器应为 2~3Ω，高阻值喷油器应为 13~16Ω，否则应更换喷油器。

注意：

低阻值喷油器不能直接与蓄电池连接，必须串联一个 8~10Ω 的附加电阻。以防止烧毁喷油器。若为低阻值喷油器，还应检测串接电阻是否正常。

【小贴士】

安全无小事，往往大祸都是由一件件的小事积累产生的。在学习和实践操作中，一定要提升安全意识，严格规范操作，互相帮助，互相监督，时刻树立安全在我心中的理念。

【任务实施】

1. 目的与要求

1）能根据维修手册正确拆装燃油系统零部件。

2）能进行燃油泵、燃油压力检测和相关的故障诊断。

3）能对喷油器及其控制电路进行检测。

4）会使用万用表、燃油压力表等检测仪器。

2. 设备与器材

电控发动机、数字万用表、油压表、专用和常用工具、车辆维修手册。

3. 内容与步骤

（1）电控发动机燃油系统的观察

1）首先观察电控燃油喷射系统。了解系统的组成与布置、元件及安装位置和连接关系。电控燃油喷射系统的组成如图 1-51 所示。

2）仔细观察燃油供给系统。熟悉燃油供给系统的组成与布置，元件的名称、作用、类型、结构、工作原理及安装位置等。燃油供给系统的组成如图 1-52 所示。

3）画出燃油供给系统的布置简图，标出各元件的名称并写出其安装位置。

（2）电动汽油泵的拆装 在观察的基础上，用合适的工具，按正确的方法和步骤，参照必要的拆解图进行拆装并注意安全。

电动燃油泵装在燃油箱内，通过位于燃油箱顶部的连接法兰提供必要的电路和油路连接。安装好后，法兰靠在橡胶密封圈上，并通过锁紧螺母固定在燃油箱上。它主要由电动机、泵油件和连接盖组成。在电动燃油泵的出口处还设有一个单向阀，用来防止停车时，油压突然下降，出现倒流现象，以保持油路中的一定静压，便于下一次起动发动机。电动燃油泵的拆装图如图 1-53 所示。

简述电动燃油泵的拆装步骤。

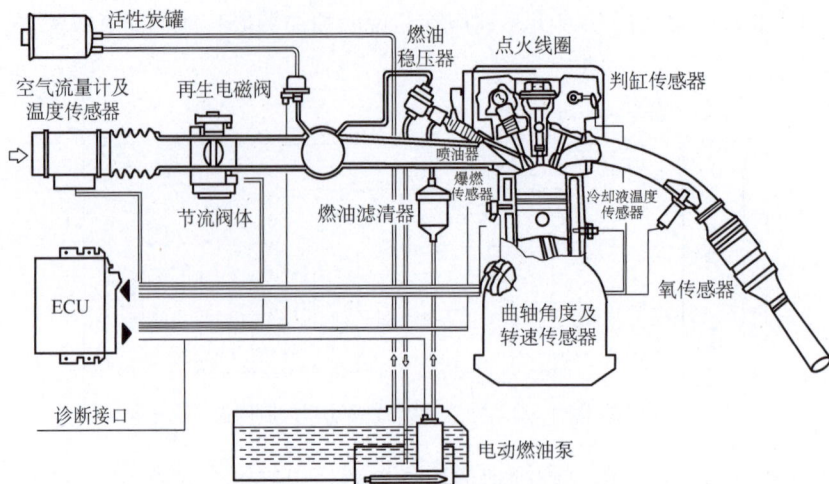

▲ 图 1-51 电控燃油喷射系统的组成

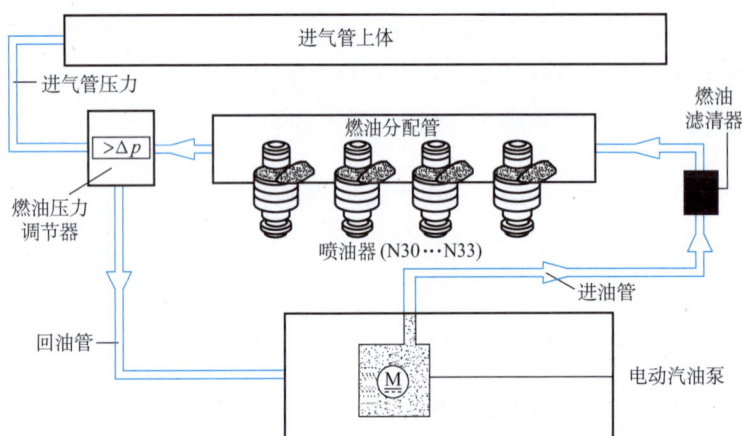

▲ 图 1-52 燃油供给系统的组成

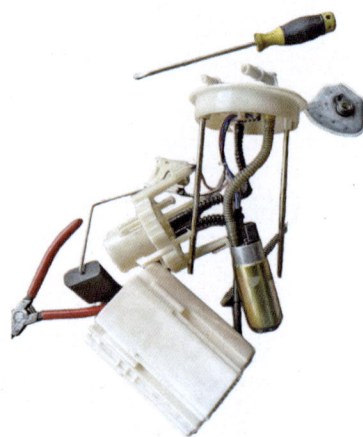

▲ 图 1-53 电动燃油泵的拆装图

用手感受燃油管中压力的波动。

（3）检测燃油压力和保持压力　燃油压力调节器是根据节气门单元处的进气歧管压力来调节油压的。

1）检查条件：

① 燃油泵继电器正常。

② 燃油泵正常。

③ 燃油滤清器正常。

④ 蓄电池电压正常。

2）拧开螺纹接头，用抹布擦净流出的燃油。

3）检测压力，如图 1-54 所示。

① 用接头 1318/11、1318/12 和 1318/13 将 VAG1318 接到油管上。

② 打开压力表上的开关，阀杆指向燃油流动方向。

③ 起动发动机，使之怠速运转。

④ 测量燃油压力，规定值约 0.5MPa。

4）拆下真空软管，如图 1-55 所示。从压力调节器上拔下真空软管。此时燃油压力应增至 0.4MPa。

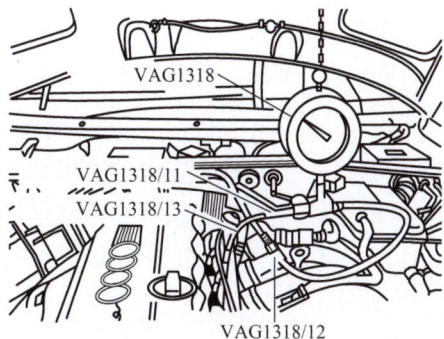

▲ 图 1-54　检测压力

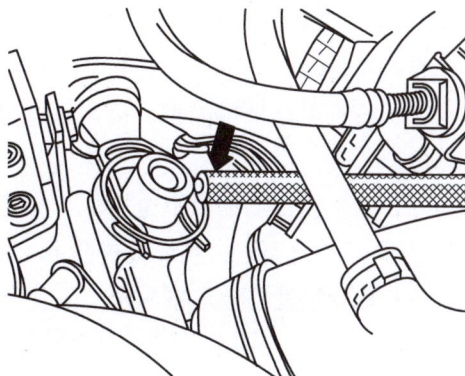

▲ 图 1-55　拆下真空软管

5）检测压力下降，如图 1-56 所示。

① 重新接上真空软管。

② 关闭点火开关。

③ 观察压力表上压力下降 10min 后，保持压力不低于 0.25MPa。

如果保持压力低于 0.25MPa，则

a. 起动发动机，使之怠速运转。

b. 建立起油压后，关闭点火开关，同时关闭 VAG 上的开关阀。

c. 观察压力表上的压力下降。

如果压力没有下降，可能有以下故障：

a. 燃油压力调节器损坏。

b. 喷油阀泄漏。

c. 开关阀后压力表螺纹连接部件损坏。

如果压力再次下降，可能有以下原因：

a. 压力表与供油管间泄漏。

b. 燃油箱上的供油管泄漏。

c. 燃油泵上的单向阀泄漏。

完成相应的测量，并将结果填在表 1-3 中。

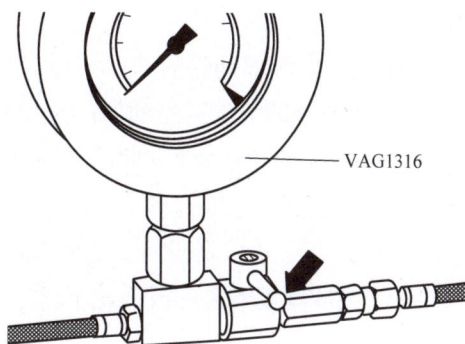

▲ 图 1-56　检测压力下降

表 1-3　检测记录

燃油压力 /MPa				保持压力 /MPa			
标准压力	检测次数	检测压力	平均压力	标准压力	检测次数	检测压力	平均压力
0.5				大于 0.25			

【课堂互动】

（4）喷油器的检测

1）当发动机运转时，用手指接触喷油器，应可察觉到喷油脉动。

2）检查喷油器电阻值，高阻值喷油器的电阻值应为13~16Ω，低阻值喷油器应为2~3Ω。

3）测量喷油器的供电电压。当打开点火开关时，端子1对地电压应等于蓄电池电压。如果不符合要求，则应检查端子1到附加熔断丝间的电路有无断路或接触不良。

4）检测喷油信号。将发光二极管测试灯接在喷油器的插头之间，短暂起动发动机，则测试灯应闪亮；如果不闪，应检测电压或电路。

5）检查喷油器的喷雾状况和喷油量。取下喷油器放入量杯中，起动发动机，怠速运行，检查喷油器的喷雾状况，喷雾锥角应为35°。给喷油器供电压为12V的电源15s，观察油量，标准喷油容积和各喷油器之间的误差均应符合规定，否则清洗或更换喷油器。

6）检查喷油器两端的O形环是否损坏。如损坏，必须更换。

7）喷油器的清洗。喷油器的主要故障是脏堵，造成循环喷油量明显减少。由于有些燃油品质不好，所以应定期清洗和更换喷油器。如果燃油系统装有冷起动喷油器，确保它与主喷油器一起得到清洗。

如果没有上述仪器设备，也可以给喷油器通12V电压，同时用$30N/cm^2$的清洁高压空气逆向吹喷油器来完成清洗工作。

【任务巩固】

1. 判断题

1）目前大多数EFI系统广泛采用外置式燃油泵。　　　　　　　　　　　　　　（　　）

2）涡轮泵被内置式的燃油供给系统广泛采用。　　　　　　　　　　　　　　（　　）

3）通常可安装燃油压力脉动阻尼器来消除燃油总管中的压力脉动波，有效提高喷油器的喷油精度及降低噪声。　　　　　　　　　　　　　　　　　　　　　　（　　）

4）系统油压的调节范围一般控制在250~300kPa范围内。　　　　　　　　　　（　　）

5）发动机停止工作后，供油管路仍保持有压力。　　　　　　　　　　　　　（　　）

6）要求燃油泵实际供给比发动机最大喷油量要多的燃油，因而燃油泵的最大工作压力比实际需求值大得多。　　　　　　　　　　　　　　　　　　　　　　　（　　）

7）当发动机熄火后，燃油泵会立即停止工作。　　　　　　　　　　　　　　（　　）

8）电流驱动方式只适用于低阻值喷油器。　　　　　　　　　　　　　　　　（　　）

9）在电控发动机的燃油供给系统中，一般采用的是一次性的燃油滤清器。　　（　　）

10）在拆卸燃油系统内任何零部件时，都必须首先释放燃油系统压力。　　　（　　）

11）喷油器是电控发动机燃油喷射系统中的重要执行器。　　　　　　　　　（　　）

12）当发动机怠速时，用手触摸喷油器，应有振动感。　　　　　　　　　　（　　）

13）燃油压力调节器的作用是使燃油分配管内压力保持不变，不受节气门开度的影响。　　　　　　　　　　　　　　　　　　　　　　　　　　　　　　　（　　）

14）蓄电池的电压越高，喷油器的开阀时间越短。　　　　　　　　　　　　（　　）

2. 选择题　　　　　　　　　　　　　　　　　　　　　　　　　　　　【课堂互动】

1）燃油供给系统主要由（　　）（　　）（　　）（　　）（　　）等组成。

2）燃油泵主要有（　　）泵（　　）泵（　　）泵和（　　）泵；现代汽车上，广泛采用（　　）泵结构形式的电动燃油泵。

3）电动燃油泵的主要结构有（　　）（　　）（　　）（　　）（　　）等。

选择答案：

A. 滚柱　　　　　　B. 溢流阀　　　　　C. 燃油泵　　　　D. 齿轮

E. 燃油滤清器　　　F. 外壳　　　　　　G. 单向阀　　　　H. 涡轮

I. 油压脉动阻尼器　J. 侧槽　　　　　　K. 双级　　　　　L. 出油口

M. 油压调节器　　　N. 永磁电动机　　　O. 喷油器　　　　P. 电插接器

Q. 泵体

3. 问答题

1）燃油泵的作用是什么？说出其供油路线。

2）压力调节器的作用是什么？主要组成有哪些？

3）喷油器的作用、类型、驱动方式分别是什么？

4）如何对喷油器进行检测？

任务四　电控系统及控制功能认识

【任务目标】

⭐ **知识目标：**

1. 掌握控制系统的组成和作用。

2. 掌握控制系统各传感器的结构和工作原理。

3. 掌握燃油喷射控制的内容和工作原理。

🔶 **技能目标：**

1. 能够根据电路图分析传感器对喷油量的控制原理。

2. 能够使用解码仪读取发动机燃油系统的故障码、数据流。

3. 能够根据故障码和数据流进行燃油系统故障的诊断与维修。

⬡ **素养目标：**

1. 在工作中与小组成员合作交流，培养团队意识。

2. 通过制订故障检修流程，具备分析问题、解决问题的能力。

3. 养成 7S 工作习惯。

　【基本理论知识】

　　电控系统的功用是根据发动机运转状况和车辆运行状况确定汽油最佳喷射量。该系统由传感器、电控单元（ECU）、执行装置三部分组成，如图1-57所示。

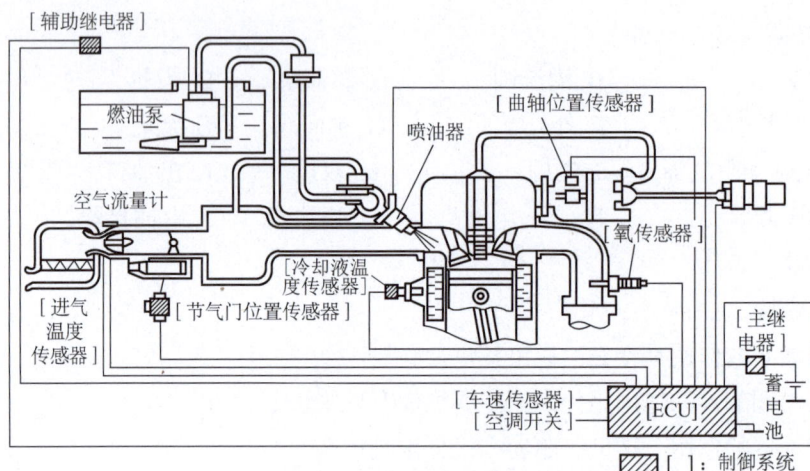

▲ 图1-57　电控系统的组成

　　在电控汽油机中，ECU为了根据发动机和汽车不同的运行状况，对喷油时刻、喷油量、点火时刻等进行确定和修正，必须利用各种传感器对反映发动机运行状况的一些参数进行检测。这些运行参数包括发动机曲轴位置及转速、基准气缸的活塞位置、发动机的热状态、进气温度、汽车的车速、发动机是否处于起动状态等。下面介绍燃油喷射控制用到的其他传感器。

一、凸轮轴/曲轴转速与位置传感器

　　曲轴转速与位置传感器是发动机集中控制系统中最重要的传感器之一，可以提供发动机的转速、曲轴转角位置及曲轴转角基准位置信号，作为发动机喷油及点火控制的主控信号。

　　空气流量计只能检测单位时间内的进气量，ECU必须根据发动机转速确定每循环的进气量，以便实现对循环喷油量的精确控制。同时，ECU根据曲轴转角基准位置和曲轴转角才能确定各缸工作位置，以控制最佳的喷油时刻和最佳的点火提前角。

　　凸轮轴/曲轴转速与位置传感器的工作原理和结构形式基本相同。就其安装部位来看，有的安装在曲轴前端，有的安装在凸轮轴前端或分电器内以及飞轮上。车型不同，所采用的结构形式有所不同。

　　凸轮轴/曲轴转速与位置传感器可分为电磁式、光电式和霍尔式3种类型。由于电磁式传感器和霍尔式传感器抗污能力强、高速时信号识别能力强，因此在汽车上得到广泛应用。

　　（1）电磁式凸轮轴/曲轴位置传感器　安装在分电器内的电磁式曲轴位置传感器的结构如图1-58所示。它可分为上、下两部分。上部分为凸轮轴位置传感器，下部分为曲轴位置传感器。

　　电磁式凸轮轴/曲轴位置传感器都是利用电磁感应原理产生脉冲信号的。

当发动机工作时，转子随分电器轴一起转动，当转子上的凸齿与感应线圈靠近时，引起 **【课堂互动】** 通过线圈的磁通变化，便会在线圈两端产生感应电压，ECU 即根据感应线圈产生的脉冲信号确定发动机转速和各缸工作位置。

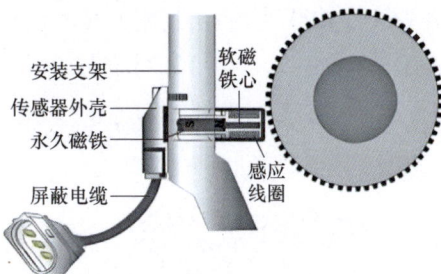

▲ 图 1-58 电磁式曲轴位置传感器

电磁式凸轮轴／曲轴位置传感器电路如图 1-59 所示。在维修时，主要检查转子凸齿有无损伤，若有损伤应更换；检查感应线圈的电阻，冷态下的 G_1G_2 感应线圈电阻应为 125~200Ω。也可在发动机工作时测量传感器的输出信号电压，以判断传感器及其电路是否正常，必要时应检修和更换传感器。

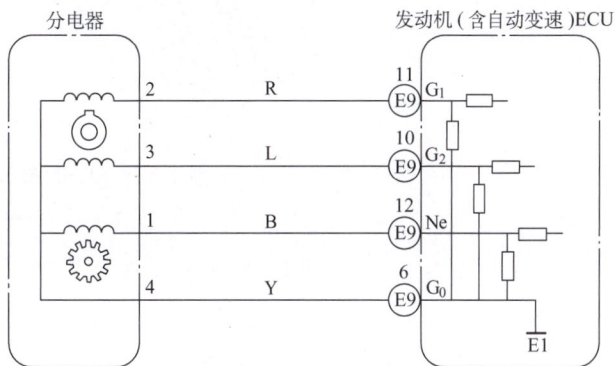

▲ 图 1-59 电磁式凸轮轴／曲轴位置传感器电路

（2）霍尔式凸轮轴／曲轴位置传感器 霍尔效应是指将半导体元件（霍尔晶体管）放在永久磁铁产生的磁场中，并给半导体元件通一个与磁场方向垂直的电流时，将在垂直于电流和磁场的半导体元件表面产生一个与电流和磁场强度成正比的电压，称为霍尔电压，如图 1-60 所示。

霍尔式凸轮轴／曲轴位置传感器工作原理如图 1-61 所示。ECU 提供电源使电流通过霍尔晶体管，旋转转子的凸齿经过磁场时使磁场强度改变，霍尔晶体管产生的霍尔电压经放大后输送给 ECU。ECU 根据霍尔电压产生的时刻确定凸轮轴位置，根据霍尔电压产生的次数确定曲轴转角和发动机转速。

想一想：到底什么是霍尔效应？

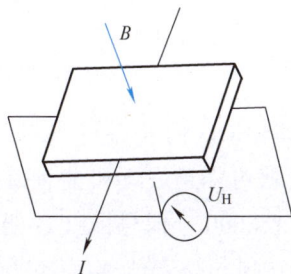

▲ 图 1-60 霍尔效应
I—电流 B—磁场强度 U_H—霍尔电压

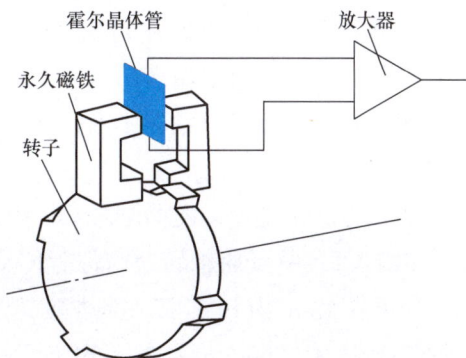

▲ 图 1-61 霍尔式位置传感器工作原理

【课堂互动】　（3）光电式曲轴位置传感器　光电式曲轴位置传感器主要由发光二极管、光电二极管、光栅盘和控制电路组成。图1-62所示为日产汽车光电式曲轴位置传感器。

光栅盘上制有一定数量的透光孔，利用发光二极管作为信号源，随光栅盘转动，当透光孔与发光二极管对正时，光线照射到光电二极管上产生电压信号，经放大电路放大后输送给ECU。由于光栅盘外围有360条光孔，产生1°曲轴转角信号。外围稍靠内间隔60°刻有6条光孔，产生120°信号（判缸信号），其中有一个光孔较宽，它与基准缸1缸压缩行程活塞的某一位置相对应。

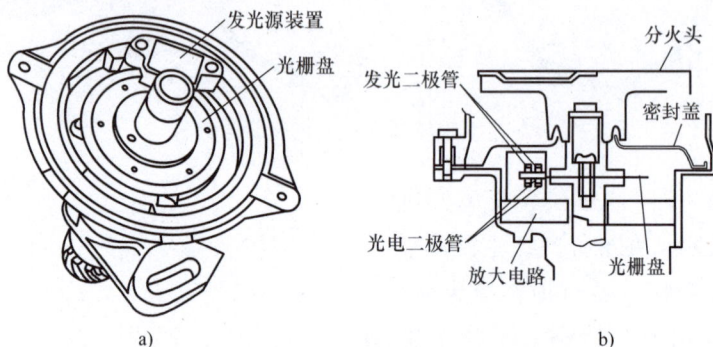

▲ 图1-62　日产汽车光电式曲轴位置传感器
a）安装位置　b）结构

大众CEA 1.8TSI发动机在气缸体前部左侧靠近变速器处装配有磁感应式曲轴转速与位置传感器，包括信号发生器和信号转子两个部分，如图1-63所示。

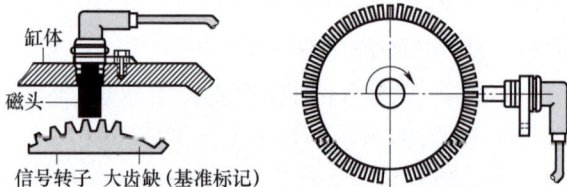

▲ 图1-63　大众CEA 1.8TSI发动机磁感应式曲轴转速与位置传感器

工作情况：当曲轴转速与位置传感器随曲轴旋转时，信号转子每转过一个凸齿，感应线圈中就会产生一个周期的交变电动势（即电动势出现1次最大值和1次最小值），线圈相应地输出一个交变电压信号，如图1-64所示。因为信号转子上制有一个产生基准信号的大齿缺，所以当大齿缺转过磁头时，信号电压所占的时间较长，即输出信号为1个宽脉冲信号，经整形和放大处理后输出的波形如图1-64所示。该信号对应于1缸或4缸压缩上止点前一定角度。发动机ECU接收宽脉冲信号时，便可知道1缸或4缸压缩上止点即将到来，至于即将到来的是1缸还是4缸压缩上止点，需要根据凸轮轴位置传感器输入的信号来确定。由于信号转子上有58个凸齿，因此信号转子每转1圈（发动机曲轴转1圈），感应线圈就会产生58个交变电压信号输入发动机ECU。

每当信号转子随发动机曲轴转动1圈，感应线圈就会向ECU输入58个脉冲信号。因此，ECU每接收到曲轴转速与位置传感器58个信号，就可知道发动机曲轴旋转了1圈。如果在1min内ECU接收到曲轴转速与位置传感器116000个信号，ECU便可计算出曲轴转速为2000r/min；如果ECU每分钟接收到曲轴转速与位置传感器290000个信号，ECU便可计算出曲轴转速为5000r/min。以此类推，ECU根据每分钟接收曲轴转速与位置传感器脉冲信号的数量，便能计算出发动机曲轴转速。

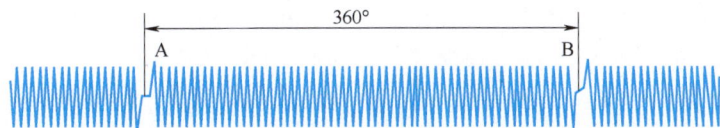

▲ 图 1-64　大众 CEA 1.8TSI 发动机曲轴转速与位置传感器输出信号波形

【课堂互动】

发动机 ECU 是以 G28 信号转子上大齿缺产生的信号为基准，控制喷油时间和点火时间的。当 ECU 接收到大齿缺产生的信号后，根据小齿缺信号来控制喷油时间（喷油提前角）、点火时间（点火提前角）和点火线圈一次电流接通时间（导通角）。为了保证系统的控制精度达到 1°，小齿缺产生的信号须由 ECU 内部电路将其转换为 1° 信号。

二、温度传感器

1. 进气温度传感器

进气温度传感器（ATS）一般安装在发动机进气管上，或与空气流量计制为一体，用于测量发动机的进气温度。ECU 利用其信号除了可以将进气的体积流量换算为质量流量外，还可以实现某些特定的控制功能。例如，进气温度较低时，因低温时汽油的蒸发性较差，不利于形成混合气，适当增大喷油量，可以确保发动机能够稳定运转。

进气温度传感器一般采用热敏电阻式温度传感器。

（1）热敏电阻的温度特性　热敏电阻式温度传感器是利用半导体材料的电阻随温度变化而改变的特性制成的。按其电阻—温度特性的不同，有 NTC（负温度系数）和 PTC（正温度系数）两种。负温度系数热敏电阻的电阻值随温度的升高而降低，正温度系数热敏电阻则相反。一般热敏电阻式温度传感器使用温度范围在 300℃ 以内，也有像氧化锆那样的高温型热敏电阻式传感器。热敏电阻式传感器的响应特性比绕线电阻式传感器优良，因而被广泛地应用于冷却液和进气温度的检测；热敏电阻式传感器的主要缺点是线性较差。图 1-65 所示为热敏电阻式温度传感器的特性。

（2）进气温度传感器的结构、工作原理与电路图　进气温度传感器的结构及工作电路如图 1-66 所示，主要由负温度系数热敏电阻、金属引线和壳体等组成。所谓负温度系数是指其电阻值随温度的上升而减小。传感器的热敏电阻通过导线与 ECU 相连，并与 ECU 内部的分压电阻串联，形成分压电路。ECU 向该分压电路提供稳定的工作电压（一般为 5V），热敏电阻所获得的分压值即为测得的温度信号。

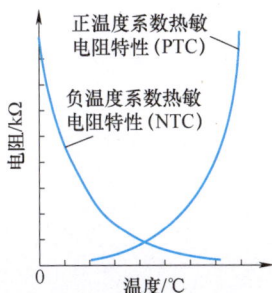

▲ 图 1-65　热敏电阻式温度传感器的特性

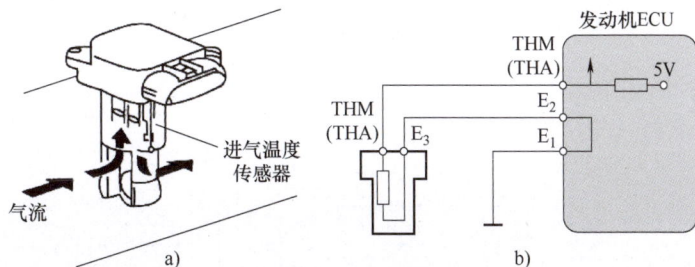

▲ 图 1-66　进气温度传感器
a）结构　b）工作电路

2. 冷却液温度传感器

冷却液温度传感器（CTS）一般安装在发动机水套或出水管上，用于检测发动机冷

【课堂互动】
却液的温度，ECU 利用其信号对喷油量、点火正时等进行修正控制，以实现某些特定的控制功能。

（1）冷却液温度传感器的结构　冷却液温度传感器多安装在缸体水道上或节气门附近。如图 1-67 所示，冷却液温度传感器的核心是负温度系数的热敏电阻（冷却液温度越低，电阻值越大；冷却液温度越高，电阻值越小）。

（2）冷却液温度传感器的工作电路　图 1-68 所示为冷却液温度传感器的工作电路。ECU 内部的 5V（或 12V）电压通过分压电阻 R 加在冷却液温度传感器内的热敏电阻上，再通过 ECU 搭铁构成回路。传感信号为加在热敏电阻上的电压。温度越高，电阻值越小，信号电压就越低；温度越低，电阻值越大，信号电压就越高。信号电压为 5V，表明传感器断路；信号电压为 0V，表明传感器短路。

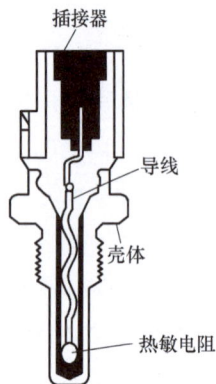

▲ 图 1-67　冷却液温度传感器的结构　　　▲ 图 1-68　冷却液温度传感器的工作电路

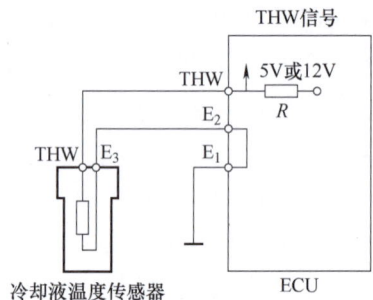

三、电控单元（ECU）

ECU 主要由哪几部分组成？

在发动机控制系统中，ECU 的主要功能是根据发动机运转状况和车辆运行状态确定燃油最佳喷射量，以此控制发动机的最佳空燃比。

ECU 是一种电子综合控制装置，主要由输入回路、A-D（模拟 - 数字）转换器、微机和输出回路四部分组成，如图 1-69 所示。

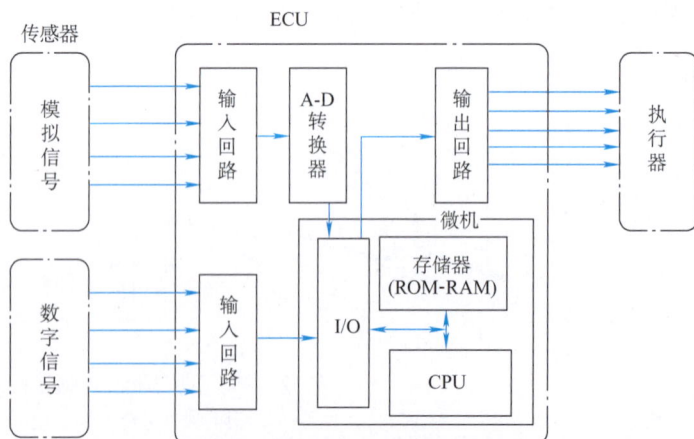

▲ 图 1-69　电控单元的基本构成

（1）输入回路　输入回路的作用是将系统中各传感器检测到的信号经输入接口送入

微型计算机，使计算机能对汽油机运行工况进行实时检测和控制。输入回路的作用如图 1-70 所示。

（2）A-D 转换器（模拟 - 数字转换器）　A-D 转换器的作用是将对微型计算机不能直接处理的模拟信号转换成数字信号，再输入微型计算机。

（3）微型计算机　微型计算机的作用是根据汽油机运行工况的需要，把各种传感器送来的信号用内存中的处理程序和数据进行运算处理，并把处理结果送往输出通路。

（4）输出回路　微机输出的是数字信号，且输出电压较低，用这种输出信号一般不能驱动执行元件进行工作。因此需采用输出回路，将其转换成可以驱动执行元件的输出信号。在汽油机电控系统中，由输出回路输出的控制信号有喷油器驱动信号、点火控制信号和电动汽油泵驱动信号。

【课堂互动】

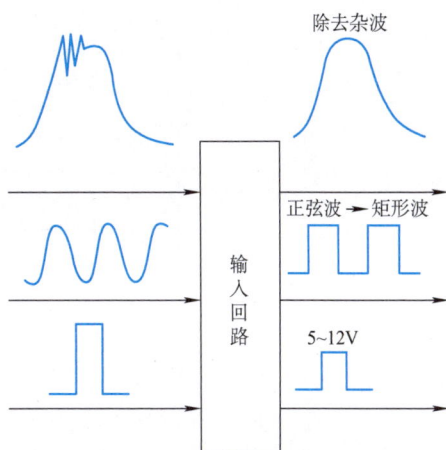

▲ 图 1-70　输入回路的作用示意图

四、电控燃油喷射系统的控制过程

燃油的喷射控制包括喷油正时控制、喷油持续时间控制（即喷油量控制）、断油控制和燃油泵控制等内容。

1. 喷油正时控制

所谓喷油正时控制就是对喷油器开始喷油的时刻进行控制。

喷油器的喷油可分为同步喷射和异步喷射两种类型。同步是指根据发动机各缸工作循环，在既定的曲轴位置进行喷油。同步喷射有规律性。

（1）同步喷射

1）顺序喷射。在采用顺序喷射的发动机上，ECU 根据凸轮轴位置传感器信号（G 信号）、曲轴位置传感器信号（Ne 信号）和发动机的工作顺序，确定各缸工作位置。当确定某缸活塞运行至排气行程上止点前某一位置时，ECU 输出喷油控制信号，接通喷油器电磁线圈电路，该缸即开始喷油。

图 1-71 所示为同步顺序喷射正时图。

2）分组喷射。喷油正时的控制是以各组最先进入做功行程的缸为基准，在该缸排气行程上止点前某一位置，ECU 输出指令信号，接通该组喷油器电磁线圈电路，该组喷油

什么是喷油正时？

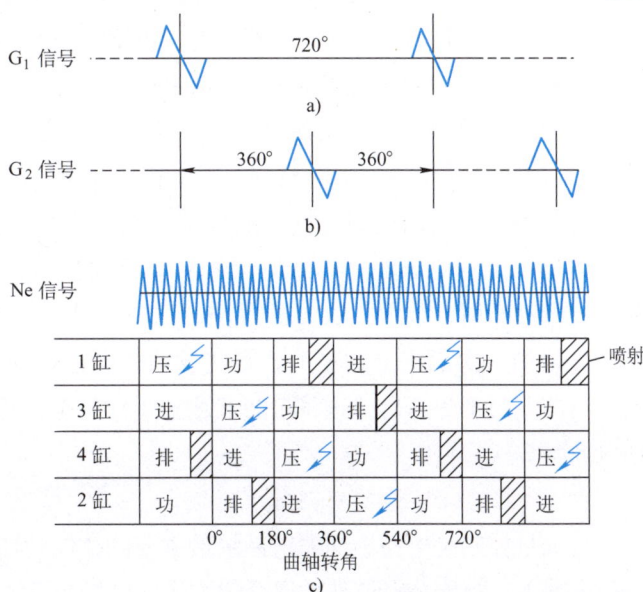

▲ 图 1-71　同步顺序喷射正时图

【课堂互动】 器即开始喷油。同步分组喷射正时图如图 1-72 所示。

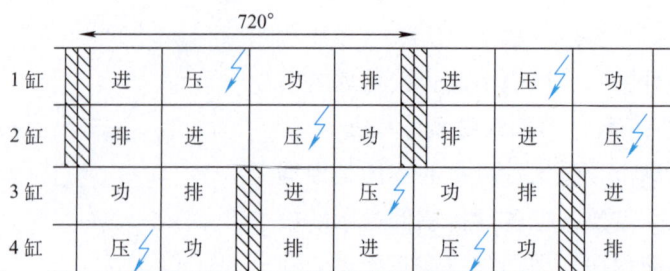

▲ 图 1-72　同步分组喷射正时图

想一想：什么是同步喷射和异步喷射？

3）同时喷射。喷油正时的控制是以发动机最先进入做功行程的缸为基准，在该缸排气行程上止点前某一位置，ECU 输出指令信号，接通所有喷油器电磁线圈电路，各缸喷油器即开始喷油。同步同时喷射正时图如图 1-73 所示。

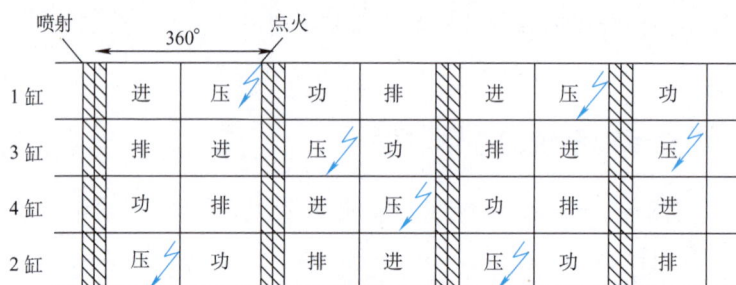

▲ 图 1-73　同步同时喷射正时图

（2）异步喷射　异步喷射是在同步喷射的基础上，为改善发动机的性能额外增加的喷油。异步喷射与发动机的工作不同步，无规律性，是一种临时的补偿喷射，主要有起动异步喷油和加速异步喷油。

1）起动时异步喷油正时控制。在部分电控燃油喷射系统中，为改善发动机的起动性能，在发动机起动时，除同步喷油外，再增加一次异步喷油。

具有起动异步喷油功能的电控燃油喷射系统，在起动开关（STA）处于接通状态时，ECU 接收到第一个凸轮轴位置传感器信号后，开始进行起动时的异步喷油。

2）加速时异步喷油正时控制。发动机由怠速工况向汽车起步工况过渡时，由于燃油惯性等原因，会出现混合气稀的现象。为了改善起步加速性能，ECU 根据节气门位置传感器中怠速触点输送的怠速信号从接通到断开时，增加一次固定量的喷油。在有些电控燃油喷射系统中，ECU 接收到的怠速信号从接通到断开后，检测到第一个 Ne 信号时，增加一次固定量的喷油。有些发动机电控燃油喷射系统，为使发动机加速更灵敏，当节气门迅速开启或进气量突然增加（急加速）时，在同步喷射的基础上增加异步喷射。

2. 喷油持续时间（即喷油量）控制

喷油量控制是电控燃油喷射系统最主要的控制功能之一，其目的是使发动机在各种运行工况下，都能获得最佳的混合气浓度，以提高发动机的经济性和降低排放污染。

电控燃油喷射系统对喷油量控制的核心是精确地确定和控制喷油的持续时间。根据发动机的运行特点，喷油持续时间控制分为起动时喷射持续时间的控制和起动后喷油持续时间的控制。

【课堂互动】

（1）起动时喷油持续时间控制 当发动机起动时，由于转速很低且波动很大，无论是进气歧管绝对压力或空气流量计都不能准确地测出实际的进气量。因此，发动机起动时，ECU 不能用进气量来计算喷油量，而是采用其他的方式。发动机起动时，ECU 根据冷却液的温度，从预存的冷却液温度 - 喷油时间数据表中找出相应的基本喷油持续时间，如图 1-74 所示。然后根据进气温度和蓄电池电压对基本喷油时间进行修正，得到起动过程实际的喷油持续时间，作为起动工况的主喷油量。

发动机起动时是如何确定喷油量的？

（2）起动后喷油持续时间控制 起动后喷油持续时间的确定如下式所示：

$$喷油持续时间 = 基本喷油持续时间 \times 喷油修正系数 + 电压修正值$$

发动机起动后，ECU 首先根据空气流量计和曲轴位置传感器传来的信号确定基本喷油时间。这个基本喷油时间是实现既定空燃比的喷射时间。ECU 在确定基本喷油时间的同时，要根据各种传感器送来的发动机运行工况信息，对基本喷油时间进行修正，具体修正如下：

1）起动后暖机过程修正。发动机起动后，转速逐渐升高并趋于稳定，ECU 便可转入正常控制喷油量，但由于发动机温度还比较低，仍存在燃油气化不良的情况，因此需要继续提供较浓的混合气。这种油量的增加，由 ECU 根据发动机温度进行喷油持续时间暖机修正，如图 1-75 所示。

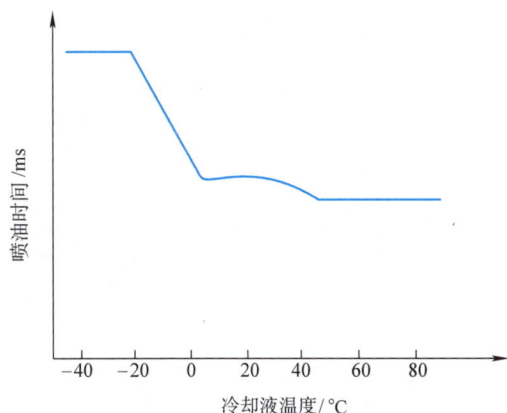

▲ 图 1-74 冷却液温度 - 喷油时间

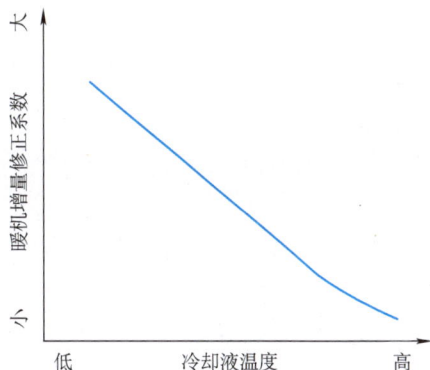

▲ 图 1-75 暖机时燃油增量修正系数的变化

2）怠速稳定性修正。在采用 D-Jetronic 系统的汽油机中，决定基本喷油持续时间的进气歧管压力，在怠速工况时相对发动机的转速有一个滞后。节气门后进气歧管的容积越大，怠速转速越低，滞后时间越长，导致怠速转速周期性的波动。为了提高发动机怠速运转的稳定性，ECU 根据进气歧管压力和发动机转速的变化，采取与转矩变动相反的反向修正，以提高发动机的怠速稳定性。

为什么要进行怠速和大负荷工况的喷油量修正？

3）大负荷工况的喷油量修正。当发动机在中小负荷工况下运行时，ECU 对混合气浓度调整的原则是：在保持一定排放性能的前提下，尽量提供经济混合气。但发动机在大负荷工况下工作时，要求较浓的混合气以获得最大功率。此时，ECU 首先根据节气门位置传感器信号和进气量信号，判断发动机是否处于大负荷工况。若处于大负荷工况，则增大喷油量，大负荷的加浓量为正常喷油量的 10%~30%。有些发动机大负荷加浓量还与冷却液温度信号有关。

4）加速工况时的喷油量修正。为保证发动机具有良好的加速性能，在加速时需要额外增大喷油量，以增大发动机的输出功率。对加速工况，ECU 根据一定时间内节气门开度的变化，或者空气流量的变化来判断。当 ECU 确认汽车正处于加速工况，则除了根据空气流量增大同步喷射的喷油量外，还立即进行异步喷射，以满足加速工况对喷油量的特殊要求。

5）进气温度修正。发动机进气温度影响进气密度，ECU 根据进气温度传感器提供的进气温度信号，对喷油时间进行修正。通常 20℃为进气温度信息的标准温度，当低于20℃时空气密度大，ECU 适当增加喷油时间，使混合气不致过稀；当进气温度高于 20℃时，空气密度减小，适当减少喷油时间，以防混合气偏浓。进气温度修正系数如图 1-76所示。

6）电源电压修正。在电控汽油喷射系统中，ECU 发出喷油信号，喷油器电磁线圈通电，但喷油器针阀实际的开启时刻（开始喷油）相对喷油信号有一个动作滞后，使喷油器喷油的实际时间比 ECU 确定的喷油时间短，导致喷油量不足，使实际的空燃比高于发动机要求的空燃比。蓄电池电压越低，滞后时间越长。因此，ECU 需根据蓄电池电压适当延长喷油时间，以提高喷油量控制的精度。蓄电池电压低，修正时间长；蓄电池电压高，修正时间短。修正时间与蓄电池电压的关系如图 1-77 所示。

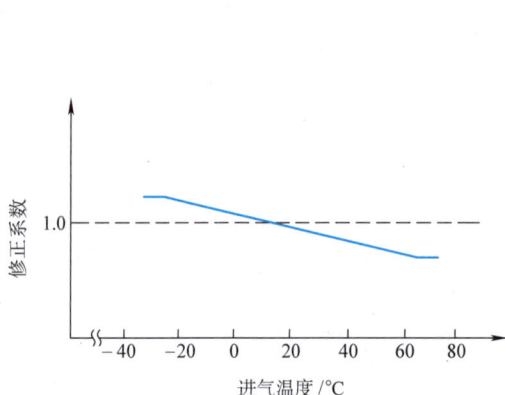

▲ 图 1-76 进气温度修正系数

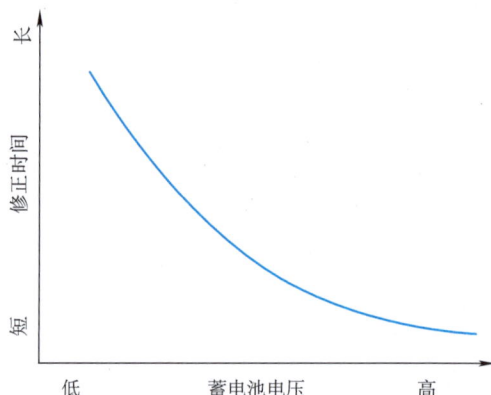

▲ 图 1-77 修正时间与蓄电池电压的关系

7）空燃比反馈修正。在装有三元催化转化器的电控燃油喷射系统中，用氧传感器对排气中的氧含量进行检测，ECU 根据检测结果对空燃比进行修正，将空燃比控制在理论空燃比附近。

3. 断油控制

断油控制是指 ECU 停止向喷油器驱动电路发送喷射信号，喷油器暂停工作。它包括以下两种情况。

（1）减速断油控制 汽车行驶中，驾驶人快松加速踏板使汽车减速时，发动机不再需要供应燃油，为避免混合气过浓、经济性和排放变坏，ECU 将会切断燃油喷射控制电路，停止喷油。当发动机转速降至预设转速，或节气门重新打开时，ECU 使喷油器恢复喷油。

（2）超速断油控制 当发动机转速过高时，可能引起发动机损坏，因此当发动机转速超过安全转速或汽车车速超过设定的最高车速时，ECU 将切断燃油喷射控制电路，停止喷油，防止超速。

【课堂互动】

4. 燃油泵控制

当点火开关打开或发动机熄火后，电控燃油喷射系统中的燃油泵一般预先或延迟工作 2~3s，以保证燃油系统必需的油压。在发动机起动过程中和运转过程中，燃油泵应保持正常工作，打开点火开关但不起动发动机，或关闭点火开关后，应适时切断燃油泵控制电路，使燃油泵停止工作。

部分电控燃油喷射系统中装用的电动燃油泵有高、低两个转速档，发动机工作时，电控燃油喷射系统根据发动机的转速和负荷来控制燃油泵以高速或低速运转。当发动机在高速、大负荷工况下工作时，燃油泵以高速运转；当发动机在低速、中小负荷工况下工作时，燃油泵以低速运转，以减少不必要的燃油泵磨损和电能消耗。

【大国成就】

勇攀高峰，努力将关键核心技术掌握手中

一汽自研自制的 V 形 12 缸直喷增压发动机最大功率达到 560kW，性能指标实现国际领先。发动机是汽车的"心脏"，制造工艺要求高。结构复杂、开发难度大的 V12 发动机更是代表了乘用车发动机的最高水平。

深钻"卡脖子"领域，不断迈出坚实步伐。针对变速器组建专项工作组，成立动力总成工厂，展开长达十余年的全面自主研发，实现全面自主掌控；聚焦动力蓄电池，创新低温电芯、蓄电池包保温隔热等一系列技术，实现 Ah 级全固态电芯试制；从系统集成、智能网联到前瞻造型、关键材料，瞄准 41 个重点方向持续攻坚……

自力更生、自主创新，一汽的探索正是中国汽车工业的写照。用 70 年走过了国外一二百年工业化的道路，中国跌宕起伏的造车历程，写满了对核心技术的渴求与攀登。

今天，中国汽车工业基础更牢了，实力也更强了，拥有新能源汽车全球领先的市场规模和产业链优势，和全球汽车产业站在同一起跑线上。

【任务实施】

1. 目的与要求

1）了解电控系统的组成和控制原理。

2）能够读懂汽车电路图及原理图。

3）能够用解码仪读取故障码、数据流。

4）能够根据维修手册对传感器进行拆装。

5）能够掌握曲轴位置传感器、冷却液温度传感器的检测方法。

2. 设备与器材

电控发动机、数字万用表、示波器、专用和常用工具、车辆维修手册。

3. 内容与步骤

（1）曲轴转速传感器检测　大众 CEA 1.8TSI 发动机曲轴转速与位置传感器与 ECU

的接线电路如图 1-78 所示。其中，线束插头 T2cd 端子为信号线正极，端子 2 为信号线负极。

1）检测传感器电阻。关闭点火开关，拔下曲轴转速与位置传感器线束插头 T2cd，用万用表检测传感器线束插头端子 1 与端子 2 之间电阻值，应为 450~1000Ω。否则，应更换发动机曲轴与位置传感器。

2）检测电路导通性。关闭点火开关，拔下曲轴转速与位置传感器线束插头 T2cd 和 ECU 线束插头 T60a，用万用表检测传感器线束插头 T2cd 端子 1 和 ECU 线束插头 T60a 端子 51 之间的导线电阻值，检测传感器线束插头 T2cd 端子 2 和 ECU 线束插头 T60a 端子 36 之间的导线电阻值。正常值均应小于 1Ω，若阻值较大，说明该段导线存在虚接或断路，应修复或更换。

▲ 图 1-78 大众 CEA 1.8TSI 发动机曲轴转速与位置传感器与 ECU 的接线电路

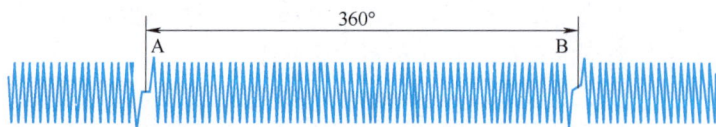

3）检测输出信号电压。关闭点火开关，将曲轴位置传感器线束插头 T2cd 端子 1、2 的线束刺破，接好万用表表笔。插上传感器线束插头 T2cd 和 ECU 线束插头 T60a，起动发动机，用万用表交流电压档检测线束插头 T2cd 端子 1 和 2 之间的电压，发动机怠速运行时，应在 6V 左右变化。随着发动机转速的增大，输出信号电压应不断增大。

4）检测输出信号波形。关闭点火开关，拔下曲轴转速与位置传感器线束插头 T2cd，将 T2cd 端子 1、2 的线束刺破，在端子 1 和 2 之间接上示波器。起动发动机，先怠速运转而后加速，获得输出信号波形应如图 1-79 所示。良好的波形在 0V 上下的幅值应基本接近，幅值会随发动机转速增加而增大，频率随发动机转速增加而加快，幅值、频率和形状在确定的条件下是一致的、可重复的、有规律的和可预测的。

5）检测信号转子与磁头之间的间隙。曲轴转速与位置传感器信号转子凸齿与磁头之间的间隙应在 0.2~0.5mm 之间。如间隙超出此范围，则应进行调整。

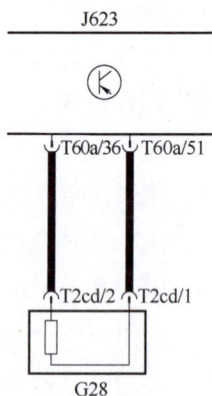

▲ 图 1-79 大众 CEA 1.8TSI 发动机曲轴转速与位置传感器输出信号波形

（2）冷却液温度传感器检测 冷却液温度传感器检测使用专用的"V.A.G1551"故障诊断仪。

1）性能检测。若随发动机冷却液温度升高，而显示数值不变，需将点火开关置到"OFF"档，进行电路检测。

2）电路检测：

① 拔下 ECU 插座。

② 将 ECU 插座安装在检测箱相对应的插头上。

③ 拔下冷却液温度传感器插座，如图 1-80 所示。

▲ 图 1-80 冷却液温度传感器检测

3）检测电阻。冷却液温度传感器额定电阻值见表 1-4。

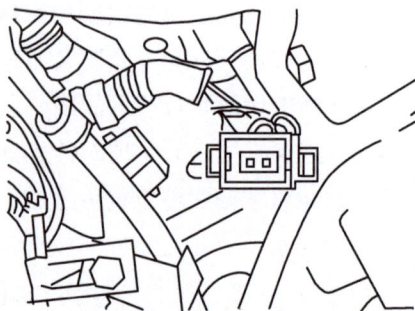

表 1-4　冷却液温度传感器额定电阻值

【课堂互动】

传感器插座端子号	检测箱检测孔号	额定电阻值 /Ω	传感器插座端子号	检测箱检测孔号	额定电阻值 /Ω
2	29	小于 1.5	传感器插头端子 1、2 分别与发动机"地"间		∞
1	12				

传感器插头端子 1 与 2 间的电阻值，应与图 1-81 所示的关系曲线相符。若不符，更换传感器。

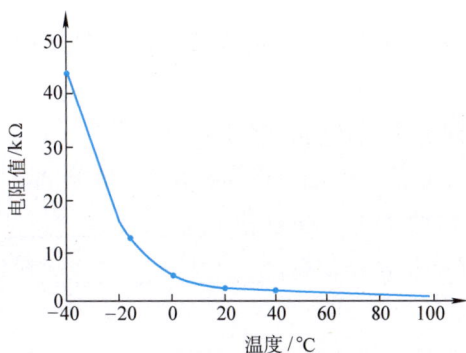

▲ 图 1-81　传感器电阻值与冷却液温度变化曲线

完成相应的测量，并将结果填入检测记录表 1-5 中。

表 1-5　检测记录

冷却液温度 /℃	传感器电阻值 /kΩ

根据检测记录表，在图 1-82 上绘制传感器电阻值与冷却液温度变化曲线图。

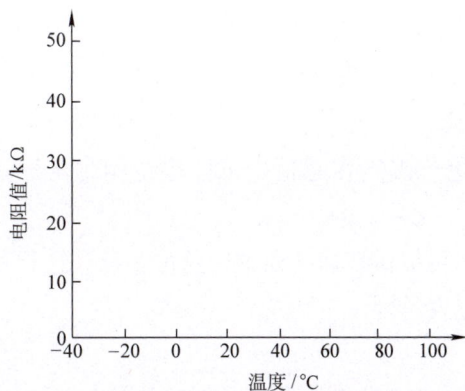

▲ 图 1-82　检测曲线图

【课堂互动】　【任务巩固】

1. 填空题

1）电控燃油喷射系统的功能是对_____、_____、_____及燃油泵进行控制。

2）燃油停供控制主要包括_____和_____。

3）曲轴位置传感器可分为_____、_____和光电式 3 种类型。

4）发动机起动后，在达到正常工作温度之前，ECU 根据_____信号对喷油时间进行修正。

5）当发动机转速超过安全转速时，喷油器停止喷油，防止_____。

6）发动机冷却液温度越低，燃油越不易雾化，喷油脉冲宽度就应该_____。

7）大负荷工况喷油量修正中，ECU 根据_____或_____以及_____输送的全负荷信号或_____判断发动机负荷状况。大负荷时，适当_____喷油时间。

8）发动机控制模块利用曲轴位置传感器信号控制_____、_____、_____和_____。

9）在 L 型电控燃油喷射系统中，ECU 根据_____、_____确定基本喷油脉宽。

10）在电控燃油喷射系统中，蓄电池电压越低，滞后时间越_____，ECU 适当_____喷油时间。

2. 判断题

1）在电喷发动机的任何工况下均采用闭环控制。　　　　　　　　（　　）

2）同时喷射喷油正时的控制以发动机最先进入做功行程的缸为基准。（　　）

3）在发动机起动时，除同步喷油外，再增加一次异步喷油。　　　（　　）

4）喷油量控制是电控燃油喷射系统最主要的控制功能。　　　　　（　　）

5）发动机起动时的喷油量控制和发动机起动后的喷油量控制的控制模式完全相同。

　　　　　　　　　　　　　　　　　　　　　　　　　　　　　　（　　）

6）发动机起动后的各工况下，ECU 只确定基本喷油时间，不需要对其修正。（　　）

7）同时喷射不需要气缸判别信号，且喷射驱动回路通过性好。　　（　　）

8）分组喷射方式中，发动机每个工作循环中，各喷油器均喷射 1 次。（　　）

9）顺序喷射按发动机各缸的工作顺序喷油。　　　　　　　　　　（　　）

10）在对进气温度修正中，当进气温度高于 20℃时，空气密度减小，适当增加喷油时间，以防止混合气偏稀。　　　　　　　　　　　　　　　　　（　　）

11）负温度系数的进气温度传感器中的热敏电阻值随着进气温度的升高而变大。

　　　　　　　　　　　　　　　　　　　　　　　　　　　　　　（　　）

12）曲轴位置传感器可提供车速、曲轴转角位置及气缸行程位置信号，以此确定发动机的基本喷油时刻及点火时刻。　　　　　　　　　　　　　　　（　　）

3. 问答题

1）电控系统的功用与组成是什么？它是如何工作的？

2）电控燃油喷射系统有哪些功能? 【课堂互动】

3）说明霍尔式曲轴位置传感的工作原理。

4）冷却液温度传感器的作用是什么? 如何控制?

【案例分析】

一辆高尔夫 E-IHABS 汽车行驶中发动机突然熄火，不能起动

故障现象：一辆大众高尔夫 E-IHABS 汽车，装用 ABS 型发动机，已行驶 2 万 km，在行驶中发动机突然熄火，然后就不能再次起动。

诊断与排除：该车发动机装用单点喷射式莫特朗尼克燃油喷射系统。拆下空气滤清器，起动发动机，确认喷油器确实动作，但没有喷射燃油。

首先，拔下中央高压线，试火有高压火花，说明电控系统没有故障，故障产生在燃油系统。

在起动电动机拖着摇柄旋转时，燃油配管并不扩张。揭开燃油箱注油口盖把耳朵伏在上面凝神静听，摇摇柄时可以听到燃油泵动作声。可能是燃油配管堵塞，或者燃油压力调节器的回油管成为开放状态等。检测燃油压力，压力表指针为零。

从燃油箱内把燃油泵拆出来，发现燃油泵的出口配管折断了。因此在起动发动机时油泵的动作声清晰可辨，而燃油压力表显示的燃油压力却为零。原因就是泵油和回油在燃油箱内部完成循环。

项目二

汽油机电控点火系统

📇【学习目标】

1. 了解汽油机对点火系统的要求。
2. 掌握电控点火系统的组成、结构形式及各自的特点。
3. 掌握点火系统主要部件的功用、结构与工作原理。
4. 掌握点火提前角、点火闭合角、爆燃控制的控制原理。
5. 能够对点火系统主要部件进行检修。
6. 能够利用仪器、设备对点火系统常见故障进行正确的诊断与排除。

任务一　汽油机电控点火系统的总体认识

【任务目标】

⭐ **知识目标：**

1. 掌握汽油机对点火系统的要求。
2. 掌握电控点火系统的组成、结构形式及各自的特点。
3. 掌握点火控制的基本原理。

🔖 **技能目标：**

1. 能够根据电路图分析点火系统的工作原理。
2. 能够识别点火系统部件。

⬡ **素养目标：**

1. 在工作中与小组成员合作交流，培养团队合作意识。
2. 养成 7S 工作习惯。
3. 养成服从管理、规范作业的良好工作习惯。

【基本理论知识】

【课堂互动】

一、汽油机对点火系统的要求

点火系统应保证发动机各种工况和使用条件下的可靠点火，因此点火系统应具备下列 3 个基本条件。

1. 产生足以击穿火花塞间隙的高压电

汽油机正常工作时所需的击穿电压与汽油机的运行工况有关。在满载低速时需 8~10kV 的高压电，起动时需要 19kV 的高压电，正常点火时的高压电一般需要在 15kV 以上。为可靠点火，点火系统所产生的最高电压必须高于火花塞的击穿电压并有一定的富余值。考虑到各种不同因素的影响，通常将点火系统的高压电设计为 30kV。

说出自己对点火系统的认识。

2. 电火花应具有足够的能量

为可靠点燃混合气，电火花应具有足够的能量，可表达为火花塞电极间的电压、电流与电火花持续的时间的乘积。

当发动机正常工作时，混合气压缩终了的温度已接近其自燃温度，因此所需的火花能量很小，为 1~5mJ。一般情况下点火系统能发出 15~50mJ 的能量，足以点燃混合气。在起动工况、怠速工况及节气门突然打开时，需要比较大的电火花能量，为保证可靠工作，一般应保证有 50~80mJ 的点火能量，起动时应有大于 100mJ 的点火能量。目前电控点火系统均能满足以上点火要求。

3. 点火时刻能适应发动机各种工况的变化

不同发动机有不同的最佳点火提前角，而且同一发动机在不同工况和不同使用条件下的最佳点火提前角也不相同。影响最佳点火提前角的因素有转速、负荷、汽油的辛烷值、混合气成分和进气压力等。为使发动机在把热能转换成机械能的过程中输出最大功率，点火系统必须适应上述因素的变化，实现在不同工况下的最佳点火。

二、电控点火系统的组成

电控点火系统主要由 3 部分组成：传感器（包括开关信号），它用来监测发动机运行状况及传递人为指令；车用 ECU，它负责处理由传感器传来的信号，经过加工处理发出工作指令；执行器，它执行 ECU 发出的指令。图 2-1 所示为数字式电控点火系统。

1. 传感器与开关信号

传感器用来监测与点火有关的发动机工作和状况信息，并将监测结果输入 ECU，作为计算和控制点火时刻的依据。下面介绍几种主要的发动机传感器。

电控点火系统由哪些部件组成？

（1）凸轮轴 / 曲轴位置传感器　它是确定曲轴基准位置和点火基准的传感器。该传感器在曲轴旋转至某一特定的位置（如 1 缸压缩上止点前某一确定的角度）时，输出一个脉冲信号，ECU 将这一脉冲信号作为计算曲轴位置的基准信号，再利用曲轴转速计算出曲轴任一时刻所处的具体位置。

曲轴位置传感器将发动机曲轴转过的角度转变为电信号输入 ECU，曲轴每转过一定角度就发出一个脉冲信号，ECU 通过不断地检测脉冲个数，即可计算出曲轴转过的

【课堂互动】 角度。与此同时，ECU 根据单位时间内接收到的脉冲个数，即可计算出发动机的转速。在微机控制电子点火系统中，发动机曲轴转角信号用来计算具体的点火时刻，转速信号用来计算和读取基本点火提前角。凸轮轴位置和曲轴位置信号是保证 ECU 控制电控点火系统正常工作最基本的信号。

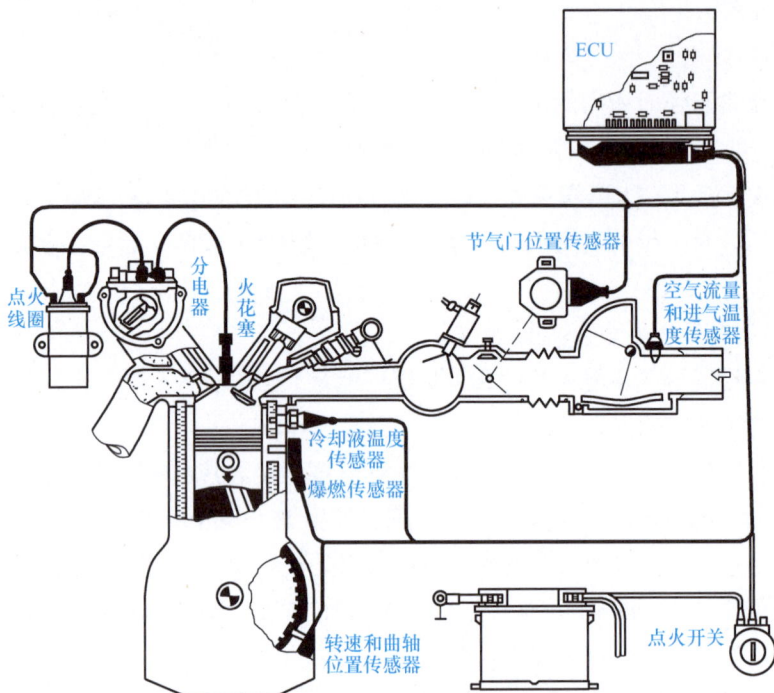

▲ 图 2-1 数字式电控点火系统

（2）空气流量传感器 它是确定进气量大小的传感器。在 L 型（流量型）电控燃油喷射系统中，采用的是流量型传感器，直接检测空气流量；在 D 型（压力型）电控燃油喷射系统中，采用的是进气歧管压力传感器，通过检测节气门后进气歧管内的负压（真空度）来间接检测空气流量。空气流量信号输入 ECU 后，除了用于计算基本喷油时间之外，还用作负荷信号来计算和确定基本点火提前角。

电控点火系统有几种传感器，分别是什么？

（3）进气温度传感器 它反映发动机吸入空气的温度。在微机控制电子点火系统中，ECU 利用该传感器发出的信号对基本点火提前角进行修正。

（4）冷却液温度传感器 它反映发动机工作温度的高低。ECU 除了利用该信号对基本点火提前角进行修正之外，还要利用该传感器发出的信号控制起动和发动机暖机期间的点火提前角。

（5）节气门位置传感器 它将节气门开启角度转换为电信号输入 ECU，ECU 利用该信号和车速传感器信号综合判断发动机所处的工况（怠速、中等负荷、大负荷、减速），并对点火提前角进行修正。

节气门位置传感器向 ECU 输送什么信号？

其他开关用于修正点火提前角。起动开关信号用于起动时修正点火提前角；空调开关信号用于怠速工况下使用空调时修正点火提前角；空档安全开关在采用自动变速器的汽车上使用，ECU 利用该开关信号来判断发动机是处于空档停车状态还是停驶状态，然后对点火提前角进行必要的修正。

另外还有爆燃传感器，将在任务二中叙述。

2. 电控单元（ECU）

【课堂互动】

现代汽车发动机大多数采用集中控制系统，电控点火系统是其子系统。ECU 既是燃油喷射控制系统的控制核心也是点火控制系统的控制核心。在 ECU 的只读存储器（ROM）中，除存储有监控和自检等程序之外，还存储有由台架试验测定的该型发动机在各种工况下的最佳点火提前角。随机存储器（RAM）用来存储 ECU 工作时需要暂时存储的数据，如输入/输出数据、单片机运算得出的结果、故障码、点火提前角修正数据等。这些数据根据需要可随时调用或被新的数据改写。ECU 不断接收上述各种传感器发送的信号，按预先编制的程序进行计算和判断后，向点火控制器发出接通与切断点火线圈一次电路的控制信号。

在电控点火系统中，其核心部件是电控单元（ECU，俗称"汽车电脑"）。它具有强大的数学运算、逻辑判断、数据处理与数据管理等功能。在电控点火系统工作时，ECU 接收由传感器传来的各种模拟信号、数字信号，对这些信号进行运算、判断与处理，然后向执行器发出控制指令。

当发动机工作时，ECU 运行的速度很快，如点火时刻控制，每秒钟可以修正上百次，因此控制精度很高，点火时刻十分精确。

3. 电控点火系统的执行器

电控点火系统的执行器包括点火器、点火线圈和火花塞等。

点火器由专用集成电路与外围电路组成，除具有接通和切断点火线圈的一次电路外，还具有许多其他功能，如限流控制、闭合角控制、停车断电保护、确认点火信号发生、锁止保护、过电压保护等。

电控点火系统使用的点火线圈均采用闭磁路式点火线圈，由于其铁心是封闭的，磁通全部通过铁心内部，所以漏磁少、磁阻小、能量损失小，在产生的感应电动势相同的情况下，所需线圈匝数少、体积小，如图 2-2 所示。

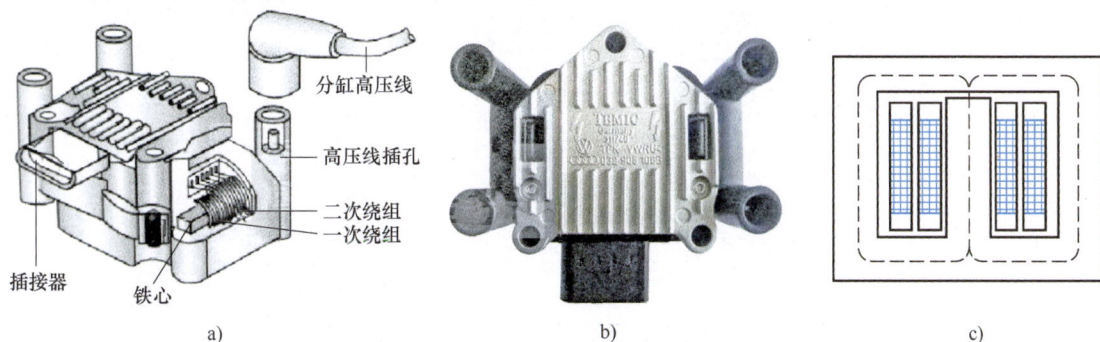

▲ 图 2-2　闭磁路式点火线圈结构及磁路
a）结构　b）实物　c）磁路

在电控点火系统中，有分电器点火系统的分电器内已取消了断电器等装置，不再承担控制点火线圈一次绕组通断的任务，仅起到对高压电的分配作用。在多数情况下，这种分电器内装有电磁式曲轴位置传感器，为 ECU 提供曲轴位置和转角信号（G_1、G_2 和 Ne）。

火花塞的作用是将点火线圈二次绕组产生的高压电引入发动机燃烧室，在其电极间隙形成电火花点燃混合气。电控点火系统所用火花塞与传统点火系统所用火花塞基本相同，不再赘述。

【课堂互动】

电控点火系统与传统点
火系统有何区别？电控
点火系统有何特点？

三、电控点火系统的类型及特点

电控点火系统是在传统点火系统的基础上发展而来的，它取消了真空式和机械离心式点火提前角调整装置，而由 ECU 根据各种传感器提供的发动机信息对点火提前角进行控制。所以电控点火系能提供最佳的点火提前角，使发动机的动力性、经济性、排放性等方面都达到较高的水平。电控点火系统按有无分电器可分为有分电器式和无分电器式两种类型。

1. 有分电器式电控点火系统

有分电器式电控点火系统中用一个点火线圈产生高压电，然后由分电器按点火顺序将高压电依次分配到各缸火花塞，如图 2-3 所示。

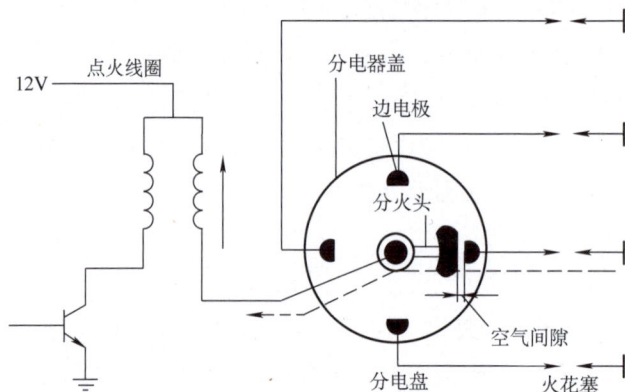

▲ 图 2-3　分电器对高压电的分配

其电路如图 2-4 所示。

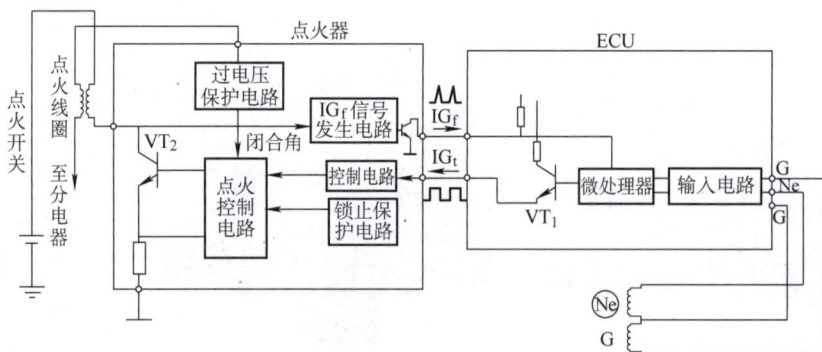

▲ 图 2-4　有分电器式电控点火系统电路

ECU 中的微处理器根据曲轴位置传感器输入的 G 信号和 Ne 信号，确定点火时刻，将点火定时信号（IG_t）送给点火器，经其中的闭合角控制电路和点火控制电路，分别控制功率晶体管 VT_2 导通和截止的时刻，实现点火线圈一次绕组的通电和断电。图 2-4 中的 IG_f 信号为点火确认信号，即利用点火线圈一次电流被切断时产生的反电动势触发 IG_f 信号发生器，输出一个点火确认信号（IG_f）反馈给 ECU。如果点火器中的功率晶体管 VT_2 不能正常导通和截止，ECU 的微处理器就接收不到反馈信号 IG_f，表明点火系统存在故障，将立即切断燃油喷射。

2. 无分电器式电控点火系统

【课堂互动】

分电器的作用是什么?试述有分电器式电控点火系统的工作原理。

无分电器式电控点火系统最主要的特点是取消了传统的分电器,由 ECU 微处理器中的点火控制电路和分配电路控制点火器,实现点火控制。对于电控无分电器点火系统,按点火方式分为同时点火方式和独立点火方式两种类型。

(1)同时点火方式　同时点火方式的主要特点是两缸点火电路串联,相位相差 360°,其中一缸的活塞位于压缩上止点附近,处于点火爆发状态,而另一缸的活塞正好位于排气上止点附近,处于排气完毕即将进入吸气行程。点火方式按配电方式分为二极管分配方式和点火线圈分配方式两种。

1)二极管分配高压电方式。利用二极管分配高压电的两缸同时点火电路如图 2-5 所示。

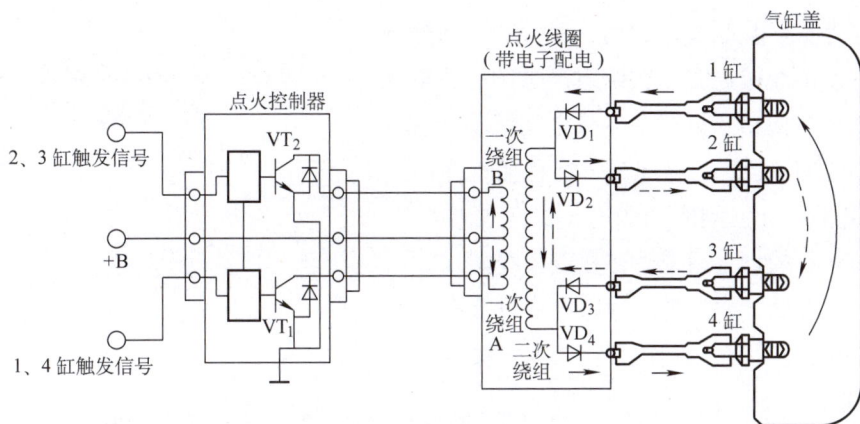

▲ 图 2-5　二极管分配高压电的两缸同时点火电路

点火线圈由 2 个一次绕组和 1 个二次绕组构成,二次绕组的两端通过 4 只高压二极管与火花塞构成回路。4 只二极管有内装式(安装在点火线圈内部)和外装式两种。对于点火顺序为 1-3-4-2 的发动机,1、4 缸为一组,2、3 缸为一组。点火控制器中的两只功率晶体管分别控制 1 个一次绕组。两只功率晶体管由电控单元(ECU)将 1、4 缸的点火触发信号输入点火器时,功率晶体管 VT_1 截止,一次绕组 A 中的电流切断,二次绕组中产生高压电,方向如图 2-5 中实箭头所示,在该高压电的作用下,二极管 VD_1、VD_4 正向导通,1、4 缸火花塞电极上的电压迅速上升。由于 1 缸活塞已接近压缩行程上止点,气缸内压力较高,放电较为困难,所需击穿电压较高,电火花放电能量主要集中于此,称为有效放电;4 缸的活塞已接近排气行程终点,气缸内的压力接近大气压,放电较容易,所需的击穿电压较低,称为无效放电。此时 VD_2、VD_3 反向截止,不能构成放电回路,因此 2、3 缸火花塞电极上无高压电而不能跳火。

当电控 ECU 将 2、3 缸点火触发信号输入点火控制器时,晶体管 VT_2 截止,一次绕组 B 中的电流切断,二次绕组产生高电压,方向如图 2-5 虚线箭头所示。此时二极管 VD_1、VD_4 反向截止,VD_2、VD_3 正向导通,因此 2、3 缸火花塞电极上的电压迅速上升,跳火,高压电放电电流经图 2-5 中虚线箭头所示方向构成回路。

2)点火线圈直接分配高压电方式。利用点火线圈直接分配高压电的同时点火电路如图 2-6 所示。

点火线圈组件由 3 个(6 缸发动机)独立的点火线圈组成,每个点火线圈供给两个

【课堂互动】 火花塞工作（6缸发动机的1、6缸，2、5缸和3、4缸分别共用一个点火线圈）。点火控制组件中设置有与点火线圈数量相等的功率晶体管，分别控制每个点火线圈工作。点火控制器根据电控单元（ECU）输出的点火控制信号，按点火顺序轮流触发功率晶体管导通与截止，从而控制每个点火线圈轮流产生高压电，再通过高压线直接输送到成对的两缸火花塞电极上产生电火花点燃可燃混合气。

在点火线圈二次回路中串接的高压二极管VD的作用是防止二次绕组在一次电流接通时产生的感应电压（约为1000V）加到火花塞电极上而导致误点火。其原理是利用二极管的反向截止功能使一次电流接通时二次绕组产生的感应电压不能形成放电回路，火花塞电极之间就不会有电火花产生，便不会点燃处于进气行程接近终了时刻或压缩行程刚刚开始时刻的气缸中的混合气。有的点火系统直接在点火线圈二次绕组与火花塞之间的高压回路中，设置有3~4mm的空气间隙，其作用与高压二极管相同，如图2-7所示。

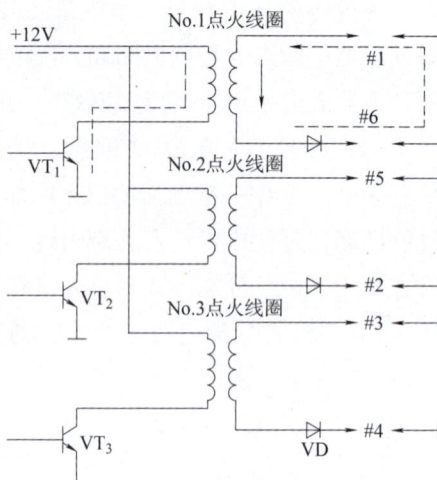

▲ 图2-6　点火线圈直接分配高压电的同时点火电路

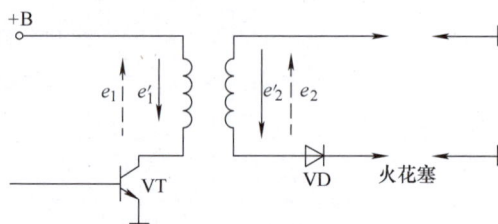

▲ 图2-7　高压二极管的作用

（2）独立点火方式　独立点火方式是多气门发动机无分电器点火系统中普遍采用的形式，其特点是每个气缸上配有1个点火线圈和1个火花塞，点火线圈安装在火花塞上方。其取消了高压线，减小了能量传导损失；减少了电磁干扰，没有机械磨损，由点火线圈直接向火花塞供电。

在点火控制中，设置有与点火线圈相同数目的大功率晶体管，分别控制每个线圈二次电流的接通与断开，其工作原理与同时点火方式相同。由于点火线圈数量的增加，对于每一个点火线圈的一次绕组的允许通电时间大大增加，消除了分电器高压电配电不足的问题，使得发动机高速运转时"缺火"现象大大改善，保证发动机在任何情况都能可靠点火，如图2-8所示。

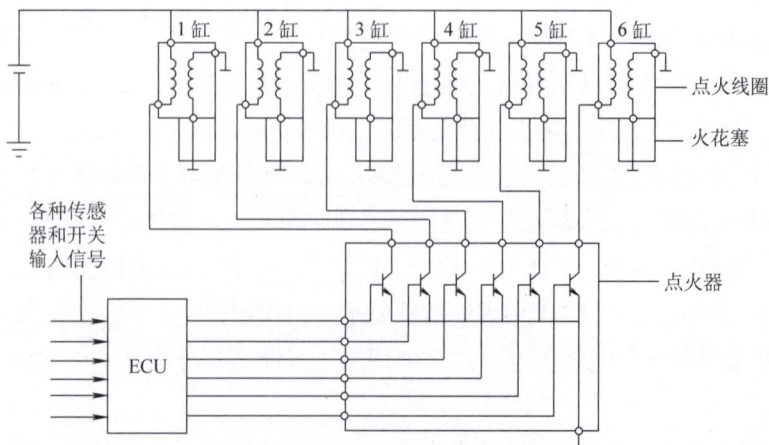

▲ 图2-8　无分电器独立点火方式

四、点火控制系统的基本原理

【课堂互动】

电控点火系统的控制原理如图 2-9 所示，曲轴位置传感器（CPS）向 ECU 提供发动机转速、曲轴转角信号。转速信号用于计算确定点火提前角，转角信号用于控制点火时刻。空气流量传感器（AFS）和节气门位置传感器（TPS）向 ECU 提供发动机负荷信号，用于计算确定点火提前角。冷却液温度传感器（CTS）信号、进气温度传感器（IATS）信号、车速传感器（VSS）信号、空调开关（A\C）信号以及爆燃传感器（DS）信号等用于修正点火提前角。

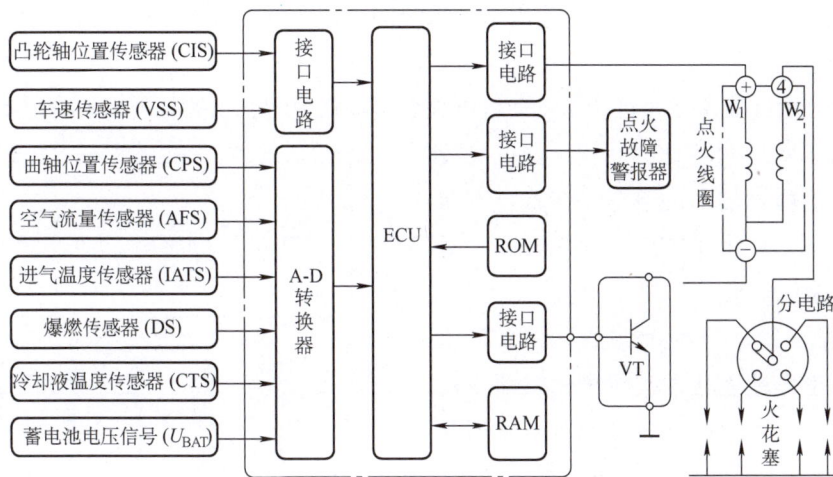

▲ 图 2-9　电控点火系统的控制原理

发动机工作时，ECU 通过上述传感器把发动机的工况信息采集到随机存储器（RAM）中，并不断检测凸轮轴位置传感器信号，判断是哪一缸即将到达压缩上止点。当接收到凸轮轴位置传感器信号后，ECU 立即开始对曲轴转角信号进行计数，以便控制点火提前角。与此同时，ECU 根据反映发动机工况的转速信号、负荷信号以及与点火提前角有关的传感器信号，从只读存储器中查询出相应工况的最佳点火提前角。在此期间，ECU 一直在对典型转角信号进行计数，判断点火时刻是否到来。当曲轴转角等于最佳点火提前角时，ECU 立即向点火控制器发出控制指令，使功率晶体管截止，点火线圈一次电流切断，二次绕组产生高压电并按发动机点火顺序分配到各缸火花塞跳火，点燃可燃混合气。

试叙述微机控制点火器的工作原理。

控制过程是指发动机在正常工作状态下点火时刻的控制过程。当发动机处于起动、怠速或滑行等工况时，设有专门的控制程序和控制方式进行控制。

【任务实施】

1. 目的与要求

1）熟悉点火系统的电路和组成。

2）熟悉示波器的功能和使用方法，能分析高压波的常见故障波形。

3）会检测点火提前角。

2. 设备与器材

发动机或整车、示波器、正时灯、维修手册及常用工具。

【课堂互动】

3. 内容与步骤

（1）点火高压波的检测与分析

1）了解示波器的功能及使用方法。示波器可显示电压随时间变化的波形，是一种多用途的检测设备。示波器显示信号的速度比一般电子检测设备要快得多，是唯一能即时显示瞬态波形的仪器。

示波器一般由传感器（包括夹持器、测试探头和测针等）、中间处理环节和显示器等组成。

汽车点火示波器是示波器的一种，专门来检测、诊断发动机点火系统的技术状况。使用汽车专用的点火示波器可以查看点火系统的工作波形，并根据点火的波形判断点火系统的故障。

当点火示波器连接在运转的发动机点火系统电路上时，示波器屏幕上将显示出点火系统中电压随时间变化的曲线，即点火波形。示波器屏幕显示的波形，在垂直方向上表示电压，在水平方向上表示时间，基线的上方为正电压，下方为负电压。

2）连接发动机和示波器，观察高压波波形。正确地连接发动机和示波器，发动机转速保持在1500r/min，将各缸直列波调出，按下KV键，调整上下、左右旋钮，把各缸波形调整到屏幕的坐标刻度上，高压波形底端与横坐标重合。高压波的标准波形如图2-10所示。

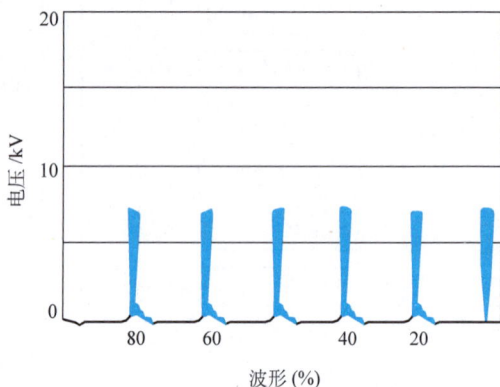

▲ 图2-10　高压波的标准波形

3）高压波的常见故障波形分析。高压波可以综合反映分电器、点火线圈、火花塞的工作性能及绝缘状况，一般用于二次电路的故障检查。将示波器显示的波形与图2-10标准波形和图2-11故障波形比较，就可判断点火系统可能存在的故障。图2-11各波形对应的故障如下。

① 各缸点火电压均过高，可能由于火花塞间隙过大或烧蚀、混合气过稀引起。

② 个别气缸点火电压过高，如图中的3、4缸，说明这两个气缸的火花塞可能烧蚀。

③ 全部气缸点火电压过低，原因可能是电源电压过低，火花塞间隙过小，混合气过浓等。

④ 个别气缸点火电压过低，如图中的3缸，可能该缸的火花塞间隙小或绝缘体损坏。

⑤ 拔下某缸的高压线，电压应在20~30kV，否则说明高压线、分电器盖绝缘不良或点火线圈、电容器性能不良。

⑥ 拔下某缸的高压线，电压低于20kV，说明点火线圈性能不好或分电器和高压线有漏电故障。

⑦ 将发动机的转速提高到2500r/min，各缸点火电压减小，保持在5kV以上，说明点火系统能够正常调整工作状态。

⑧ 发动机转速升高后，个别气缸的电压高于其他气缸，说明该缸火花塞的间隙过大。

将高压波故障种类分类比较能得出什么结论？

【课堂互动】

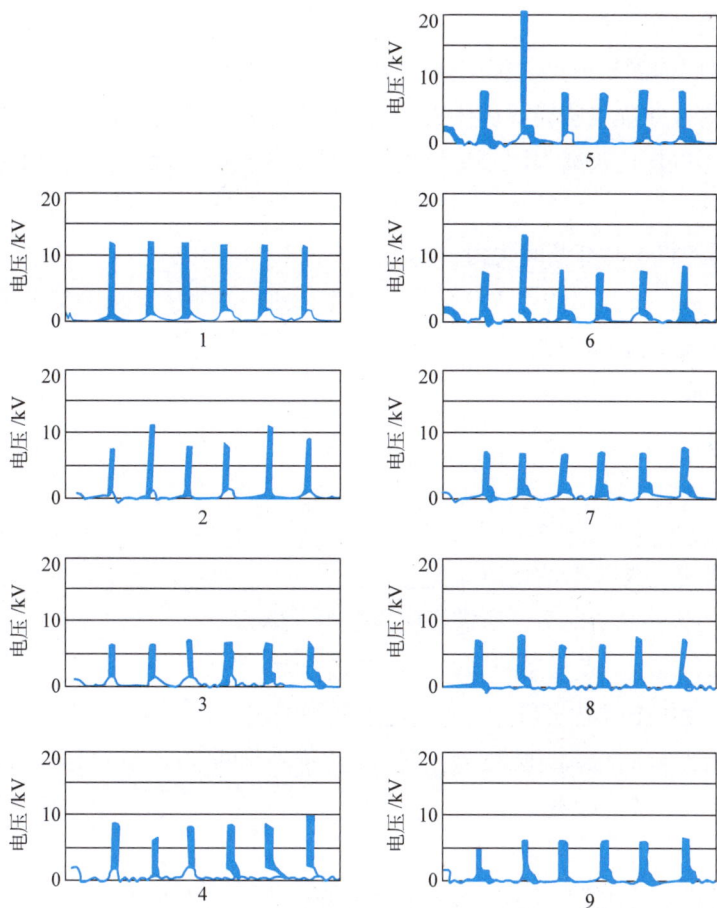

▲ 图2-11　高压波的常见故障波形

⑨ 发动机转速升高后，个别气缸的电压低于其他气缸，说明该缸火花塞的间隙过小，脏污或绝缘体绝缘不良。

（2）点火提前角的测量与分析　图2-12所示的仪器为发动机测试仪上的正时灯，它不仅能用闪光法测出发动机的点火提前角，而且能测出发动机转速、触点闭合角以及电压、电阻等参数。

正时灯是一种频率闪光灯，每闪光1次表示1缸的火花塞发火1次，因此闪光与1缸点火同步。它一般由闪光灯、传感器、中间处理环节和指示装

▲ 图2-12　发动机测试仪上的正时灯

置等组成。当正时灯对准发动机1缸压缩终了上止点标记，并按实际跳火时间进行闪光时，若飞轮或带盘上的标记还未到达固定指针，即1缸活塞还未到达压缩终了上止点，此时，可调整正时灯电位器，使闪光时刻推迟至转动部分上的标记正好对准固定指针之时，那么推迟闪光的时间就是点火提前的时间，将其显示到表头上，便可读出要测的点火提前角。需要说明的是，有些表头指针的角度是分电器凸轮轴转角，对于四冲程发动机来说，换算成曲轴转角时要乘以2。

1）正时灯的安装：首先将正时灯的电源线接到蓄电池的正、负极柱上，再将传感器夹在1缸分高压线上，并事先擦拭飞轮或曲轴带轮上1缸压缩终了上止点标记，最好

【课堂互动】 用粉笔或油漆将标记涂白。

2）点火时间的测量及点火提前角的读取：起动发动机，让发动机在怠速下稳定运转，打开正时灯并对准飞轮壳或机体前端面上的固定指针，调正时灯电位器，使飞轮或曲轴传动带盘上的标记逐渐与固定指针对齐，此时表头的读数即为发动机怠速运转时的点火提前角。

3）测完后，将正时灯及时关闭。

4）数据分析：将测出的点火提前角与规定值进行对照，当发现点火提前角不符合要求时，进一步确定是否 ECU 或传感器存在故障。

【任务巩固】

1. 填空题

1）闭磁路式点火线圈的优点是_____、_____、_____，在产生的感应电动势相同情况下，所需线圈匝数少、体积小。

2）无分式电控电器点火系统同时点火方式分为_____和_____两种。

3）电源一般是由蓄电池和_____共同组成。

4）发动机工作时，ECU 根据_____信号判断发动机负荷大小。

5）电控点火系统一般由_____、_____、_____三部分组成。

2. 判断题

1）最理想的点火时机是将点火正时控制在爆燃即将发生而还未发生的时刻。（   ）

2）所有发动机的 ECU 中都存储一张点火正时图。（   ）

3）发动机在暖机的过程中，燃烧过程所占的曲轴转角将逐渐增大。（   ）

4）无分电器点火系统采用小型闭磁路的点火线圈是自感式线圈。（   ）

5）在发动机控制系统中，点火系统可以采用闭环控制方法。（   ）

3. 选择题

1）传统点火系统与电子点火系统最大的区别是（   ）。

A. 点火能量的提高   B. 断电器触点被点火控制器取代

C. 曲轴位置传感器的应用   D. 点火线圈的改进

2）电控点火系统由（   ）直接驱动点火线圈进行点火。

A. ECU   B. 点火控制器

C. 分电器   D. 转速信号

3）ECU 根据（   ）信号对点火提前角实行反馈控制。

A. 冷却液温度传感器   B. 曲轴位置传感器

C. 爆燃传感器   D. 车速传感器

4）点火线圈一次电路的接通时间取决于（   ）。

A. 断电器触电的闭合角   B. 发动机转速

C. A、B 都正确   D. A、B 都不正确

5）发动机工作时，ECU 根据发动机（   ）信号确定最佳闭合角。

A. 转速信号   B. 电源电压

C. 冷却液温度   D. A 和 B

4. 问答题　　　　　　　　　　　　　　　　　　　　　【课堂互动】

1）汽油发动机对点火系统有哪些要求？

2）电控点火系统有哪些优点？

3）电控点火系统主要采用了哪些传感器？其功能是什么？

4）ROM 与 RAM 有什么异同点？各用在什么场合？

5）在部分点火线圈分配高压电同时点火系统中，点火线圈二次回路中串接一只高压二极管的作用是什么？

任务二　点火系统的维护与检测

【任务目标】

⭐ **知识目标：**

1. 掌握点火提前角的控制过程及影响因素。

2. 掌握点火闭合角的控制原理。

3. 掌握爆燃控制原理。

🔶 **技能目标：**

1. 能够根据电路图分析发动机点火系统控制原理。

2. 能够根据维修手册对点火系统进行维护和检测。

⬡ **素养目标：**

1. 能够在工作中与小组成员合作交流，有团队合作意识，锻炼沟通能力。

2. 养成规范作业的工作习惯，培养责任担当和安全防护意识。

3. 严格执行 7S 现场管理。

【基本理论知识】

一、影响点火提前角的因素

影响点火提前角的因素有不变因素（如发动机的气缸结构、气门数量、压缩比及点火系统结构形式等，这些结构在发动机设计定型后基本不会改变）和变化因素（包括汽油标号、发动机的运行工况、发动机物理状况、发动机技术状况、汽车运行环境条件等）。在某瞬时刻影响点火提前角的因素是转速、负荷和汽油的辛烷值。

1. 转速对点火提前角的影响

在讨论转速对点火提前角的影响时，假设其他因素不变。发动机转速越快，单位时间内曲轴转过的转角越大，因假设可燃混合气的混合比例、燃烧速率不变，为达到在上止点后约 10° 燃烧压力达到最大的要求，最佳点火提前角应在原来基础上加大，即转速越高，点火提前角越大。实际中，由于气缸压力、温度、混合气的均匀状态等因素的存在，最佳点火提前角与转速的关系呈非线性。

点火提前角过大或过小对发动机有什么影响？

【课堂互动】

2. 发动机负荷对点火提前角的影响

假设发动机其他因素（包括转速）不变，当发动机负荷增大时，进入气缸的可燃混合气量增加，压缩终了时气缸内温度压力升高，使可燃混合气的燃烧速度加快，为达到上止点后约 10° 燃烧压力达到最大的要求，最佳点火提前角应适当减小。同理，受其他因素影响，理想的最佳点火提前角与负荷的关系也是非线性的。

3. 汽油的抗爆性（辛烷值）对点火提前角的影响

汽油的牌号越高，所含辛烷值比例越大；其辛烷值越大，抗爆性能越高，点火提前角越大。因为使用的汽油牌号不确定，在 ECU 的 ROM 中存有两种不同的点火提前角数据表，在换用不同牌号的汽油后，可用开关形式通知 ECU 换用对应的点火提前角数据表。

影响发动机点火提前角的因素有哪些？

4. 其他因素

最佳点火提前角除应根据发动机转速、负荷和燃油性质确定之外，还应考虑发动机燃烧室形状、燃烧室内温度、空燃比、大气压力、冷却液温度等因素。空燃比增大、缸内燃烧温度下降、大气压力下降及冷却液温度降低时，点火提前角应增大。

二、点火提前角的控制

点火提前角的大小直接影响发动机的经济性、动力性和排放性，较好地确定发动机的点火提前角是提高发动机品质的一个重要方面。可燃混合气在气缸内燃烧时大约需要几毫秒，燃烧过程先经过诱导期，然后才能进入猛烈的全面燃烧期。研究表明，要使发动机发出最大功率，全面燃烧应出现在压缩上止点后约 10°，由于燃烧的延时性，所以点火时刻应在压缩行程上止点前某个角度。通常发动机发出功率最大和油耗最少的点火提前角称为最佳点火提前角。发动机工况不同，所需的最佳点火提前角也不同。怠速时的最佳点火提前角可使怠速运转平稳，降低有害气体排放和减少燃油消耗；中等负荷时的最佳点火提前角可减少燃油消耗和有害气体排放，提高经济性；大负荷时最佳点火提前角可增大输出转矩，提高动力性。

1. 点火提前角的确定

ECU 控制的点火提前角 θ 由初始点火提前角 θ_i、基本点火提前角 θ_b 和修正点火提前角 θ_c 三部分组成，即

$$\theta = \theta_i + \theta_b + \theta_c$$

（1）初始点火提前角 θ_i　初始点火提前角的实质是确定点火提前角的起始基准点，它与发动机结构形式有关，在有的电控点火系统中，把判缸信号出现后的第 1 个转速信号过零点定为压缩行程上止点前 10°，一般为上止点前 6°~12°。

在下列情况时，由于发动机转速变化大，空气流量不稳定，点火提前角不能准确控制，因此采用初始点火提前角恒定控制。

1）发动机起动时。

2）发动机转速低于 400r/min 时。

3）ECU 检查初始点火提前角时。

（2）基本点火提前角 θ_b　基本点火提前角是 ECU 按怠速工况和非怠速工况两种情况分别确定。

怠速工况时，ECU 根据节气门位置传感器传来的怠速触点闭合信号，对怠速工况

进行确认，然后根据转速传感器输入的转速信号、空调开关信号，从预先设定在 ROM 中的怠速工况基本点火提前角脉谱图中取出相应的点火提前角，如图 2-13 所示。

【课堂互动】

非怠速工况时，ECU 根据转速传感器传来的转速信号、节气门位置传感器传来的负荷信号，从预先设定在 ROM 中的非怠速工况基本点火提前角脉谱图中取出相应的基本点火提前角。

基本点火提前角脉谱图是采用发动机台架试验方法，利用发动机最佳运行状态下的实验数据确定的基本点火提前角。然后综合考虑发动机油耗转矩、排放和爆燃等因素，对实验结果进行优化处理，即可获得图 2-14 所示的以转速、负荷为变量的三维点火特性脉谱图。将脉谱图以数据形式存储在 ECU 的只读存储器（ROM）中。发动机运行时，ECU 根据发动机转速信号和负荷信号，即可从 ROM 中查询，调用相应的基本点火提前角来控制点火。

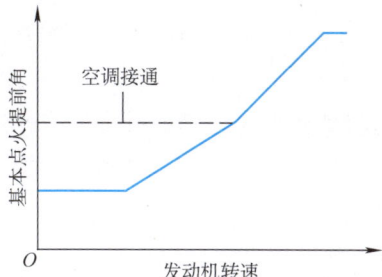

▲ 图 2-13　怠速工况的基本点火提前角

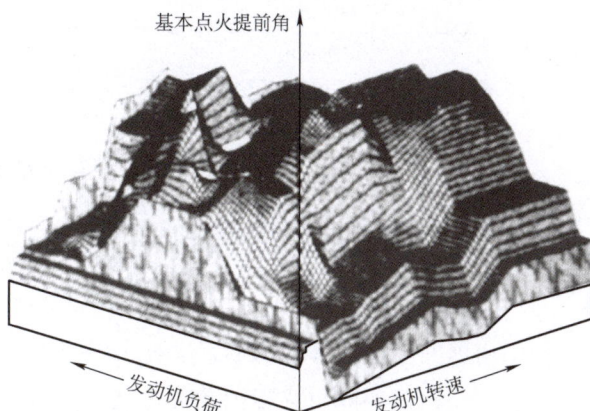

▲ 图 2-14　非怠速工况的基本点火提前角

（3）修正点火提前角 θ_c。除了转速和负荷两个主要因素外，修正点火提前角包括的修正值有暖机修正、过热修正、空燃比修正、怠速修正、爆燃修正等。

1）暖机修正。暖机修正指发动机处于怠速工况，由于冷却液温度较低，可燃混合气燃烧速度较慢，应适当增大点火提前角。暖机修正的主要控制信号有节气门位置传感器（TPS）的怠速触点 IDL 闭合信号、冷却液温度信号和空气流量信号等，如图 2-15 所示。

暖机修正控制信号主要有哪些?

2）过热修正。发动机处于正常运行工况时（怠速触点断开），若冷却液温度过高，为了避免产生爆燃应将点火提前角推迟。发动机处于怠速工况时（怠速触点闭合），若冷却液温度过高，为了避免发动机长时间过热，应将点火提前角增大。过热修正的主要控制信号包括冷却液温度信号、节气门位置信号等。

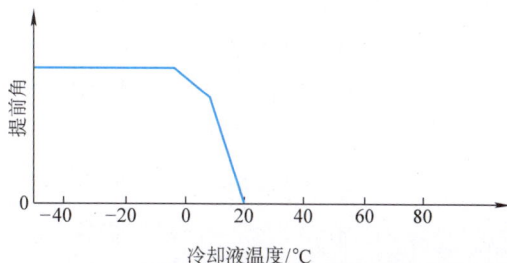

▲ 图 2-15　暖机时的点火提前角控制

3）空燃比修正。可燃混合气的空燃比变化时对燃烧速度有影响，ECU 需要对点火提前角进行修正。在喷油量逐渐减小，空燃比从 14.7∶1 逐渐增大时，点火提前角由零值增大；在喷油量逐渐增大，空燃比由大于 14.7∶1 逐渐变小时，点火提前角由大逐渐减小；在空燃比小于 14.7∶1 时，点火提前角不进行修正，如图 2-16 所示。

空燃比修正主要控制信号由氧传感器、节气门位置传感器、冷却液温度传感器反馈。

4）怠速修正。怠速修正是为了保证怠速运行稳定而对点火提前角进行的修正。发动机怠速运行时，由于负荷变化，ECU 会将怠速转速调整到设定的目标转速。如空调开关接通，发动机实际转速低于规定的目标转速时，ECU 将根据转速之差相应地减小点火提前角，使怠速运转平稳，防止发动机怠速熄火，如图 2-17 所示。

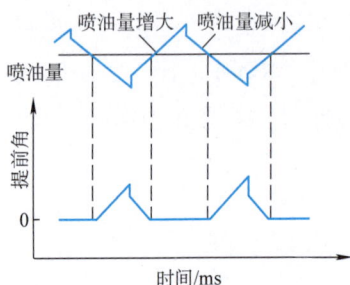

▲ 图 2-16　点火提前角的空燃比修正

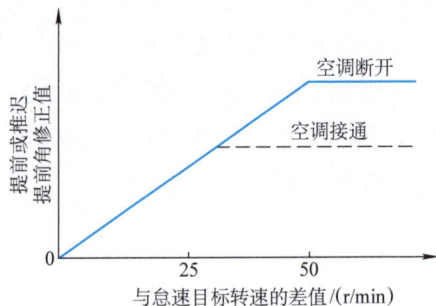

▲ 图 2-17　点火提前角的怠速修正

怠速修正的主要控制信号有发动机转速信号、节气门位置信号、空调开关信号等。

5）爆燃修正。在汽油标号较低、点火提前角较大时，发动机容易出现爆燃。此时，发动机的动力性、经济性严重恶化，并且容易损坏发动机。爆燃出现时由爆燃传感器通知 ECU，通过闭环控制电路逐渐减小点火提前角，直至爆燃消失。

发动机的实际点火提前角为上述 3 个点火提前角之和。发动机每转 1 周，ECU 通过检测运算后，就输出 1 个点火提前角信号。因此当传感器检测到发动机的转速、负荷、冷却液温度变化时，ECU 就会自动调整点火提前角。当 ECU 确定的点火提前角超过允许的最大、最小提前角（最大提前角为 35°~45°，最小提前角为 10°~0°）时，发动机就很难正常运行，此时 ECU 将在允许的最大或最小点火提前角范围内进行控制。

2. 点火提前角的控制

电控点火系统中，ECU 对点火提前角的控制分为两步：发动机起动时的点火提前角控制和发动机起动后的点火提前角控制。

（1）发动机起动时的点火提前角控制　发动机起动时转速较低（通常在 500r/min 以下），在短时间内升到怠速转速变化很大，电控点火系统无法实行最佳点火提前角控制。所以在发动机起动工况，ECU 根据起动开关信号和转速信号，以预先设定的点火提前角（固定提前角）点火控制发动机转速，进入怠速后，ECU 进行最佳点火提前角控制。

（2）发动机起动后的点火提前角控制　发动机起动后，由电控点火系统自动转换成对点火正时的最佳点火提前角控制，即 ECU 根据发动机的转速和负荷确定基本点火提前角，然后根据有关传感器的信号，确定修正点火提前角。这两项点火提前角的代数和，加上初始点火提前角，即得到最终的最佳点火提前角，进行点火时刻控制。

三、点火闭合角控制

点火闭合角控制的实质就是对点火线圈一次绕组的通电时间控制。它直接影响击穿电压和点火能量，合适的闭合角可以使点火系在较宽的转速（特别是高转速时）范围内可靠工作。

【课堂互动】

闭合角的概念源自传统点火系统，指控制点火线圈一次绕组的触点在闭合时凸轮转过的角度。闭合角越大，一次绕组的通电时间越长，对电感储能式点火系统而言，点火能量越大。因为一次电路断开的瞬间，一次电流所能达到的值与一次电路通电时间有关，所以只有达到一定的通电时间，一次电流才能达到饱和，才能保证二次电压达到最大值。电控点火系统的闭合角控制以一次绕组流过的电流在断开瞬间达到饱和为主要目标。

一次绕组断开时的饱和电流与蓄电池电量有关。当蓄电池电压下降时，在相同的时间内，二次电流值将会减小。闭合角是以曲轴转过的角度来衡量的，对于不同的转速，单位曲轴转数所耗时间各不相同。为达到闭合角控制的主要目标，通过实验，把不同的蓄电池和不同的发动机转速下一次电流达到饱和所需要的闭合角编制成闭合角脉谱图储存在 ECU 的 ROM 中，如图 2-18 所示。

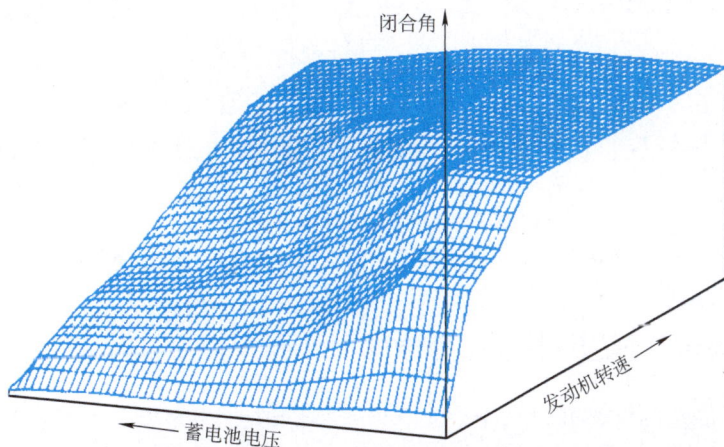

▲ 图 2-18　闭合角与发动机转速和蓄电池电压的关系

发动机工作时，ECU 根据蓄电池电压信号和发动机转速信号，从闭合角脉谱图中取出相应的闭合角，对一次绕组通电时间进行控制。

四、电控点火系统的配电方式及控制

电控点火系统高压电的分配方式分为机械配电方式和电子配电方式两种。

1. 机械配电方式

机械配电方式指传统点火方式中由分电器上的分火头将高压电按点火顺序分配到分电器盖旁电极，再通过高压线输送到各缸火花塞上的配电方式。机械配电方式由于自身的结构限制存在以下缺点：

1）分火头与分电器盖旁电极之间存在 0.8~1.0mm 的间隙，在传输高压电过程会损失一部分火花能量，同时伴随产生电磁杂波造成无线电干扰。

2）为抑制无线电的干扰杂波，高压线采用高阻抗线缆，会消耗一部分点火能量。

3）分火头、分电器盖和高压导线绝缘性差或潮湿时会漏电，导致高压电火花减弱、缺火或断火。

4）曲轴位置传感器转子由分电器轴驱动，旋转机构的机械磨损会影响点火时刻的

描述电控点火系统的配电方式。

【课堂互动】

控制精度。

5）分电器安装的位置和占据的空间，会给发动机的结构布置和设计造成一定困难。

由于存在以上的缺点，这种配电方式已经逐渐被淘汰。

2. 电子配电方式

电子配电方式是指在点火控制器控制下，点火线圈一次绕组产生的高压电按照一定的点火顺序，直接加到火花塞上的直接点火方式。

采用电子配电方式分配高压电的点火系统（DIS）克服了机械配电方式存在的缺点，在汽车上得到广泛的应用。常用的电子配电方式有二极管分配双缸同时点火方式、线圈分配双缸同时点火方式、电容储能式各缸单独点火方式、电感储能式各缸单独点火方式等，如图 2-19 所示。

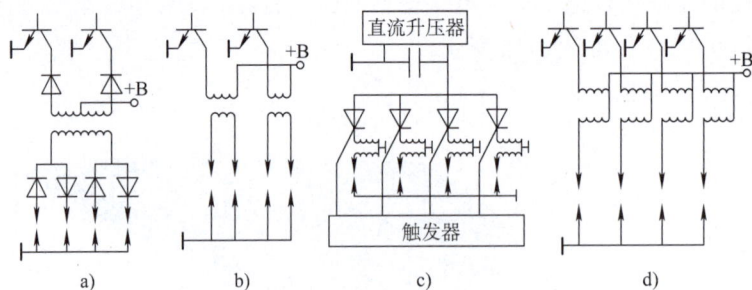

▲ 图 2-19　常用高压电子配电方式

a）二极管分配式　b）线圈分配式　c）电容储能式　d）电感储能式

五、爆燃传感器的结构及工作原理

爆燃是燃烧室内可燃混合气体不受点火时刻控制进行燃烧的一种现象。在这种状态下，由于急剧燃烧而使压力上升，引起振动，对活塞、连杆等的间隙部位产生冲击，直接导致发动机输出功率降低、发动机使用寿命缩短，甚至损坏。因此在发动机中专门有一套检测、控制、消除爆燃的机构。检测爆燃的出现是由爆燃传感器来完成的，它分为共振型爆燃传感器和非共振型爆燃传感器两种类型。

1. 共振型压电式爆燃传感器

这种传感器由具有与爆燃几乎相同的振动频率的振子和能够检测振子振动压力并将其转换成电压信号的压电元件构成。当爆燃出现时，传感器振子将发生共振，在共振压力作用下，压电元件输出较高的电压信号。共振型压电式爆燃传感器的结构示意图如图 2-20 所示。

常用的爆燃传感器有哪几种形式？它们各有什么特点？

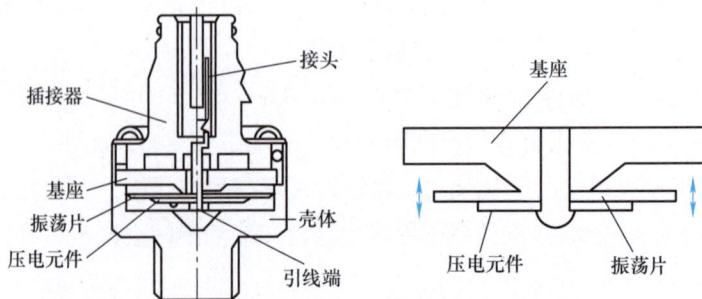

▲ 图 2-20　共振型压电式爆燃传感器的结构示意图

这类传感器一般固定在 2 缸和 3 缸之间的气缸体壁上，振动片的自振频率与爆燃时机体壁面的振动频率相同，振荡片在机体壁面振动激励下，发生共振。在共振时，振动片的振幅达到最大，使与其紧密贴合的压电元件产生最大的输出电压，ECU 根据这个输出电压就能对发动机是否发生爆燃作出准确判断。共振型爆燃传感器只适用于特定的发动机，不能与其他发动机互换使用，适用范围较小。

【课堂互动】

2. 非共振型压电式爆燃传感器

该传感器用压电元件直接检测爆燃信息，并将振动压力转换成电信号输出。其结构如图 2-21 所示。

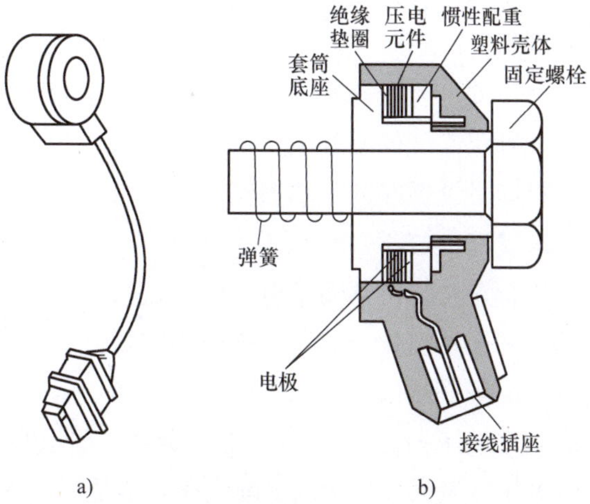

压电元件是爆燃传感器的主要部件，由压电材料制成垫圈形状，在其两个侧面安放有电极，并用导线连接到接线插座上。惯性配重与压电元件之间、压电元件与传感器套筒之间安放有绝缘垫圈，套筒中心制作有螺孔，传感器用螺栓安装固定在发动机缸体上，调整螺栓的拧紧力矩便可调整传感器输出的信号电压。惯性配重用来传递发动机振动产生的惯性力，惯性配重与塑料壳体之

▲ 图 2-21　非共振型压电式爆燃传感器的结构
a）传感器外形　b）内部结构

间安装有盘形弹簧，借助弹簧张力将惯性配重、压电元件和垫圈等部件压紧在一起。传感器插座上有 3 根引线，其中 2 根为信号线，1 根为屏蔽线。

在发动机工作时，机体的振动传递到传感器上，惯性配重在机体的激励下产生与机体振动规律相对应的振动，该振动作用在压电元件上，则压电元件输出与机体振动规律相对应的电压信号。由于该电压信号在爆燃区域和非爆燃区域均有电压输出（幅值强弱不同），所以必须对传感器输出的电压信号进行滤波处理，取出有用的信号供 ECU 判断发动机是否有爆燃。

非共振型压电式爆燃传感器的工作频率范围较宽，所以应用范围较广。在应用到某具体的发动机时，只需根据发动机爆燃时的振动频率调整滤波器的过滤频率，即能应用于不同类型的发动机。

六、爆燃控制

爆燃控制的实质是对点火提前角的控制。在现代集中电控系统中，爆燃控制作为一个子系统，只需在电控点火系统的基础上增加一个爆燃传感器，ECU 中增加相应的爆燃信号作为点火提前角的反馈信号输入，由点火提前角控制器进行运算处理，对点火时刻进行控制（一般是推迟点火时刻），实现点火提前角闭环控制。图 2-22 所示为爆燃控制框图。

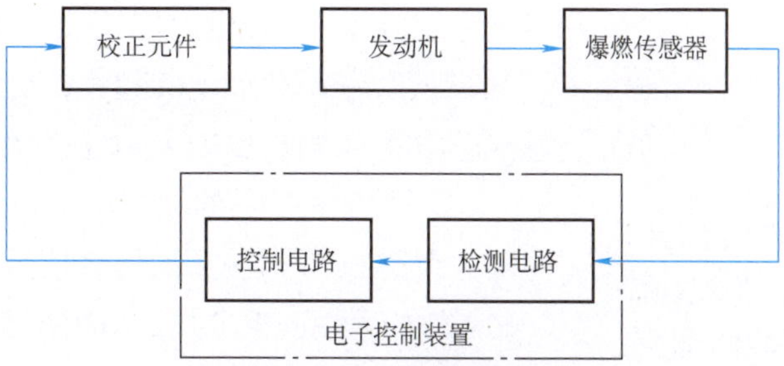

发动机爆燃一般出现在大负荷、中低

▲ 图 2-22　爆燃控制框图

【课堂互动】

发动机爆燃的原因是什么？爆燃怎样控制？

转速（小于 3000/min）工况，由于爆燃传感器输出电压的振幅随发动机转速而变化，如图 2-23 所示。因此判定发动机是否发生爆燃不能依据爆燃传感器输出电压的绝对值进行判断。常用的方法是将发动机无爆燃时的传感器输出电压与产生爆燃时的输出电压进行比较做出判断。

1. 基准电压的确定

判定爆燃的基准电压通常利用发动机即将爆燃时的传感器输出信号电压来确定，如图 2-24 所示。

首先对传感器输出电压信号进行滤波和半波整流，通过平均电路求得信号电压平均值，然后乘以常数倍形成基准电压 U_b。平均值的常数倍由试验取得。因为发动机转速升高时，爆燃传感器输出电压幅值增大，所以基准电压并不是一个固定值，它随发动机转速变化而变化。

2. 爆燃强度的判定

发动机爆燃的强度取决于爆燃传感器输出电压信号的振幅和持续时间。电压信号幅值超过基准电压值的次数越多，爆燃强度越大；超过基准电压值的次数越少，爆燃强度越小，如图 2-25 所示。

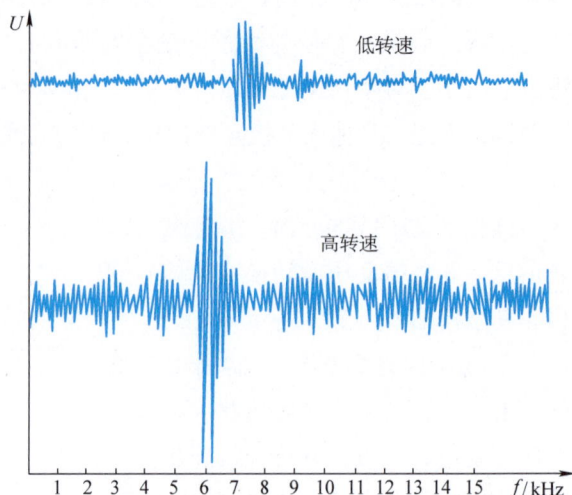

▲ 图 2-23　转速不同时非共振型压电式爆燃传感器的输出波形

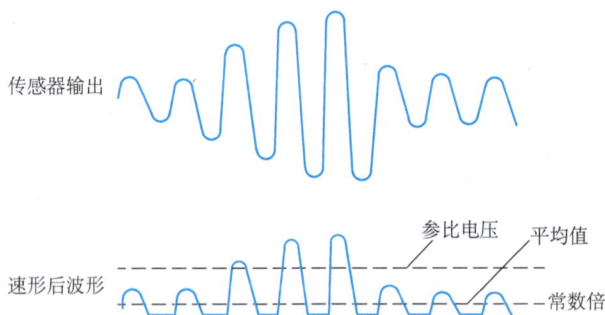

▲ 图 2-24　基准电压的确定方法

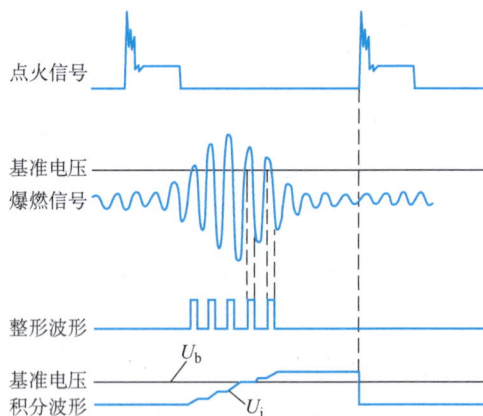

▲ 图 2-25　爆燃强度判定方法

用基准电压值对传感器输出信号进行整形处理，对整形后的波形进行积分，求得积分值 U_i。爆燃强度越大积分值 U_i 越大；反之，爆燃强度越小，积分值 U_i 越小。当积分值超过基准电压值 U_b 时，ECU 将判定发动机发生爆燃。

3. 发动机爆燃的控制过程

当爆燃传感器控制系统出现故障时，点火提前角能不能由爆燃控制系统来控制？

为使 ECU 监测到的爆燃信号准确无误，排除汽车运行时的振动误差，监测爆燃应采用间歇方式，一般在发出点火信号后的一定时间范围内进行，因为爆燃发生的概率在点火后的一定时间内最大。

【课堂互动】

发动机工作时，ECU 根据各传感器（转速、节气门位置、温度等）信号，从存储器中查出相应的点火提前角控制点火时刻，控制结果由爆燃传感器反馈到 ECU 输入端，再由 ECU 对点火提前角进行修正。

爆燃传感器信号输入 ECU 后，ECU 便将积分值 U_i 与基准电压 U_b 进行比较。当 $U_i > U_b$ 时，ECU 立刻控制点火时刻推迟，一般以 0.5°~1.5° 曲轴转角为调节幅值进行调节，直到爆燃消除；当 $U_i < U_b$ 时，说明爆燃已消除，ECU 递增一定量的点火提前角，直到下一次爆燃产生，如图 2-26 所示。

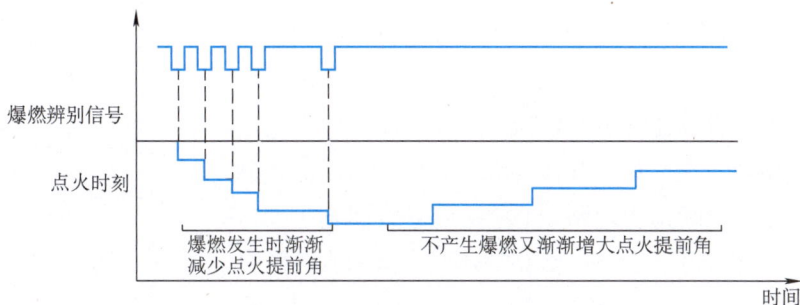

▲ 图 2-26　点火提前角的爆燃控制

对于发动机的起动工况、带故障运行工况等，爆燃传感器的输出信号对点火提前角没有影响，ECU 不对发动机进行爆燃控制。

ECU 是如何对爆燃进行反馈控制的？

【任务实施】

1. 目的与要求

1）掌握点火控制系统的工作原理与连接电路。

2）能够运用相应的仪器和工具对点火控制系统进行检修。

3）能够对检测得到的数据进行分析。

2. 设备与器材

发动机或整车、万用表、测试仪、维修手册及常用工具。

3. 内容与步骤

（1）目视检查　点火系统所有诊断都应该从目视检查开始。目视检查主要检查系统是否具有以下一些故障：高压导线是否断开、松动或损坏；低压导线连接是否断开、松动或有脏污；火花塞导线的连接情况；点火线圈和点火模块间的连接导线的连接情况。

（2）火花塞的检查与清洁

1）用专用的工具拆下火花塞。

2）检查电极是否烧坏，清除积炭；检查火花塞的螺纹和绝缘件有无损坏，如有，则需要更换。

3）检查火花塞电极间隙是否在标准范围内，否则需要调整或更换。

4）检查火花塞的工作情况。将火花塞接好高压分缸线，用绝缘钳夹住火花塞，将火花塞外壳搭铁发动机缸体上（不能有间隙）。起动发动机 3~5s，检查火花塞的跳火情况。正常情况下，火花塞呈浅蓝色，在电极间基本呈一条直线。如果电极间隙处不跳火

【课堂互动】或火花呈红色，则必须更换。

（3）爆燃传感器的检测　大众CEA 1.8TSI发动机采用压电式爆燃传感器，安装在发动机前部气缸体中间。其连接电路如图2-27所示。端子1为信号线正极，端子2为信号线负极，端子3为屏蔽线。

1）检测传感器电阻。关闭点火开关，拔下爆燃传感器线束插头T3af，检测插头端子1与端子2、端子1与端子3、端子2与端子3之间的电阻值，均应大于$1M\Omega$。

2）检测线束导通性。关闭点火开关，拔下爆燃传感器线束插头T3af、ECU线束插头T60a，用万用表检测传感器线束插头T3af端子1、2、3分别与ECU线束插头T60a的端子25、10、56之间的导线电阻值，正常值均应小于0.5Ω。若电阻值过大，说明该段导线存在虚接或断路。然后检查导线相互之间是否短路（不相接的导线间电阻值应为无穷大）。如果导线有断路、短路故障，应修复或更换。

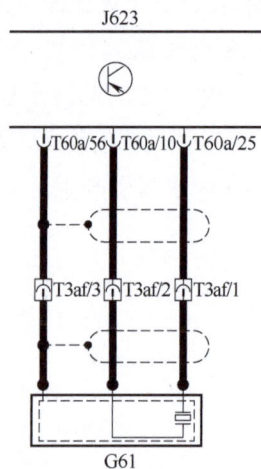

▲ 图2-27　大众CEA 1.8TSI发动机爆燃传感器连接电路

3）检测信号电压。关闭点火开关，将爆燃传感器线束插头T3af端子1和2的线束刺破，接好万用表表笔。插上传感器线束插头T3af和ECU线束插头T60a。起动发动机并怠速运转，用万用表检测端子1和2之间的电压，正常值为0.7~1.1V。

4）检测输出信号波形。关闭点火开关，拔下传感器线束插头T3af，将传感器线束插头T3af端子1和2的线束刺破，接好示波器，插上传感器线束插头T3af，接通点火开关，不起动发动机，使用木槌敲击传感器附近的发动机缸体使传感器产生信号。在敲击发动机缸体时，在示波器上应显示有图2-28所示的振动波形，且敲击越重，波形振动幅度越大。如

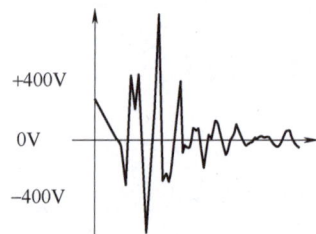

▲ 图2-28　敲击缸体时产生的波形

果波形显示只是一条直线，说明爆燃传感器没有信号输出，应检查导线和传感器本身。

（4）点火控制电路的检测　大众CEA 1.8TSI发动机各缸独立点火控制电路如图2-29所示。从图中可以看出，每个点火线圈插头都有4个端子与外部线路相连接。其中，4个点火线圈的端子1（T4t/1、T4u/1、T4v/1、T4w/1）连接在一起，均经过熔丝SB4（30A）、继电器J271与蓄电池相连接，由蓄电池为点火线圈一次绕组提供电源；4个点火线圈的端子2（T4t/2、T4u/2、T4v/2、T4w/2）连接在一起，均作为与点火线圈集成为一体的点火控制器（晶体管）的搭铁端；每个端子3（T4t/3、T4u/3、T4v/3、T4w/3）均为发动机ECUJ623相连接，发动机ECUJ623将按照发动机做功顺序适时地控制各缸点火控制器的触发信号，以此控制点火线圈一次电流的通断；每个端子4（T4t/4、T4u/4、T4v/4、T4w/4）均作为点火线圈二次绕组的搭铁端。点火线圈二次绕组中电流形成的回路为：二次绕组→搭铁（气缸盖搭铁点）→火花塞插头P→火花塞Q→二次绕组。以1缸为例介绍各缸独立点火控制电路的检修方法与步骤。

1）检测电源电压。关闭点火开关，拔下点火线圈线束插头T4t。接通点火开关，用万用表检测线束插头T4t端子1和2之间的电压，应为12V左右；检测线束插头T4t端子1和4之间的电压，应为12V左右。如果显示值没有达到此要求，则检查熔丝

SB4（30A）、继电器 J271 是否正常，检查相应的连接线束是否有虚接、短路或断路。 【课堂互动】

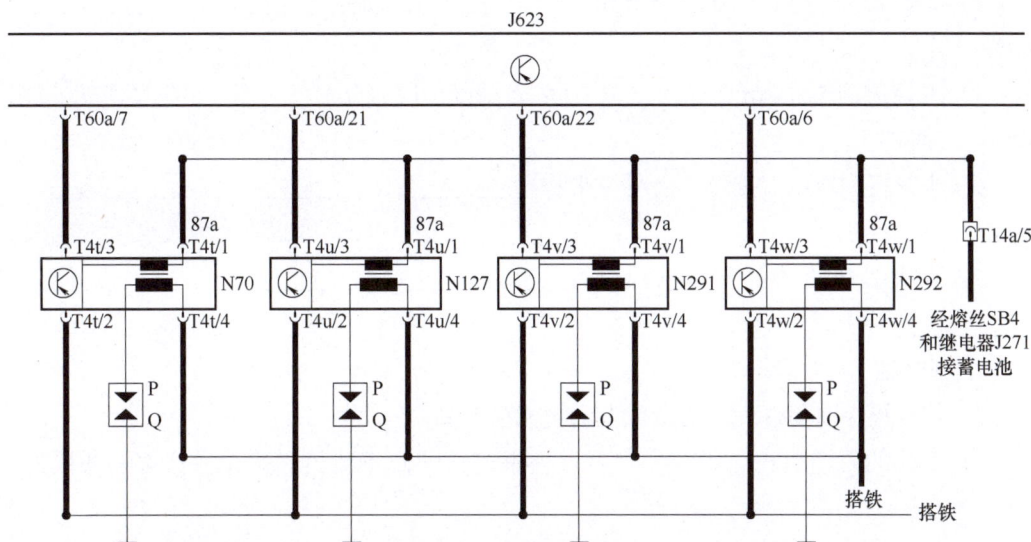

▲ 图 2-29 大众 CEA 1.8TSI 发动机各缸独立点火控制电路

2）检测电路导通性。关闭点火开关，拔下点火线圈线束插头 T4t 和 ECU 线束插头 T60a，用万用表检测线束插头 T4t 端子 3 至 ECU 线束插头 T60a 端子 7 之间的电阻，应小于 1.5Ω。若电阻值较大，说明线束存在虚接或断路。如果有虚接或断路，则应修复或更换。

3）检测点火控制信号。关闭点火开关，拔下点火线圈线束插头 T4t，将线束插头 T4t 端子 3 和 ECU 线束插头 T60a 端子 7 之间的线束刺破，接好万用表笔，插上点火线圈线束插头 T4t，起动发动机并怠速运行，用万用表交流电压档检测端子 3 与搭铁之间的发动机 ECU 点火控制信号电压，应为高电平接近 5V 的脉冲信号电压。如果显示值没有达到此要求，则继续进行下一步检查。

4）检测点火控制信号波形和二次点火波形。关闭点火开关，拔下点火线圈线束插头 T4t，将线束插头 T4t 端子 3 的线束刺破，在端子 3 和搭铁之间接好示波器。插上点火线圈线束插头 T4t，起动发动机，检测由 ECU 输出的点火控制信号波形，应如图 2-30 所示。

用另一个示波器以四通道方式分别检测各缸的二次点火波形，应如图 2-31 所示。

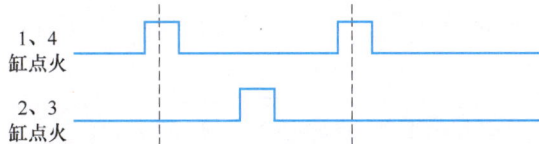

▲ 图 2-30 由 ECU 输出的点火控制信号波形

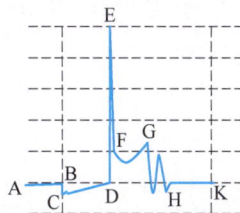

▲ 图 2-31 二次点火波形

【任务巩固】

1. 填空题

1）汽油的牌号越＿＿＿＿＿＿＿＿，所含辛烷值比例越＿＿＿＿＿＿＿＿，其辛烷值

【课堂互动】

越_____，抗爆性能越_____，点火提前角可越_____。

2）ECU 控制的点火提前角 θ 由_____、_____、_____组成。

3）闭合角的概念源自_____点火系统，闭合角越_____，一次绕组的通电时间越_____。

4）非共振型压电式爆燃传感器主要由_____、_____、_____等组成。

5）点火提前角的主要修正项目有_____、_____、_____、_____等。

2. 判断题

1）若点火提前角过大，会造成发动机温度升高。　　　　　　　　　　（　　）

2）不同的发动机控制系统中，对点火提前角的修正项目和修正方法都是相同的。
　　　　　　　　　　　　　　　　　　　　　　　　　　　　　　　（　　）

3）为了稳定发动机转速，点火提前角需根据喷油量的变化进行修正。　（　　）

4）当发动机负荷较小时，发生爆燃的倾向几乎为零。　　　　　　　　（　　）

3. 选择题

1）在装有（　　）系统的发动机上，发生爆燃的可能性增大，更需要采用爆燃控制。

A. 废气再循环　　　　　　　　　　　　B. 涡轮增压

C. 可变配气相位　　　　　　　　　　　D. 排气制动

2）当发动机工作时，随冷却液温度提高，爆燃倾向（　　）。

A. 不变　　　　　　B. 增大　　　　　　C. 减小　　　　　　D. 与温度无关

3）下列说法正确的项是（　　）。

A. 在怠速稳定修正中，ECU 根据目标转速修正点火提前角

B. 辛烷值较低的汽油，抗爆性差，点火提前角应减小

C. 一次电路被断开瞬间，一次电流能达到的值与一次电路接通时间长短无关

D. 随着发动机转速提高和电源电压下降，闭合角增大

4）起动时点火提前角是固定的，一般为（　　）。

A. 15°　　　　　　B. 10°　　　　　　C. 30°　　　　　　D. 20°

5）采用电控点火系统时，发动机实际点火提前角（　　）理想点火提前角。

A. 大于　　　　　　B. 等于　　　　　　C. 小于　　　　　　D. 接近于

6）混合气在气缸内燃烧，当最高压力出现在上止点（　　）时，发动机输出功率最大。

A. 前 10°　　　　　　B. 后 10°　　　　　　C. 前 5°　　　　　　D. 后 5°

4. 问答题

1）影响点火提前角的因素有哪些？

2）对发动机点火提前角进行控制是为了达到什么目的？

3）电控点火系统中，发动机的基本点火提前角怎样确定？

4）电控点火系统中高压电的分配方式有哪几种？

5）ECU 对点火提前角的控制分为哪两步？是如何控制的？

6）什么是发动机爆燃？其危害是什么？检测发动机爆燃的方法有哪些？

【知识拓展】

"一条线的故事"——发动机点火系统

20世纪初，美国福特汽车公司正处于高速发展时期，每一辆刚刚下线的福特汽车都有许多人等着购买。突然，福特汽车公司一台电机出了故障，几乎整个车间都不能运转了，相关的生产工作也被迫停了下来。公司调来大批检修工人反复检修，又请了许多专家来查看，可怎么也找不到问题出在哪儿，更谈不上维修了。停一天工不仅意味着福特汽车公司要推迟订单成交时间，面临巨大的经济损失，还意味着工人们的薪资也会受到影响。最后，有人提议去请电机技术专家斯坦门茨帮助。斯坦门茨在电机房躺了3天，听了3天，要了一架梯子，一会儿爬上去，一会儿爬下来，最后在电机的某个部位用粉笔画了一道线，说："打开电机，在记号处把里面的线圈减少16圈。"人们照办后，故障竟然排除了，生产立刻恢复了。福特汽车公司的经理问斯坦门茨要多少酬金，他说："不多，只需要1万美元。"当时福特汽车公司最著名的薪酬口号就是"月薪5美元"，这在当时是很高的工资待遇，以至于全美国许许多多经验丰富的技术工人和优秀的工程师为了这5美元月薪从各地纷纷涌来。斯坦门茨看大家迷惑不解，转身开了个清单：画一条线值1美元，知道在哪儿画线值9999美元。福特汽车公司不但照价付酬，还诚邀他到公司来工作。但是斯坦门茨却拒绝了这个大好机会，因为他的工厂老板在他最困难的时候帮助了他，而没有他，这个工厂可能会倒闭。斯坦门茨说："原来的公司对我很好，我不能见利忘义。"福特汽车公司的老板福特亲自会面了斯坦门茨，对于他的所作所为表示十分赞赏。福特在不久之后收购了斯坦门茨所在的工厂，只因为在福特看来，斯坦门茨身上的感恩和负责比他高深的研究技术更加珍贵，这些才是斯坦门茨真正的财富。

怠速控制系统

【学习目标】

1. 掌握汽油发动机怠速控制系统的作用和控制原理。
2. 掌握怠速控制的控制策略及其控制目标。
3. 掌握怠速控制系统的类型、结构及工作原理。
4. 能够对怠速控制系统进行检测和故障排除。

任务一　认识怠速控制系统

【任务目标】

⭐ 知识目标：
　　1. 掌握怠速控制系统的作用。
　　2. 掌握怠速控制系统的控制内容和控制目标。

🔶 技能目标：
　　1. 能够识别怠速控制系统的部件。
　　2. 能说出怠速控制系统是如何实现对进气量进行控制的。

⬡ 素养目标：
　　1. 能够在工作中与小组成员合作交流，有团队合作意识，锻炼沟通能力。
　　2. 养成 7S 工作习惯。
　　3. 养成服从管理、规范作业的良好工作习惯。

【基本理论知识】

一、怠速控制系统的作用及实质

　　怠速是指发动机在无负荷情况下的稳定运转状态。发动机在怠速工况下工作时，只需克服其内部的摩擦阻力，对外无功率输出。发动机怠速转速的高低，不仅对油耗有严重的影响，对发动机的排放、暖机时间和使用寿命都有一定程度的影响。另外，发动机在电器负荷、空调装置、自动变速器、动力转向等机构接入的情况下，都会引起怠速转速的变化，使发动机运转不稳甚至导致熄火。因此，发动机在各种工况下能自动调节怠速具有十分重要的意义。

【课堂互动】

　　燃油发动机怠速时，节气门处于全关闭状态，空气通过节气门缝隙及旁通节气门的怠速调节通路进入发动机，由空气流量计检测该进气量，并根据转速及其他修正信号控制喷油量，使输出转矩与发动机内部阻力矩相平衡，保证发动机在怠速下稳定运转。当发动机的内部阻力矩发生变化时，怠速运转转速将发生变化。发动机怠速控制装置的功能是由 ECU 自动维持发动机怠速稳定运转。

发动机怠速时有何特征?

　　发动机怠速控制的内容随车型的不同而有较大的差别，一般包括起动后控制、暖机过程控制、负荷变化控制、减速控制等几项内容。

　　怠速控制的实质是控制怠速时的进气量。怠速控制机构通过对怠速空气量的控制来控制发动机的怠速转速。当发动机怠速负荷增大时，ECU 控制怠速控制阀使进气量增大，从而使怠速转速提高，防止发动机运转不稳或熄火；当发动机怠速负荷减小时，ECU 控制怠速控制阀使进气量减小，从而使怠速转速降低，以免怠速转速过高。怠速时的喷油量由 ECU 根据预先设定的怠速空燃比和实际充气量计算确定。

二、怠速控制系统的组成和控制原理

1. 怠速控制系统的组成

　　发动机的怠速控制系统主要由 ECU、执行器和各种传感器等组成，如图 3-1 所示。表 3-1 为怠速控制系统各组成部分及其功用表。

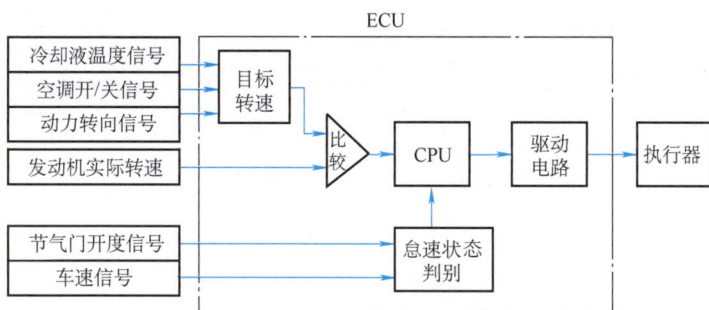

▲ 图 3-1　怠速控制系统的组成和控制过程

表 3-1　怠速控制系统各组成部分及其功用表

	组件	功能
传感器（信号）	转速传感器（Ne 信号）	检测发动机转速
	节气门位置传感器	检测发动机处于怠速状态
	冷却液温度传感器	检测发动机冷却液温度
	起动开关（信号）	检测发动机正在起动中
	空调开关（A/C）	检测空调的工作状态（ON、OFF）
	空档起动开关（P/N）（信号）	检测变速杆位置

【课堂互动】

（续）

	组件	功能
传感器（信号）	液力变矩器负荷（信号）	检测液力变矩器负荷变化
	动力转向开关（信号）	检测动力转向工作状态
	发电机负荷（信号）	检测发电机负荷的变化
	车速传感器	检测车速
执行器	怠速控制阀（ISCV）	控制节气门旁通空气通道
	ECU	根据从各传感器输入的信号，把发动机的实际转速与各传感器输入的信号所决定的目标转速进行比较，根据比较得出的差值，确定相当于目标转速的控制量，驱动控制空气量的执行机构，使怠速转速保持在目标转速

　　车速传感器提供车速信号，节气门位置传感器提供怠速触点开闭信号，这两个信号用来判定发动机是否处于怠速状态。发动机怠速时，节气门关闭，节气门位置传感器怠速触点 IDL 闭合，传感器输出端子 IDL 输出低电平信号。因此当 IDL 端子输出低电平信号时，如果车速为零，说明发动机处于怠速状态；如果车速不为零，则说明发动机处于减速状态。

随冷却液温度升高，怠速转速有何变化？

　　冷却液温度信号用于修正怠速转速。在 ECU 的内部，存储有不同冷却液温度对应的最佳怠速转速，如图 3-2 所示。

　　在冷车起动后的暖机过程中，ECU 根据发动机温度信号，通过控制怠速控制阀的开度来控制相应的快怠速转速，并随发动机温度升高逐渐降低怠速转速。当冷却液温度达到正常工作温度时，怠速转速恢复正常怠速转速。

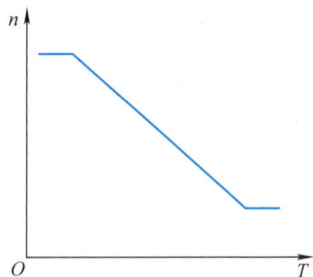
▲ 图 3-2　不同温度下的怠速转速

　　空调开关、动力转向开关、空档起动开关信号和电源电压信号等向 ECU 提供发动机负荷变化的状态信息。在 ECU 内部，存储有不同负荷状况下对应的最佳怠速转速。

2. 怠速控制原理

　　在发动机怠速状态下，当空调开关、动力转向开关等接通或空档起动开关断开时，发动机负荷增大，转速降低。如果转速降低过多，发动机就可能熄火，会给车辆驾驶带来不便。因此，在接通空调开关或动力转向开关之前，需要先将怠速转速提高，防止发动机熄火。当空调开关或动力转向开关断开时，发动机负荷会减小，转速就会升高，不仅油耗会增大，而且会给汽车驾驶带来一定困难。因此在断开空调开关或动力转向之后，需要将怠速转速降低，防止怠速过高。另外，当电器负荷增大时，电气系统的供电电压会降低，如果电源电压过低，就会影响电控系统正常工作和用电设备正常用电，因此在电源电压降低时，需要提高怠速转速，以便提高电源电压。

　　怠速转速的控制过程如下：ECU 首先根据怠速触点 IDL 信号和车速信号，判断发动机是否处于怠速状态。判定为怠速工况时，根据发动机冷却液温度传感器信号、空调开关、动力转向开关等信号，从存储器存储的怠速转速数据中查询相应的目标转速，然后将目标转速与曲轴位置传感器检测的发动机实际转速进行比较。

【课堂互动】

　　当发动机负荷增大，需要发动机快怠速运转，目标转速高于实际转速时，ECU 将控制怠速控制阀（增大比例电磁阀式怠速控制阀的占空比，或增加步进电动机步进的步数）增大旁通进气量来实现快怠速；反之，当发动机负荷减小，目标转速低于实际转速时，ECU 将控制怠速控制阀减少旁通进气量来调节怠速转速。例如，当接通空调（发动机负荷增大）时，需要发动机快怠速运转（目标转速＝快怠速转速），ECU 就使怠速控制阀的阀门开大，增大旁通进气量。当旁通进气量增大时，因为怠速空燃比已由试验确定为一定值（一般为 12∶1），所以 ECU 将控制喷油器增大喷油量，发动机转速随之升高到快怠速转速运转。同理，当断开空调（发动机负荷减小），需要降低发动机转速时，ECU 将使怠速控制阀的阀门关小，减少旁通进气量进行调节。

当发动机的负荷变化时，ECU 如何进行控制？

【任务巩固】

　　1. 填空题

　　1）怠速是指＿＿＿＿＿＿＿＿＿。

　　2）发动机怠速时，节气门处于＿＿＿＿＿＿状态。

　　3）发动机怠速控制的内容一般包括＿＿＿＿＿＿、＿＿＿＿＿＿、＿＿＿＿＿＿、＿＿＿＿＿＿等几项内容。

　　4）怠速控制的实质就是对怠速工况下的＿＿＿＿＿＿进行控制。

　　5）当发动机怠速负荷减小时，ECU 控制怠速控制阀使进气量＿＿＿＿＿＿，从而使怠速转速＿＿＿＿＿＿，以免怠速转速过高。

　　2. 判断题

　　1）发动机在怠速工况下工作时，只需克服其内部的摩擦阻力，对外无功率输出。（　　）

　　2）发动机怠速转速的高低，不仅对油耗有严重的影响，对发动机的排放、暖机时间和使用寿命都有一定程度的影响。（　　）

　　3）当发动机怠速负荷增大时，ECU 控制怠速控制阀使进气量减小，从而使怠速转速降低。（　　）

　　4）ECU 根据车速传感器、节气门位置传感器的信号来判定发动机是否处于怠速状态。（　　）

　　3. 问答题

　　1）汽油机怠速控制系统主要由哪些部件组成？

　　2）怠速控制的内容和实质是什么？

　　3）简述怠速控制的控制过程。

任务二　怠速控制系统检修

【任务目标】

⭐ **知识目标：**

　　1. 掌握怠速控制系统的类型和控制原理。

　　2. 掌握各式怠速控制系统的结构特点及工作原理。

🔶 **技能目标：**

　　1. 能够根据维修手册对怠速控制系统部件进行检测。

　　2. 能够利用仪器设备判断怠速控制系统故障并排除。

⬡ **素养目标：**

　　1. 能够在工作中与小组成员合作交流，有团队合作意识，锻炼沟通能力。

　　2. 养成 7S 工作习惯。

　　3. 养成服从管理、规范作业的良好工作习惯。

【基本理论知识】

　　对电控燃油喷射系统来说，怠速控制可分为两种类型，一种是控制节气门旁通管路中的旁通空气量，称为旁通空气式；另一种是设有怠速旁通空气道，直接控制节气门全关时的最小开度，称为节气门直动式，如图 3-3 所示。

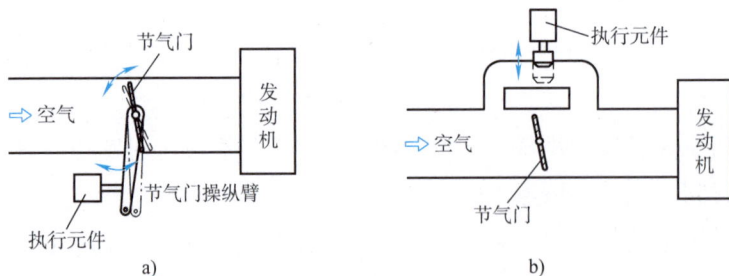

▲ 图 3-3　怠速控制执行机构的控制方式

a）节气门直动式　b）旁通空气式

一、旁通空气式

1. 石蜡式附加空气滑阀

　　石蜡式附加空气滑阀根据发动机的冷却液温度控制空气旁通截面积。控制力来自恒温石蜡的热胀冷缩，而热胀冷缩随周围温度变化而变化。其总体构成与结构如图 3-4 所示。

　　发动机冷却液温度较低时，恒温石蜡收缩，提动阀 7 在外弹簧 8 的作用下打开。随

着温度的升高，恒温石蜡膨胀，推动连接杆使提动阀 7 慢慢关闭，发动机怠速运转转速　**【课堂互动】**
下降。当暖车后，提动阀 7 将完全关闭其空气通道，发动机恢复至正常怠速。

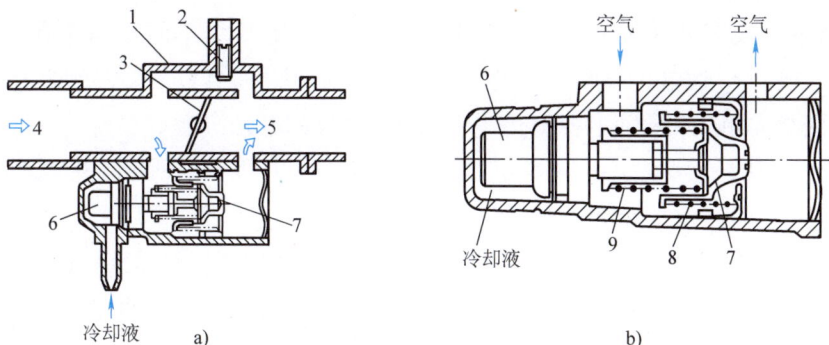

▲ 图 3-4　石蜡式附加空气滑阀
a）总体构成　b）结构
1—节气门体　2—怠速调节螺钉　3—节气门　4—来自空气滤清器
5—去往进气总管　6—恒温石蜡　7—提动阀　8—外弹簧　9—内弹簧

2. 旋转滑阀式怠速控制机构

旋转滑阀式怠速控制机构的结构如图 3-5
所示。它主要由永久磁铁 3、电枢 4、旋转滑
阀 6、电刷及引线组成。旋转滑阀 6 固装在电
枢轴上，与电枢轴一起转动，用来控制流过旁
通气道的空气量。永久磁铁 3 固装在外壳 2 上，
其间形成磁场。电枢铁心上缠有两组绕向相反
的电磁线圈 L_1 和 L_2。当线圈 L_1 通电时，电枢
带动旋转滑阀顺时针偏转，旁通气道截面积关
小；当线圈 L_2 通电时，旋转滑阀逆时针偏转，
旁通气道截面积开大。

旋转滑阀式怠速控制装置电路连接如图 3-6
所示。

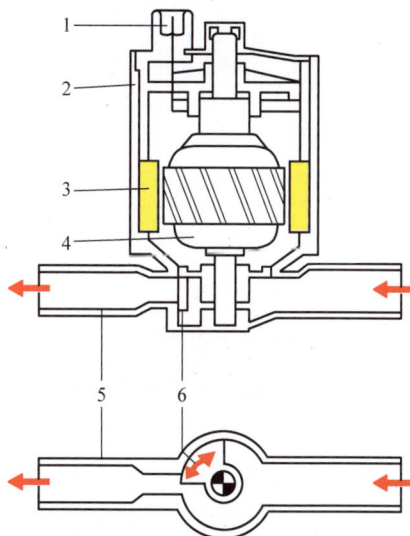

▲ 图 3-5　旋转滑阀式怠速控制机构的结构
1—电接头　2—外壳　3—永久磁铁
4—电枢　5—旁通气道　6—旋转滑阀

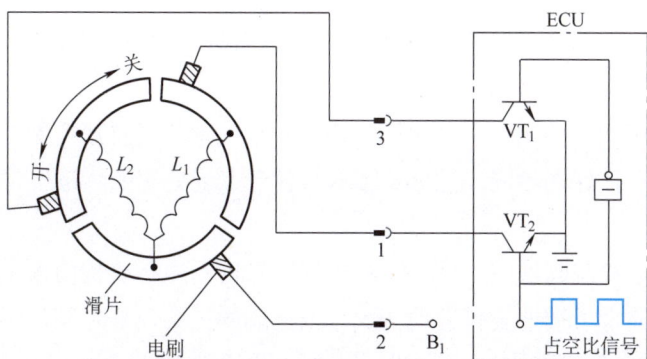

▲ 图 3-6　旋转滑阀式怠速控制装置电路连接

反向器的作用是什么？
它使 VT_1、VT_2 的工作
状态有何不同？

线圈 L_1 与 ECU 内部的晶体管 VT_2 连接，脉冲控制信号直接加到 VT_2 的基极；线圈 L_2 与 ECU 内部的晶体管 VT_1 连接，脉冲控制信号经过反向器将高低电平反向后加到晶体管 VT_1 的基极上。因此，当脉冲信号的高电平到来时，晶体管 VT_1 截止、VT_2 导通，线圈 L_1 通电、线圈 L_2 断电；反之，当脉冲信号的低电平到来时，晶体管 VT_2 截止、VT_1 导通，线圈 L_2 通电、线圈 L_1 断电。这样，两个电枢绕组总是交替地通过电流，又因为两线圈绕向相反，致使电枢上交替产生方向相反的电磁力矩。

什么是占空比?

因为这种怠速控制阀的转角范围限定在 90° 以内，所以步进电动机的步进角必须很小才能满足旁通进气量控制精度的要求，因此采用了控制占空比的方法来控制步进电动机顺转或逆转。占空比 R_C 是指在一个信号周期 T 内，高电平时间 t_{on} 所占的比率，如图 3-7 所示，t_{off} 为低电平所占时间。

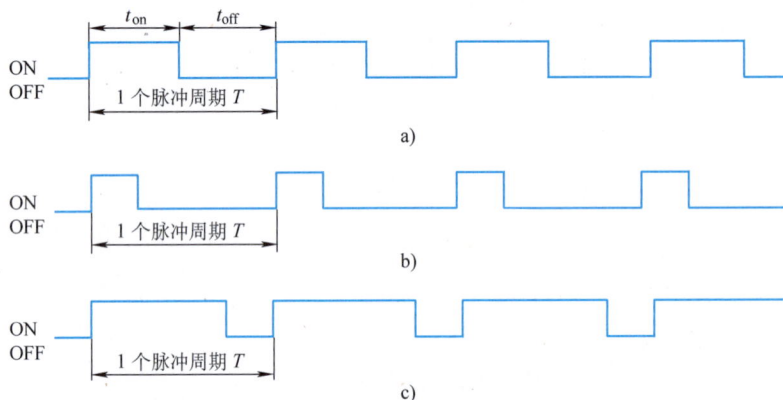

▲ 图 3-7 占空比示意图
a）占空比等于 50%   b）占空比小于 50%   c）占空比大于 50%

当占空比等于 50% 时，如图 3-7a 所示，线圈 L_1、L_2 的平均通电时间相等，产生的电磁力矩互相抵消，电枢轴与滑阀将保持在某一位置不动。

当占空比小于 50% 时，如图 3-7b 所示，L_2 的通电时间长，L_1 的通电时间短，两者合成的电磁力矩使电枢带动旋转滑阀逆时针偏转，使旁通气道开启面积加大，旁通进气量增大，发动机的怠速转速将升高。

当占空比大于 50% 时，如图 3-7c 所示，L_1 的通电时间长，L_2 的通电时间短，两者合成的电磁力矩使电枢带动旋转滑阀顺时针偏转，使旁通气道开启面积减小，旁通进气量减小，发动机的怠速转速将降低。

3. 步进电动机式怠速控制执行机构

目前，相当一部分汽车采用步进电动机控制怠速转速，使发动机在不同怠速工况下都处于最佳状态运转。

（1）结构及工作原理 不同汽车公司所采用的步进电动机式怠速控制装置结构形式略有差异，但其基本工作原理相同。图 3-8 所示为日产三菱公司的步进电动机式怠速控制阀。

步进电动机与怠速控制阀做成一体，装在进气歧管内。执行机构由永久磁铁构成的转子、励磁线圈构成的定子和把旋转运动变成直线运动的进给丝杆及阀门等组成。它利用步进转换控制，使转子可顺时针也可逆时针旋转，从而使阀芯上下运动（轴向移动），改变阀与阀座之间的间隙以达到调节旁通空气道截面积的目的，从而调节流过节气门旁通空气道的空气量。

【课堂互动】

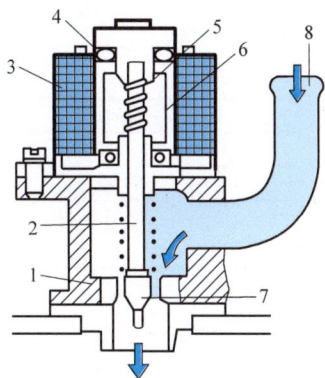

▲ 图 3-8　日产三菱公司的步进电动机式怠速控制阀

1—阀座　2—阀轴　3—定子线圈　4—轴承　5—进给丝杆　6—转子　7—阀芯　8—旁通空气进口

步进电动机的转子由永久磁铁构成，N 极和 S 极在圆周上相间排列，共有 8 对磁极，定子由 A、B 两个定子组成，其内绕有 A、B 两组线圈，线圈由导磁材料制成的爪极包围。如图 3-9 所示，每个定子各由 8 对爪极构成，每对爪极（N 极与 S 极）之间的间距为 1 个爪的宽度，A、B 两定子爪极相差 1 个爪的差位，构成一体安装在外壳上，如图 3-10 所示。

查找资料后说出常见的汽车中哪些采用了步进电动机式怠速控制机构。

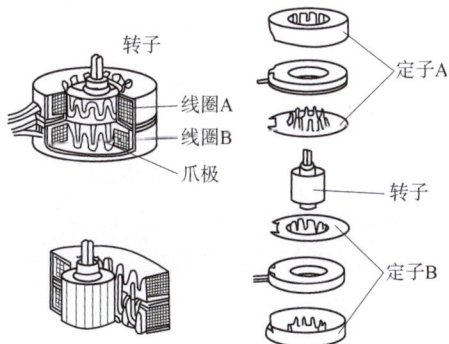

▲ 图 3-9　定子结构

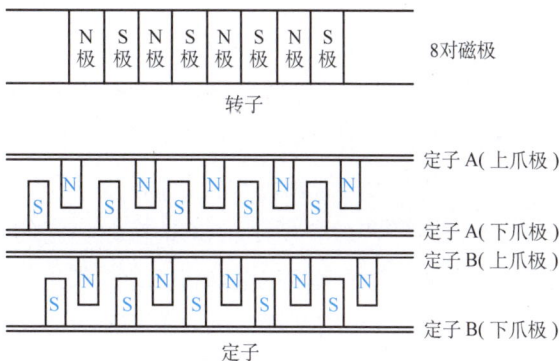

▲ 图 3-10　定子爪极的位置

ECU 通过控制定子相线线圈的电压脉冲，交替变换定子爪极极性，使步进电动机转子产生步进式转动。A、B 两定子线圈分别由 1、3 相线圈和 2、4 相线圈构成，由 ECU 晶体管控制各相线圈的搭铁，如图 3-11 所示。

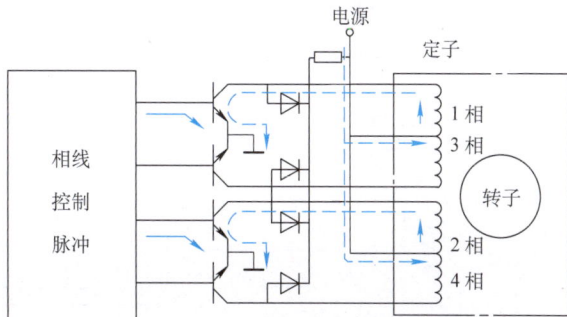

相线的控制脉冲如图 3-12 所示。欲使步进电动机正转时，相线控制脉

▲ 图 3-11　相线线圈的控制电路

冲按 1—2—3—4 相顺序依次迟后 90° 相位角，定子上 N 极向右方向移动，如图 3-13 所示，转子随之正转。反之，欲使步进电动机反转时，相线控制脉冲按 1—2—3—4 相顺序依次超前 90° 相位角，定子上 N 极向左方向移动，转子随之反转。

【课堂互动】

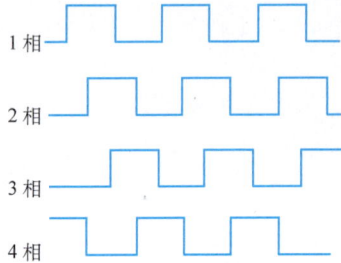

▲ 图 3-12　相线控制脉冲（正转）

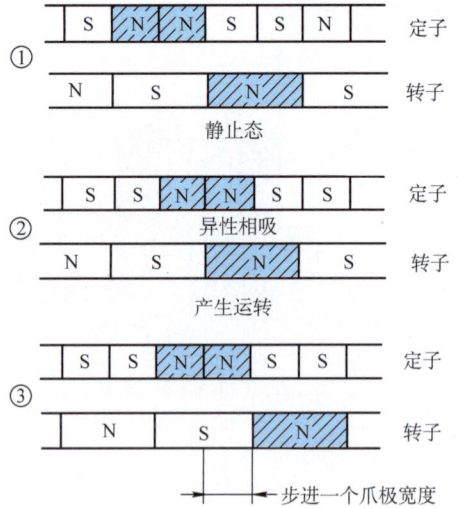

▲ 图 3-13　步进电动机的动作

　　转子的转动是为了使定子线圈电磁铁和转子永久磁铁的 N 极和 S 极互相吸引到最近距离，因定子的爪极极性随相线控制脉冲的变化而改变，所以转子将随之转动，以保持转子的 N 极随时与定子的 S 极对齐。转子转动 1 圈分为 32 个步级进行，每个步级转动 1 个爪的角度，即 $11.25°$，步进电动机的工作范围为 0~125 个步进级。

　　（2）怠速控制过程　ECU 进行怠速控制时，首先根据节气门全关信号（怠速开关）、车速信号来判定发动机处于怠速状态。然后根据发动机冷却液温度传感器、空调、动力转向以及自动变速器等的负荷情况，按照存储器存储的参考数据（与冷却液温度、空调工作状态等相对应的目标转速都储存在 ECU 的存储器中），确定相应的目标转速。一般情况下，采用发动机转速反馈形式时，发动机的实际转速与目标转速进行比较，根据比较得出的差值确定相应目标转速控制量，去驱动步进电动机。步进电动机的怠速控制电路如图 3-14 所示。ECU 按照一定的顺序，控制驱动电路中的晶体管 VT_1~VT_4 适时导通，分别向步进电动机 4 个线圈（定子线圈）供电，驱动步进电动机转子旋转，调节旁通空气道的开度，从而调节旁通空气量，使发动机转速达到要求的目标转速，其控制项目如下。

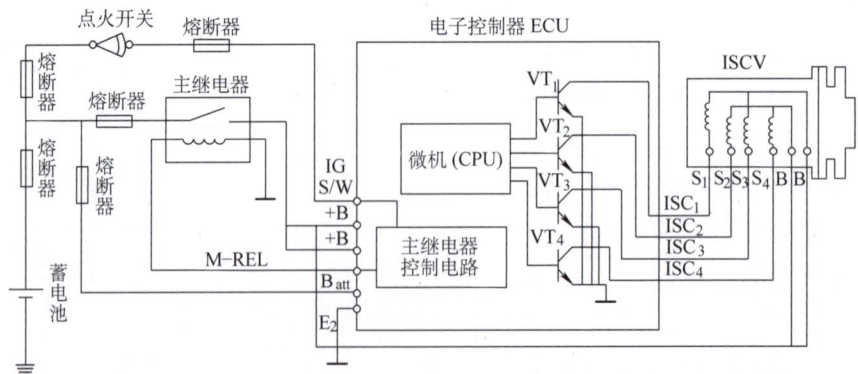

▲ 图 3-14　步进电动机的怠速控制电路

思考：怠速控制阀为什么在起动时要保证处于全开位置？

　　1）起动初始位置的确定。为了改善发动机的再次起动性能，在点火开关断开时，ECU 将控制怠速控制阀处于全开状态，为下次起动做好准备。

　　为了保证怠速控制阀在发动机下次起动时处于全开位置，在点火开关断开后，必须继续给 ECU 和步进电动机供电一段时间（一般为 2s）。当点火开关断开时，通过 ECU 内部主继电器控制电路对主继电器进行控制，由 ECU 的电源输入端提供电压控制主继电器线圈继续供电 2s，直到怠速控制阀退回到初始位置，以便下次起动时具有较大的进气量。

2）起动控制。起动发动机时，由于怠速控制阀预先设定在全开位置，因此进气量较大，发动机容易起动。但当发动机起动后，若怠速控制阀仍保持全开，则会使怠速转速过高。因此在发动机起动后，当转速达到由冷却液温度确定的对应转速时，ECU 就会控制步进电动机步进的步数，使控制阀阀门关小到由冷却液温度确定的阀芯位置，使怠速转速稳定。

3）暖机控制。在发动机起动后的暖机过程中，ECU 将根据冷却液温度传感器信号确定步进电动机步进的位置。随着转速和发动机温度的升高，怠速控制阀阀门将逐渐关小，当冷却液温度达到 70℃时，暖机控制结束，怠速控制阀保持正常怠速开度。

4）反馈控制。在怠速运转过程中，发动机的实际转速与 ECU 存储器中存放的目标转速相差超过一定值（20r/min）时，ECU 将通过步进电动机控制怠速控制阀相应增减旁通空气量，使发动机的实际转速与目标转速相同。目标转速与发动机怠速工况时的负荷有关，不同的负荷（空调是否打开、用电器是否增加）都有确定的目标转速。

5）发动机负荷变化的预控制。在发动机怠速运转时，空调开关、空档起动开关等接通或断开，都将使发动机的负荷立刻发生变化。为了避免发动机怠速时转速波动或熄火，在发动机转速出现变化前，ECU 将控制怠速控制阀开大或关小一个固定的距离。

6）学习控制。ECU 通过控制步进电动机的转动，进而控制怠速控制阀的位置，调整发动机的怠速转速。由于发动机的性能在整个使用过程中会发生变化，虽然步进电动机控制阀门的位置未变，但怠速转速也会和初设的数值不同，此时，ECU 除了用反馈控制使怠速转速达到目标值外，还会将此时步进电动机转过的步数存储在存储器中，以便在以后的怠速控制中使用。

4. 旋转电磁阀型怠速控制机构

（1）结构与工作原理　旋转电磁阀型怠速控制机构装在节气门体上，按 ECU 的控制信号控制节气门旁通气道的进气量。旋转电磁阀型怠速控制机构体积小、质量小，它还可控制快怠速，而不需空气阀。其结构如图 3-15 所示。

圆柱形永久磁铁装在阀轴的末端，当永久磁铁的磁场与线圈 L_1 和线圈 L_2 产生的电磁场相互作用时，使圆柱形永久磁铁产生偏转。其磁场工作原理如图 3-16 所示。

阀安装在阀轴的中部，与带有永久磁铁的轴一同转动，改变旁通空气道的截面，从而控制流过旁通气道的空气量（图 3-15）。

线圈 L_1 和线圈 L_2 及其铁心装在圆柱形永久磁铁对应的圆周位置上。当 ECU 给线圈 L_1 和线圈 L_2 通电时，线圈铁心产生电磁场，面向圆柱形永久磁铁的一端均为电磁场的 N 极（图 3-16）。在磁场的作用下，圆柱形永久磁铁和轴一起旋转。ECU 可通过控制线圈产生的磁场强度改变轴的转角。

控制电路如图 3-17 所示。

ECU 根据有关信号计算出发动机所处工况的占空比，输出相应的控制信号，驱动功率晶体管 VT_1 和 VT_2，使线圈 L_1 和线圈 L_2 通电。线圈通电时产生的磁场与圆柱形永久磁铁的磁场相互作用，使阀轴偏转。

【课堂互动】

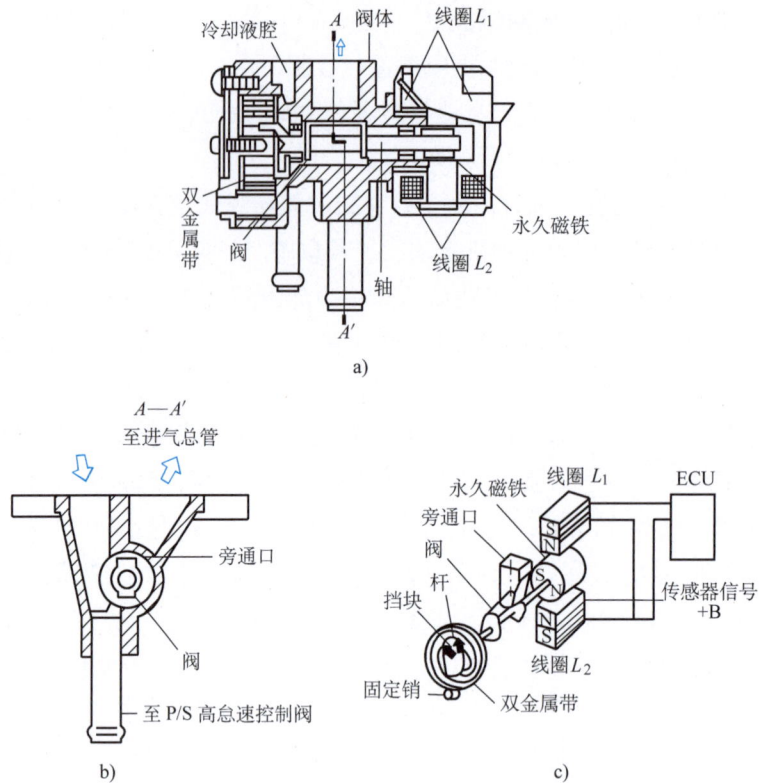

▲ 图 3-15 旋转电磁阀型怠速控制机构

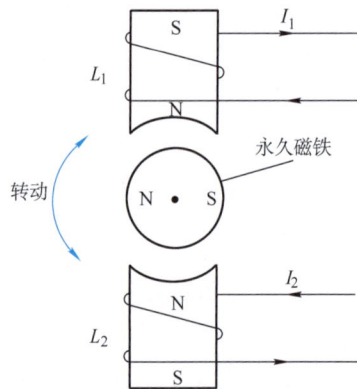

▲ 图 3-16 磁场工作原理

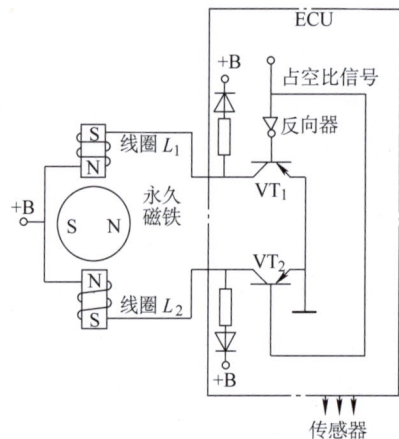

▲ 图 3-17 控制电路

ECU 以一固定周期使线圈接通或断开。由于占空比控制信号和晶体管 VT_1 基极之间接有反向器，故晶体管 VT_1 和 VT_2 集电极输出相位相反，如图 3-18 所示。

当占空比为 50% 时，线圈 L_1 和线圈 L_2 的平均通电时间相等，产生的磁场强度相同，与永久磁铁产生的磁场作用相抵消，阀轴停止转动；当占空比超过 50% 时，线圈 L_2 的磁场强度超过 L_1 的磁场强度，永久磁铁将转过一定角度，使旁通口打开，如图 3-19 所示。

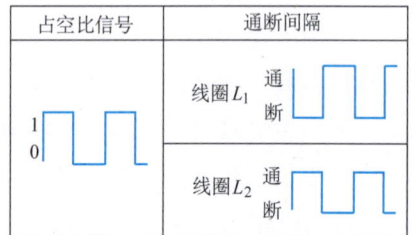

占空比信号	通断间隔	
1 0	线圈 L_1	通 断
	线圈 L_2	通 断

▲ 图 3-18 工作原理（一）

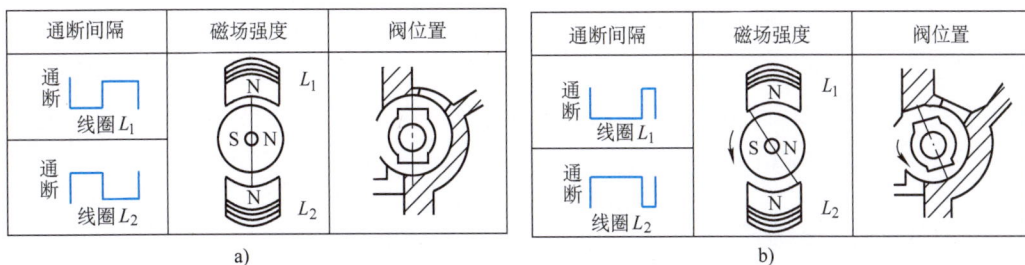

▲ 图 3-19　工作原理（二）

a）占空比为 50%　b）占空比大于 50%

（2）控制过程　旋转电磁阀型怠速控制电路如图 3-20 所示。

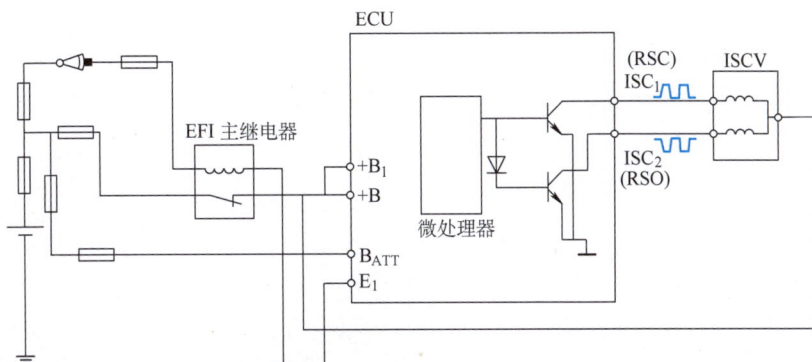

▲ 图 3-20　旋转电磁阀型怠速控制电路

在整个怠速范围内，ECU 根据冷却液温度等传感器输入的信号，确定发动机所处怠速工况的占空比（0~100%），对怠速转速进行反馈控制。空调工作时，发动机的怠速转速是通过怠速升高机构单独进行控制的。

旋转电磁阀型怠速控制与步进电动机型在控制项目上有何区别？

旋转电磁阀型怠速控制项目主要有以下几项：

1）起动控制。在发动机起动时，ECU 根据发动机运行条件，在存储器中取出预存的数据，控制怠速控制阀的开度。

2）暖机控制。在发动机起动后，ECU 根据冷却液的温度，控制发动机在暖机过程中怠速转速的变化。

3）反馈控制。发动机起动后，当所有反馈控制条件（①节气门位置传感器怠速触点 IDL 闭合；②车速低于 2km/h；③空调开关 A/C 断开）满足时，ECU 将发动机实际转速与 ECU 存储器中预先设定的目标转速进行比较。如果发动机实际转速低于目标转速，ECU 将控制怠速控制阀使阀门开大；反之，如果发动机实际转速高于目标转速时，则将阀门关小。

目标怠速转速随发动机工况而定，如空档起动开关是接通或关断、电器负载信号 ELS 是通还是断、动力转向开关是接通还是断开等。

4）怠速预控制。在发动机怠速运转时，如空档起动开关、尾灯继电器或除霜继电器或某种负载较大的电器等接通或关断，将会使发动机的负荷改变，为避免由此引起的发动机转速波动或熄火，在发动机转速出现变化前，ECU 控制怠速控制阀开大或关小一定的角度。

5）学习控制。旋转电磁阀型怠速控制是根据占空比控制阀门的转动角度，调节发动机的怠速转速的，由于发动机在整个使用过程中性能将发生变化，虽然占空比相同，但是发动机的怠速转速将和使用初期的数值不同。ECU 利用反馈控制的方法，输出怠速控制信号，将性能发生变化后的发动机怠速转速调整到目标怠速值。当怠速值达到目标怠速后，ECU 将此时的占空比存入备用的存储器中，在以后的怠速控制中作为这一工况下占空比的基准值。

二、节气门直动式

节气门直动式怠速控制执行机构通过控制节气门的开启程度，调节空气通路的截面积，以调节怠速时的空气流量，从而实现怠速控制。

节气门直动式怠速控制系统有半电子节气门直动式怠速控制和全电子节气门直动式怠速控制两种。

1. 半电子节气门直动式怠速控制

节气门的开度只有在怠速工况下才受发动机 ECU 的控制，非怠速工况则由驾驶人通过加速踏板人工控制。

（1）半电子节气门直动式怠速控制结构与工作原理　图 3-21 所示为半电子节气门直动式怠速控制的节气门体。其节气门轴的一端为节气门拉索盘，另一端为怠速稳定控制器。怠速稳定控制器由怠速电动机、齿轮组、应急弹簧和相关传感器等组成，其中传感器包括节气门位置传感器、怠速节气门位置传感器、怠速开关等。

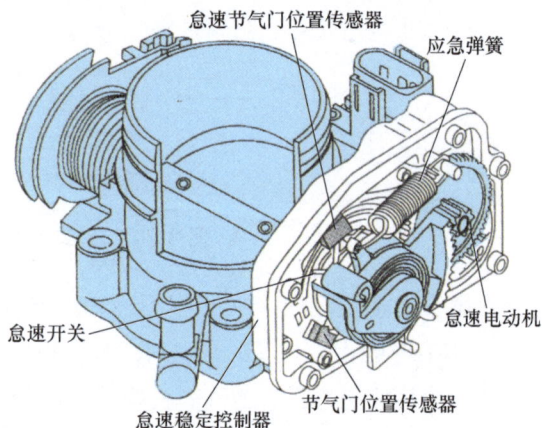

▲ 图 3-21　半电子节气门直动式怠速控制的节气门体

怠速时，怠速开关闭合，发动机 ECU 据此判定进入怠速状态，于是开始通过怠速电动机及齿轮组等元件在一定范围内控制节气门的开度，节气门实际开度则由怠速节气门位置传感器信号反馈给 ECU，既可以实现对故障的监测功能，也可以实现 ECU 的自学习记忆功能。应急弹簧则用于应急运转功能。

（2）半电子节气门直动式怠速控制功能

1）故障监测功能：当节气门的开度不能按照 ECU 的控制指令变化，或开度已经达到控制极限，而怠速转速却仍然达不到目标值时，ECU 内会储存相应的故障码——"怠速调整超出极限"。此时实际的故障原因可能为节气门被污物而卡滞、空气滤清器阻塞、进气系统漏气、其他机械故障等，应根据实际情况进行排除。一般情况下，节气门卡滞较为常见，此时清洗节气门体即可。

2）ECU 的自学习记忆功能：发动机熄火后，ECU 内部会记忆维持规定怠速所需要的节气门开度，以便下次起动后能够迅速稳定怠速。此功能可以确保发动机逐渐磨损后，其怠速仍然维持不变。

3）应急运转功能：当 ECU 对怠速的控制失效时，应急弹簧可将节气门拉开至某一开度，从而使发动机维持在某一高怠速下继续运行。

在对节气门体进行清洗等维修作业或更换节气门体，或更换 ECU 后，ECU 内部的

记忆值与节气门的实际开度可能不一致，因此会造成怠速波动现象。其解决方法有以下 【课堂互动】
两种：方法一，起动发动机，反复踩几次加速踏板，并使发动机怠速运转 30min 左右即
可（利用 ECU 的自学习记忆功能使怠速逐渐恢复稳定）；方法二，用故障诊断仪的"自
适应匹配"功能清除 ECU 内部的记忆值，并利用怠速节气门位置传感器信号重新记忆
新的数据。

2. 全电子节气门直动式怠速控制

（1）全电子节气门直动式怠速控制结构
与工作原理　全电子节气门也称为"智能节
气门"。无论是怠速还是非怠速状态，节气门
的开度全部受发动机 ECU 的控制，如图 3-22
所示。这种电子节气门系统的主要工作原理
是用节气门控制电动机完全取代节气门控索，
在加速踏板处设有一个加速踏板位置传感器，
发动机 ECU 根据该传感器信号控制节气门控
制电动机电流的大小和方向，从而控制节气

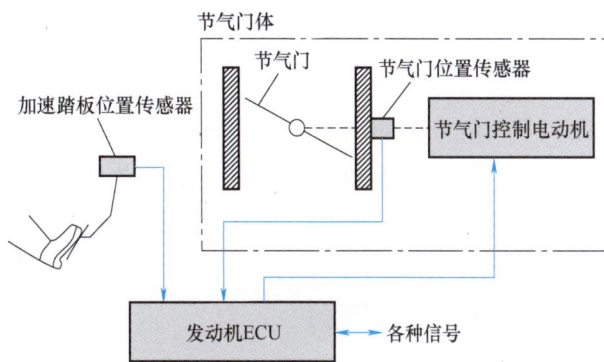

▲ 图 3-22　全电子节气门控制原理

门的开度，节气门的实际开度由节气门位置传感器反馈给发动机 ECU。

全电子节气门体如图 3-23 所示，其主要由节气门、节气门控制电动机、齿轮机构、
节气门位置传感器、节气门复位弹簧和其他部件构成。

当没有电流流向电动机时，复位弹簧使节气门开启到一个固定位置（大约 7°），在
正常怠速期间，节气门的开度要小于这个固定位置。

全电子节气门的控制模式如图 3-24 所示。在正常模式下，节气门开度随加速踏板
转角变化而变化，但略小丁加速踏板转角变化，以确保汽车能够平稳行驶。

▲ 图 3-23　全电子节气门体

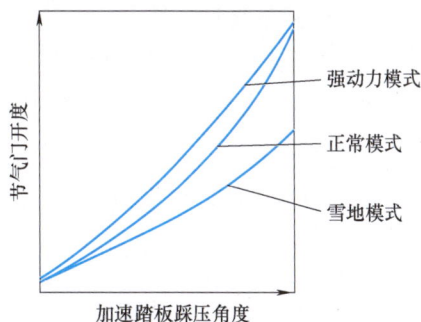

▲ 图 3-24　全电子节气门的控制模式

当按下雪地模式开关时，节气门开度会减小，以防止车辆在较滑路面上打滑；当按
下动力模式开关时，节气门开度增大，对加速踏板转角的直接反应性增强，从而使发动
机输出较强的动力。

（2）全电子节气门控制功能　采用全电子节气门时，可以实现如下控制功能：

1）转矩激活控制功能：节气门开度小于或大于加速踏板转角，以确保汽车平稳加速。
如图 3-25 所示，当驾驶人突然踩下加速踏板时，如果没有转矩激活控制功能，节气门开度
与加速踏板转角同步，汽车加速度（纵向力 G）会迅速升高，然后逐渐下降；有转矩激
活控制功能时，节气门会逐渐开启，使汽车加速度逐渐上升而得到平稳加速的效果。

2）急速控制功能：ECU通过控制节气门开度，使发动机保持理想的急速状态。

3）换档减振控制：自动变速器换档时，减小节气门开度，从而减小发动机转矩。

4）驱动防滑控制：驱动轮出现滑转现象时，减小节气门开度，从而减小发动机转矩。

5）车身动态控制功能：车辆高速转弯时，如果出现侧滑现象，则减小节气门开度，从而降低发动机功率。

6）巡航控制功能：发动机ECU直接控制节气门开度，实现巡航控制功能。

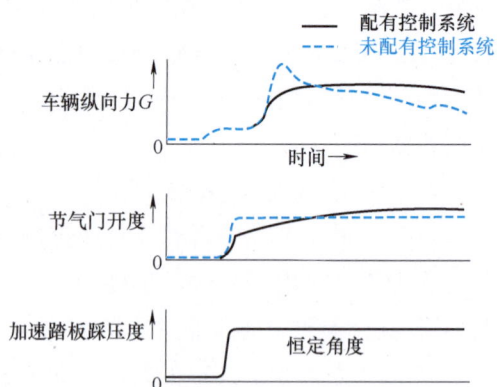

▲ 图3-25　转矩激活控制功能

【任务实施】

1. 目的与要求

1）熟悉急速控制机构的安装位置、结构类型和工作原理。

2）明确急速控制机构的工作过程。

3）能使用汽车检测仪器对急速控制系统进行检测。

4）根据发动机故障码判断急速控制系统的故障，读取并记录相关数据流。

2. 设备与器材

1）实验汽车或发动机。

2）万用表、解码仪、常用工具、急速控制机构。

3）汽车维修手册。

3. 内容与步骤

（1）急速控制系统的结构认识和检查

1）观察旁通式急速控制机构的安装位置、结构特点和工作原理。

2）观察节气门直动式急速控制机构的安装位置、结构特点和工作原理。

3）观察发动机的急速控制过程。当增大发动机负荷时，确定急速转速是升高还是降低，并检查急速转速的变化。

条件	急转速的变化	变化前的急转速 /（r/min）	变化后的急转速 /（r/min）
变速杆 N → D			
变速杆 D → N			
前照灯开 OFF → ON			
空调开 OFF → ON			

（2）急速控制阀的检测　丰田8A-FE发动机急速控制阀的控制电路如图3-26所示。

1）检测急速控制阀性能。将点火开关打开再关闭，在关闭点火开关的瞬间，急速控制阀有从全开到全闭再回到半开的动作，用手触摸急速控制阀应有快速振动的感觉。

起动发动机并急速运转，将故障诊断仪连接到诊断座上，进行急速控制阀的主动测试，发动机的转速应随着占空比的变化而变化。

如果检测结果与以上情况不符合，则应用万用表进行进一步检测。　　　　　　　　【课堂互动】

2）检测电源电压。关闭点火开关，拔下怠速控制阀线束插头，如图 3-27 所示。接通点火开关，检测线束插头端子 2（VISC）和 3（GND）之间的电压，正常值应接近12V。否则，检查传感器与蓄电池的连接电路，如 EFI MAIN 继电器、熔丝等。

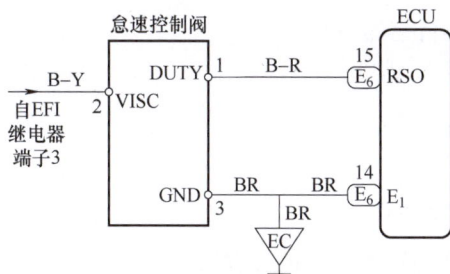

▲ 图 3-26　丰田 8A-FE 发动机怠速控制阀的控制电路

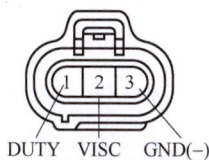

▲ 图 3-27　怠速控制阀线束插头

3）检测线束的导通性。关闭点火开关，拔下 ECU 线束插头 E_6 和怠速控制阀线束插头，检测 ECU 线束插头 E_6 端子 15 和怠速控制阀线束插头端子 1 之间的导线电阻值，检测 ECU 线束插头 E_6 端子 14（E1）和怠速控制阀线束插头端子 3（GND）之间的导线电阻值，检测怠速控制阀线束插头端子 3（GND）和搭铁之间的电阻值，正常值均应小于 1Ω。若阻值较大，说明该段导线存在虚接或断路。然后检查导线相互之间是否短路（不相接的导线间电阻值应为无穷大）。如果导线有断路、短路故障，则应修复或更换。

4）检测怠速控制阀电阻。关闭点火开关，拔下怠速控制阀线束插头，用万用表检测线束插头端子 1 和 3 之间怠速控制阀线圈的电阻值，正常值为 $17.0\sim24.5\Omega$。

5）检测占空比信号。接上怠速控制阀线束插头，将万用表置于占空比信号检测档，将红表笔接怠速控制阀线束插头端子 1、黑表笔接怠速控制阀线束插头端子 3，或将红表笔接 ECU 线束插头 E_6 端子 15（RSO）、黑表笔接 ECU 线束插头 E_6 线束插头端子 14（E1），在接通点火开关的瞬间（0.5s 之内），占空比信号应从 0 逐渐上升到 26%。

【任务巩固】

1. 填空题

1）在怠速控制系统中，ECU 需要根据_____、_____确认怠速工况。

2）怠速控制的实质是对怠速工况下的_____进行控制。

3）按执行元件的类型不同，旁通空气式怠速控制系统分为_____、_____、_____等几种类型。

4）步进电动机的工作范围为_____个步进级。

5）旋转电磁阀控制旁通空气式怠速控制系统的控制内容主要包括_____、_____、_____怠速预控制和学习控制。

6）旋转滑阀式怠速控制机构主要由_____、_____、_____等组成。

7）旋转电磁阀的开度是通过控制两个线圈的_____来实现的。

8）目前广泛应用的是_____式怠速控制系统。

9）发动机起动时，怠速控制阀预先设定在_____位置。

2. 判断题

1）怠速的高低直接影响燃油消耗和排放污染。 （　　　）

2）只有在节气门全关、车速为零时，才进行怠速控制。 （　　　）

3）节气门直动式怠速控制器动态响应性比较差。 （　　　）

4）怠速控制的目的是保证发动机运转稳定的前提下，尽量使发动机保持高怠速运转。 （　　　）

5）怠速时，CO 的排放量最大，NO_x 的排放量最小。 （　　　）

6）ECU 通过控制脉冲信号的占空比来改变旋转电磁阀的开度。 （　　　）

7）在怠速工况运行时，节气门位置传感器的怠速触点打开。 （　　　）

8）步进电动机式怠速控制阀在点火开关断开后，必须继续通电使其退回到初始位置。 （　　　）

3. 选择题

1）旁通空气式怠速控制是通过调节（　　　）来控制空气流量的方法来实现的。

A. 旁通气道的空气通路面积

B. 主气道的空气通路面积

C. 主气道或旁通气道的空气通路面积

D. 节气门开度

2）步进电动机的工作范围为（　　　）个步进级。

A. 0~150　　　　　B. 0~215　　　　　C. 0~175　　　　　D. 0~125

3）节气门直动式怠速控制机构的特点是（　　　）。

A. 具有较强的工作能力　　　　　　　B. 控制位置稳定性好

C. 响应性不太好　　　　　　　　　　D. 目前应用广泛

4）（　　　）不是旋转电磁阀型怠速控制项目。

A. 起动控制　　　　　　　　　　　　B. 反馈控制

C. 固定占空比控制　　　　　　　　　D. 学习控制

5）在电控怠速控制系统中，ECU 首先根据各传感器的输入信号确定（　　　）转速。

A. 理论　　　　　　B. 目标　　　　　　C. 实际　　　　　　D. 假想

6）当冷却液温度达到（　　　）时，步进电动机式怠速控制执行机构的暖机控制结束，怠速控制阀达到正常怠速开度。

A. 50℃　　　　　　B. 60℃　　　　　　C. 70℃　　　　　　D. 80℃

7）旋转电磁阀式怠速控制执行机构中，阀门的开启程度及方向由控制线圈的（　　　）控制。

A. 电压大小　　　　B. 电流大小　　　　C. 电阻大小　　　　D. 电流方向

4. 问答题

1）怠速控制的类型有哪些？各有何特点？

2）简述旋转电磁阀式怠速控制执行机构的工作原理。

3）简述步进电动机式怠速控制执行机构的工作原理和控制内容。

【案例分析】

故障现象：一辆尼桑蓝鸟轿车电控单点燃油喷射发动机怠速不稳，起步困难。

诊断与排除：该车装有怠速控制阀装置，安装在进气管道的节气门体上，控制旁通气道的进气量。冷起动时，怠速控制阀开大以增大进气量，维持发动机怠速运转。怠速控制阀的故障将导致发动机起动困难、怠速不稳或太高、起动后即熄火等。

拆检怠速控制阀，发现该阀几乎被脏物堵死，使怠速控制阀失去作用。将脏物清除干净后装复，发动机怠速稳定，但汽车起步仍很困难。用万用表测量热线式空气流量计的信号电压，怠速时为 2.1V，加速时为 3.2V；当用手捂住进气口一半，使空气流量计进气口处的单位进气量增大时，其信号电压达到 3.8V。这说明空气流量计工作正常，故障原因可能在燃油供给系统。拆下燃油滤清器并接上汽油压力表，起动发动机后，测得油压为 245kPa（正常值），此时车辆加速有力。这表明故障是由燃油滤清器堵塞造成供油不足引起的。将该滤清器反复清洗干净后，装复。轿车运行恢复正常。

排气净化与排放控制

【学习目标】

1. 了解汽车排放污染物的来源。
2. 掌握三元催化转化器、氧传感器反馈控制的原理。
3. 掌握废气再循环的概念和控制原理。
4. 掌握燃油蒸发控制的结构和控制原理。
5. 能够根据检测标准对发动机尾气进行检测。
6. 能够对排放控制系统的部件进行相应的检测。
7. 能够对排放控制系统故障进行诊断，并实施维修作业。

任务一　发动机尾气成分异常分析

【任务目标】

★ 知识目标：
  1. 知道汽车排放污染物的来源及产生的机理。
  2. 知道排气净化的控制方法。

◎ 技能目标：
  会使用发动机尾气分析仪进行尾气检测。

⬡ 素养目标：
  1. 能够与小组成员合作交流，有团队精神。
  2. 养成规范作业的良好习惯，培养责任担当和安全意识。
  3. 严格执行 7S 现场管理。

【基本理论知识】

　　环境保护问题是当前世界所关注的五大问题（粮食、能源、人口、资源和环境）之一，汽车的排放污染在大气污染中占有很大的比重。大气中所含 CO 的 75%、HC 和

NO_x 的 50% 来自汽车的排放。在汽车使用量大的国家，其排放污染早已成为严重的社会公害。

发动机排放的有害气体包括一氧化碳（CO）、碳氢化合物（HC）、氮氧化合物（NO_x）、二氧化碳（CO_2）和炭烟（PM）等。

【课堂互动】

世界各国限制汽车尾气排放的法规有哪些？

列举世界上发生的各类因汽车排放而产生的严重污染事件。

一、排气的净化措施

1. 机内净化技术

机内净化技术是从发动机的工艺结构设计入手，保证燃料能够在机内尽可能地燃烧完全。这种技术的研究主要集中在：①改变燃料的供给方式，采用燃油喷射系统；②点火系统的电子化设计。

2. 机外净化技术

发动机本身的改进尚不能符合排放的规定时，就要附加净化处理装置，主要有汽油蒸汽挥发控制、废气再循环控制、二次空气供给、三元催化转化器和空燃比反馈控制等。

3. 能源替代技术

其主要是改变汽车所使用的能源，采用污染小或清洁的能源来替代燃油，应用如用煤气或天然气替代燃油的汽车——电动汽车、太阳能汽车等。

二、发动机尾气成分异常分析

由于发动机的工况与尾气成分有最直接的联系，所以通过汽车尾气的检测可初步分析发动机的工作状况、性能好坏，可以检查包括燃烧情况、点火能量、进气效果、供油情况、机械情况等诸多方面。更为重要的是，当发动机各系统出现故障时，尾气中某种成分必然偏离正常值，通过检测发动机不同工况下尾气中不同气体成分的含量，可判断发动机故障所在的部位。

尾气分析的主要内容有混合气空燃比、点火正时及催化器转化效率等，主要分析的参数有 CO、HC、CO_2 和 O_2 的体积分数，还有空燃比（A/F）或过量空气系数（λ）。通过尾气分析，可以检测到混合气过浓或过稀、喷油器故障、进气歧管真空泄漏、气缸盖衬垫损坏、EGR 阀故障、排气系统泄漏、点火系统提前角过大等故障。

1）HC 的体积分数高，说明燃油没有充分燃烧。气缸压力不足、发动机温度过低、燃油箱中油汽蒸发、混合气由燃烧室向曲轴箱泄漏、混合气过浓或过稀、点火正时不准确、点火间歇性不跳火、温度传感器不良、喷油嘴漏油或堵塞、油压过高或过低等因素都将导致 HC 体积分数过高。

2）CO 的体积分数过高，表明燃油供给过多、空气供给过少，燃油供给系统和空气供给系统有故障，如喷油嘴漏油、燃油压力过高、空气滤清器不洁净等。其他问题如活塞环胶结阻塞、曲轴箱强制通风系统受阻、点火提前角过大或冷却液温度传感器有故障等。CO 的体积分数过低，则表明混合气过稀，故障原因有燃油油压过低、喷油嘴堵塞、真空泄漏、EGR 阀泄漏等。

3）CO_2 是可燃混合气燃烧的产物，其体积分数高低反映出混合气燃烧的好坏，即燃烧效率。可燃混合气燃烧越完全，CO_2 的读数就越高，混合气充分燃烧时尾气中 CO_2 的体积分数达到峰值的 13%~16%。当发动机混合气过浓或过稀时，CO_2 的体积分数都

你能否设想一个可以减少汽车污染的方法？

【课堂互动】

将降低。当排气管尾部的 CO_2 体积分数小于 12% 时，要根据其他排放物的浓度来确定发动机混合气的浓或稀。燃油滤芯太脏、燃油油压低、喷油嘴堵塞、真空泄漏、EGR 阀泄漏等将造成混合气过稀，空气滤清器阻塞、燃油压力过高都可能导致混合气过浓。

你的实训检测结果正常吗？若不正常，试分析其原因。

4）O_2 的体积分数是反映混合气空燃比的最好指标，是最有用的诊断数据之一。燃烧正常时，只有少量未燃烧的氧气通过气缸，尾气中 O_2 的体积分数应为 1%~2%。若 O_2 的体积分数小于 1%，说明混合气过浓；若 O_2 的体积分数大于 2%，表示混合气太稀。导致混合气过稀的原因有很多，如燃油滤芯太脏、燃油油压低、喷油嘴堵塞、真空泄漏、EGR 阀泄漏等；空气滤清器阻塞、燃油压力过高等都可能导致混合气过浓。

【任务实施】

1. 目的与要求

1）认识排放控制系统各部件的安装位置、结构特点。
2）能用尾气检测仪器进行尾气检测与分析。

2. 设备与器材

各类型轿车或发动机试验台、发动机综合故障分析仪、尾气分析仪。

3. 内容与步骤

1）观察废气再循环系统的安装位置和结构特点。
2）观察三元催化转化器的安装位置和结构特点。
3）观察活性炭罐的安装位置和结构特点。
4）发动机尾气检测。

目前汽车尾气检测的主要设备有哪些？

设置空气供给系统、燃油供给系统、电子点火系统和控制系统的模拟故障，检测不同系统、不同故障的尾气成分。根据尾气检测结果，分析研究发动机各部分故障与尾气成分变化间的关系。

进行故障模拟的方法主要有以下几种：阻塞空气供给系统模拟混合气过浓的故障；断开某缸喷油器控制电路模拟喷油器不喷油的故障；阻塞某缸喷油器模拟喷油器喷油不畅的故障；使用间隙过大、过小的火花塞或漏电的高压线模拟点火系统故障；使用已损坏失效的传感器、执行器模拟控制系统的故障；拔下某缸火花塞模拟某缸不工作的故障等。

实验时，为反映发动机排放的真实情况，将尾气分析仪的取样探头插入三元催化转化器前面排气管上的一个专用废气检测插头中，插入深度为 400mm。为了防止气流滞后效应对测量结果产生影响，在起动发动机 10s 后开始读数，读取 30s 内尾气排放的平均值。将三元催化转化器前后的测量值进行比较，还可以判断三元催化转化器的转化效率是否正常。

4. 实训过程记录

	故障 1	故障 2	故障 3	故障 4
HC 体积分数				
CO 体积分数				
CO_2 体积分数				

【课堂互动】

（续）

	故障 1	故障 2	故障 3	故障 4
O_2 体积分数				
NO_x 体积分数				
分析发动机可能出现的故障并进行排除				

5. 尾气检测注意事项

对于装有三元催化转化器的汽车，如果催化剂工作正常，会使 CO 和 HC 减少。应将取样探头插到三元催化转化器之前测量未经转换的排气或在 EGR 阀的排气口检测。必要时，使空气泵和二次空气喷射系统停止工作。读取测量数据前，不要让发动机怠速运转时间过长。在发动机暖机后，才能使用尾气分析仪进行尾气检测。在进行变工况测试中，要让加速踏板稳住后才读取测量数据。

【任务巩固】

1. 填空题

1）汽车排放污染主要来源于_____和_____。

2）发动机排出的 HC 主要与_____有关。

3）NO_x 是氧气与氮气在_____、_____条件下形成的。

4）发动机排出的 CO 主要是在_____产生的。

2. 问答题

1）目前排气的净化措施有哪些？

2）造成尾气中氮氧化物（NO_x）的含量过高的原因可能有哪些？

任务二　废气再循环系统检测

【任务目标】

⭐ **知识目标：**

1. 知道废气再循环系统的组成及其功能。

2. 知道废气再循环系统的主要分类及控制方式。

3. 掌握废气再循环系统控制的基本模式，EGR 位置传感器的工作过程。

🔶 **技能目标：**

会检测 EGR 阀。

⬡ **素养目标：**

1. 能够与小组成员合作交流，有团队精神。

2. 养成规范作业的良好习惯，培养责任担当和安全意识。

3. 严格执行 7S 现场管理。

【课堂互动】　**【基本理论知识】**

一、废气再循环系统的基本概念

废气再循环（Exhaust Gas Recirculation，EGR）的原理是使一部分废气（通常体积分数小于10%）被引入进气歧管，降低燃烧温度，用以抑制发动机内NO_x的生成。ECU根据发动机的转速、负荷（节气门开度）、温度、进气流量、排气温度，控制电磁阀适时地打开，在进气管真空度影响下，膜片拉杆将EGR阀门打开，排气中的少部分废气经EGR阀进入进气系统，与混合气混合后进入气缸参与燃烧，如图4-1所示。少部分废气进入气缸参与混合气的燃烧，降低了燃烧时气缸中的温度，因NO_x是在高温富氧的条件下生成的，故抑制了NO_x的生成，从而降低了废气中的NO_x的含量。但是，过度的废气参与再循环，将会影响混合气的着火性能，从而影响发动机的动力性，特别是在发动机怠速、低速、小负荷及冷机时，再循环的废气会明显地影响发动机的动力性和燃油经济性。

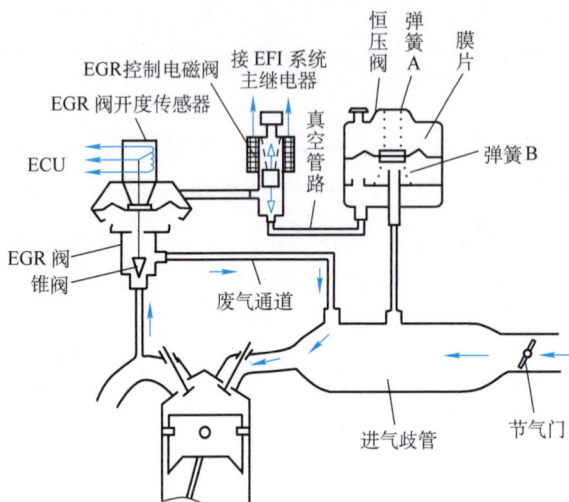

▲ 图4-1　EGR控制系统的组成

当发动机在怠速、低速、小负荷及冷机时，ECU控制废气不参与再循环，避免发动机性能受到影响；当发动机超过一定的转速、负荷及达到一定的温度时，ECU控制少部分废气参与再循环，而且，参与再循环的废气量根据发动机转速、负荷、温度及废气温度的不同而不同，以达到废气中的NO_x最低。EGR的控制指标大多采用EGR率表示，其定义如下：

引入EGR率有何作用？

$$EGR率=[EGR气体流量/(吸入空气量+EGR气体流量)]×100\%$$

二、废气再循环系统主要分类及控制方式

尽管各类EGR系统的工作目的都相同，但是各大汽车公司所开发推出的EGR系统在控制方式上并不相同。

1. 开环控制EGR系统

它主要由EGR阀和EGR电磁阀等组成，如图4-2所示。EGR阀安装在废气再循环通道中，用以控制废气再循环量，EGR控制电磁阀安装在通向EGR阀的真空通道中，ECU根据发动机冷却液温度、节气门开度、转速和起动等信号来控制电磁阀的通电或断电。当ECU不给EGR控制电磁阀通电时，控制EGR

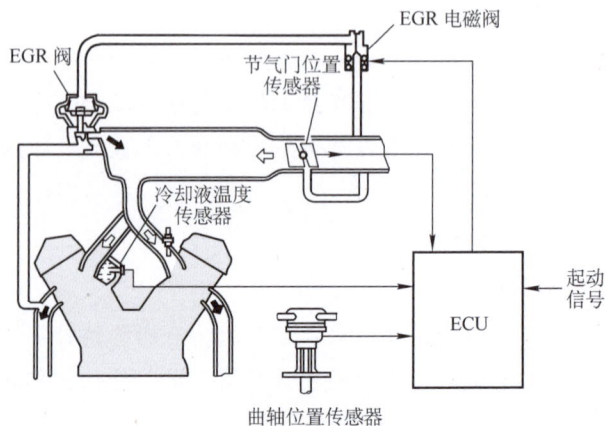

▲ 图4-2　开环控制EGR系统

阀的真空通道接通，EGR 阀开启，进行废气再循环；当 ECU 给 EGR 控制电磁阀通电时，控制 EGR 阀的真空度通道被切断，EGR 阀关闭，停止废气再循环。

2. 闭环控制 EGR 系统

检测实际的 EGR 率或 EGR 阀开度作为反馈控制信号，其控制精度更高。与开环控制 EGR 相比，只是在 EGR 阀上增设了一个 EGR 率传感器，传感器检测再循环气体中的氧体积含量，并转换成电信号送给 ECU，ECU 根据此反馈信号修正 EGR 控制电磁阀的开度，使 EGR 率保持在最佳值，如图 4-3 所示。

【课堂互动】

闭环控制的实质是什么？

想一想：发动机控制系统中，还有哪些属于闭环控制？

查一查：EGR 传感器有哪些类型？各用于哪些常见的车型？

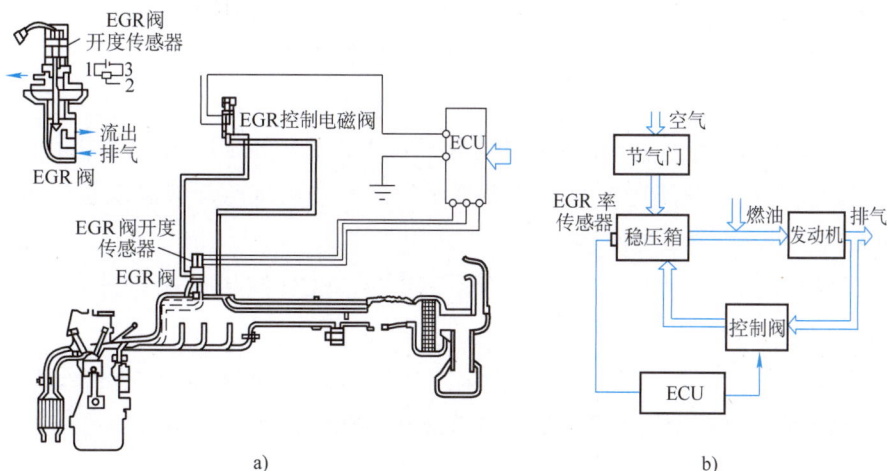

▲ 图 4-3　闭环控制 EGR 系统
a）EGR 阀开度反馈控制　b）EGR 率反馈控制

EGR 阀位置传感器又称为 EGR 阀开度传感器或 EGR 阀升程传感器。在 EGR 阀上方装有 EGR 阀位置传感器（电位器），用于监控 EGR 阀的开度（图 4-4）。EGR 阀位置传感器以电压信号（0~5V）将 EGR 阀的开度反馈给 ECU，ECU 即将它与理想的开度值进行比较。若两者不同，ECU 便调整其控制脉冲的占空比，通过改变 EGR 控制电磁阀的开、闭时间来调节 EGR 阀的开度，从而获得适应发动机工况所需的 EGR 率。EGR 阀位置传感器通常是一个 3 线传感器，1 条是控制 ECU 来的参考电源 5V 电压，1 条是传感器的接地线，1 条是传感器给 ECU 的信号输出线。

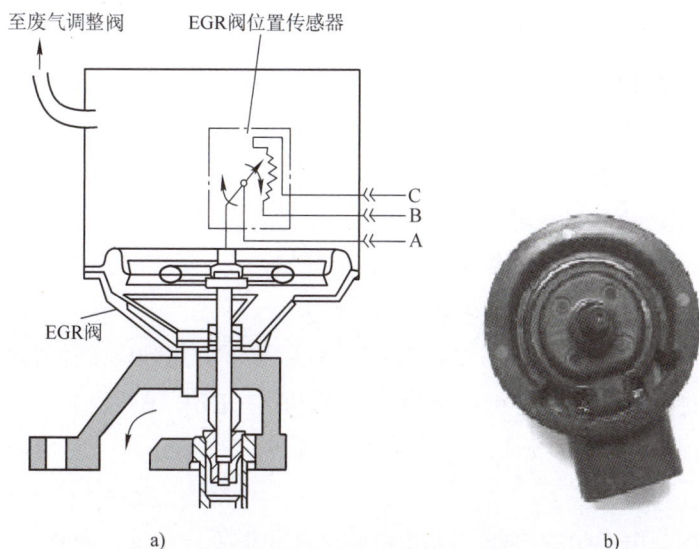

▲ 图 4-4　EGR 阀位置传感器
a）废气再循环阀位置传感器　b）传感器外观

【课堂互动】

电子控制电磁式 EGR 系统除了可实现 EGR 率的精确控制外，还可实现比机械式 EGR 量值更大的 EGR 率（15%~20%）控制。电子控制的 EGR 根据传感器测得的发动机转速、负荷、温度状态等工况信号，由 ECU 计算出符合当时工况的最佳的 EGR 率，并控制 EGR 执行器进行相应的操作。同时将实际的 EGR 率反馈给 ECU，供 ECU 对输出的控制信号进行修正，以使实际的 EGR 率与控制目标更为接近。

目前，以线性控制方式的电子控制电磁式 EGR 系统被广泛运用，线性 EGR 阀枢轴的开启程度完全是线性渐变的。ECU 根据各种传感器传送的发动机运行参数计算出最优的 EGR 阀开启程度，同时线性 EGR 阀中嵌入的 EGR 枢轴位置传感器将实际枢轴的移动位置反馈给 ECU，实现了对废气再循环流量的精确闭环控制。

3. EGR 控制系统的基本模式

1）当发动机低速运转，冷却液温度低于 60℃时，EGR 阀关闭，不进行废气再循环，以防止发动机怠速不稳。为避免燃烧不稳定，发动机冷却液温度超过 100℃时，EGR 阀关闭，不进行废气再循环。

2）当发动机中速运转、在中等负荷下工作时，ECU 控制 EGR 阀开启，进行废气再循环。

3）当发动机在大负荷工作时，空燃比（A/F）较小，NO_x 生成量不大，EGR 阀开度减小甚至关闭，降低废气再循环量，以保证发动机有足够的功率输出。

【任务实施】

1. 目的与要求

1）熟悉废气再循环系统各部件的安装位置、结构特点。
2）熟练掌握废气再循环系统及其部件检测方法。

2. 设备与器材

实训用车或发动机试验台、万用表、手动真空泵、维修手册。

3. 内容与步骤

（1）废气再循环控制系统的初步检查 对于废气再循环控制系统，应首先检查其真空软管有无破损，接头处有无松动、漏气等；若无，做进一步检查。

（2）废气再循环控制系统的就车检查 废气再循环控制系统的就车检查可按下列步骤进行：

1）起动发动机，使发动机怠速运转。

2）将手指按在废气再循环阀上，检查 EGR 阀有无动作。

3）在冷车状态下踩下加速踏板，使发动机转速上升至 2000r/min，此时手指上应感觉不到 EGR 阀膜片动作（废气再循环阀不工作）。

4）在发动机热车（冷却液温度高于 50℃）后踩下加速踏板，使发动机转速上升至 2000r/min，此时手指应能感觉到 EGR 阀膜片的动作（EGR 阀开启）。

若 EGR 阀不能按上述规律动作，则 EGR 系统工作不正常，应检查该系统的各零部件。

（3）EGR 控制电磁阀的检查 EGR 控制电磁阀按下述步骤检查：

1）将点火开关置于 OFF 位置，拔下 EGR 控制电磁阀线束插接器，用万用表欧姆

档测量电磁阀电磁线圈的电阻，其电阻值应符合规定（一般为 20~500Ω）；否则，应更 【课堂互动】
换 EGR 控制电磁阀。

2）拔下与 EGR 控制电磁阀相连的各真空软管，从发动机上拆下 EGR 控制电磁阀。

3）在 EGR 控制电磁阀的电磁线圈不接电源时，检查各管口之间是否通气。此时，
电磁阀上的管接口 A 与 B、A 与 C 之间应不通气，但管接口 B 与 C 之间应通气；否则，
EGR 控制电磁阀损坏，应更换。

4）给 EGR 控制电磁阀线圈接上电源。此时，电磁阀管接口 A 与 B 之间应通气，
而管接口 A 与 C、B 与 C 之间应不通气；否则，EGR 控制电磁阀损坏，应更换。

（4）EGR 阀的检查 EGR 阀的检查步骤如下：

1）起动发动机，使发动机怠速运转。

2）拔下连接 EGR 阀与废气调整阀的真空软管。

3）用手动真空泵对 EGR 阀真空室施加 19.95kPa 的真空度。若此时发动机怠速运
转情况变坏甚至熄火，说明废气再循环阀工作正常；若发动机运转情况无变化，则是
EGR 阀损坏，应更换。

4）对设有位置传感器的 EGR 阀，可在发动机停机情况下拔下 EGR 阀位置传感器的
导线插接器，用万用表欧姆档测量插接器端子 B 与 C 间的电阻值，其电阻值应符合规定。

然后，拔下连接 EGR 阀与废气调整阀的真空软管，并在用手动真空泵对 EGR 阀真
空室施加真空的同时，用万用表欧姆档测量 EGR 阀位置传感器插接器端子 A 与 C 之间的
电阻值。电阻值应随着真空度的增大而连续增大，不允许有间断现象（电阻值突变为 ∞ 后
又回落）；否则，EGR 阀损坏，应更换。

（5）废气调整阀（恒压阀）的检查 废气调整阀的检查步骤如下：

1）起动发动机，并将其预热至正常工作温度。

2）拔下连接废气调整阀与 EGR 阀的真空软管，查管接口内是否有真空吸力。在发
动机怠速运转时，管接口内应无真空吸力；当踩下加速踏板使发动机转速上升至 2000r/
min 时，管接口内应有真空吸力。如果废气调整阀的状态与上述情况不符，则为废气调
整阀工作不正常，应拆下该阀做进一步检查。

3）拆下废气调整阀，在连接 EGR 控制电磁阀的接口处接上手动真空泵，再用手指
堵住连接 EGR 阀真空管的接口。

4）向连接排气管的管接口内泵入空气，与此同时，用手动真空泵向 EGR 控制电磁
阀的接口内抽真空。此时，在连接 EGR 阀真空管的管接口处应能感到有真空吸力；在
停止抽真空后，真空吸力应能保持住，无明显下降；释放连接排气管的管接口内的压力
后，真空吸力应随之消失。如果废气调整阀的状态与以上所述情况不符，应更换。

4. 实训过程记录

检测内容	检测结果	处理过程
EGR 系统的初步检查		
EGR 系统的就车检查		
EGR 控制电磁阀的检查		
EGR 阀的检查		
废气调整阀（恒压阀）的检查		

【课堂互动】　**【任务巩固】**

1. 填空题

1）废气再循环的主要目的是＿＿＿＿＿＿＿＿。

2）废气再循环控制系统的部件主要有＿＿＿＿＿、＿＿＿＿＿和＿＿＿＿＿等。

3）减少 NO_x 最好的方法是＿＿＿＿＿＿＿。

4）在开环控制 EGR 系统中，发动机工作时，ECU 给 EGR 控制电磁阀通电停止废气再循环的工况有＿＿＿＿＿、＿＿＿＿＿和＿＿＿＿＿。

5）随发动机转速和负荷减小，EGR 阀开度将＿＿＿＿＿。

6）在诊断 EGR 系统之前，发动机的温度必须处于＿＿＿＿＿。

7）废气再循环会使混合气的着火性能和发动机输出功率＿＿＿＿＿。

8）EGR 率定义为＿＿＿＿＿＿＿＿。

2. 判断题

1）燃烧的温度越低，氮氧化合物排出量就越大。　　　　　　　　（　　　）

2）EGR 系统会对发动机的性能造成一定的影响。　　　　　　　　（　　　）

3）EGR 控制系统将适量废气重新引入气缸燃烧，从而提高气缸的最高温度。（　　　）

4）废气再循环取决于 EGR 阀开度，而 EGR 阀开度是由 ECU 控制的。　（　　　）

3. 问答题

废气再循环系统检测的内容有哪些?

任务三　三元催化转化器的使用与检测

【任务目标】

⭐ **知识目标：**

1. 掌握三元催化转化器的结构及其功能。

2. 掌握三元催化转化器的工作过程。

3. 熟悉氧传感器的结构、工作原理，理解空燃比反馈控制。

◎ **技能目标：**

1. 能够正确进行氧传感器、三元催化转化器的使用与基本检修。

2. 会维护三元催化转化系统。

⌂ **素养目标：**

1. 严格执行操作规范，养成严谨科学的工作态度。

2. 培养团队协作精神，养成规范的工作习惯。

3. 严格执行 7S 现场管理。

【基本理论知识】

一、三元催化转化器

1. 功用

三元催化转化器（Three Way Catalytic Converter，TWC）是指在发动机的排气系统中的专门催化装置。它能够将排气中 90% 以上的碳氢化合物（HC）和一氧化碳（CO）氧化，同时能够将排气中的氮氧化物（NO_x）还原成无害的氮气和氧气（图 4-5）。它位于车底中央，安装在排气消声器的前面。

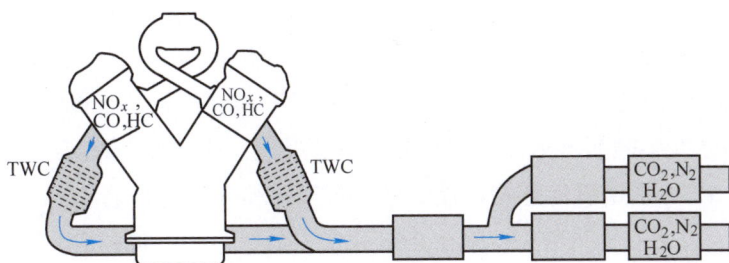

▲ 图 4-5　催化转换器的功用

2. 结构

三元催化转化器的结构如图 4-6 所示。三元催化转化器的催化剂是铂和铑，它不仅能够把 CO、HC 氧化成 CO_2 和水蒸气，而且能将 NO_x 和 CO 还原成 N_2 和 CO_2。

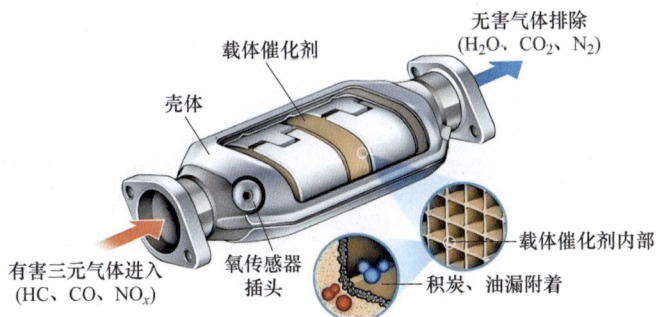

▲ 图 4-6　三元催化转化器的结构

什么是催化剂？它有何作用？

3. 工作过程

当含有 HC 和 CO 的废气在有氧的情况下通过转化器时，铂催化剂开始氧化，HC 和 CO 氧化生成水蒸气和 CO_2。此次氧化反应对 NO_x 的减少无影响，要减少氮氧化合物（NO_x）需进行一次还原反应。在三元催化转化器中，用铑作催化剂，将 NO_x 分解成氮、氧元素。

污染物的高效转换是在大约 250℃ 的工作温度下开始的。最高的转化效率和使催化剂保持最长工作寿命的理想工作温度是 400~800℃。

当发动机出现故障（如点火不良），会导致转化器升温达到 1400℃ 以上，这样高的温度会使衬底材料熔化而导致转化器彻底损坏。同时，应避免使用含铅燃油，含铅燃油中的铅化合物会沉积在催化转化器的细孔内和催化剂的表面，降低转化器与废气的接触，使催化剂失去催化作用（常称催化剂"中毒"），导致转

为什么要使用无铅汽油？

【课堂互动】 化器的永久性失效，过量的机油残留物也会污染催化转化器。

二、氧传感器与空燃比 A/F 反馈控制

三元催化转化器的转化效率受空燃比影响，如图4-7所示。当空燃比小于14.7时，CO、HC转化效率低，而NO_x的转化效率将近90%以上；当空燃比大于14.7时，结果相反。只有当发动机在标准的理论空燃比14.7附近工作时，三元催化转化器的转化效率最佳，为此必须精确地控制空燃比，使之在理论空燃比附近很窄的范围内工作。

回忆一下：什么是空燃比？

1. 氧传感器的功用

氧传感器是排气氧传感器（Exhaust Gas Oxygen Sensor，EGO）的简称。为了能够精确地控制空燃比，使三元催化转化器的转化效率最佳，一般在三元催化转化器前面的排气歧管或排气管内装有氧传感器，如图4-8所示。它用以检测废气中的氧的浓度，以确定实际的空燃比比理论值大还是小，并把信号输送给ECU，ECU根据氧传感器反馈的此信号，对喷油量进行修正，使实际的空燃比 A/F 约为14.7，过量空气系数 λ 控制在0.98~1.02，故氧传感器也称为 λ 传感器。

想一想：能否把氧传感器安装在三元催化转化器的后面？

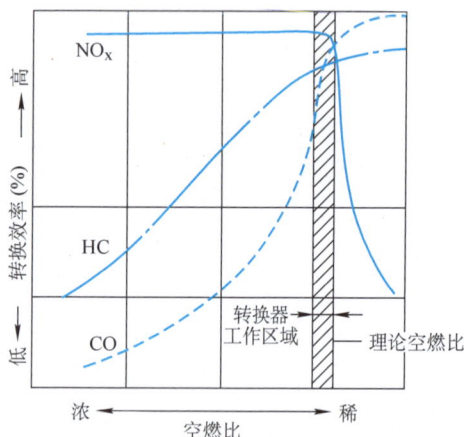

▲ 图4-7 转化效率与空燃比的关系

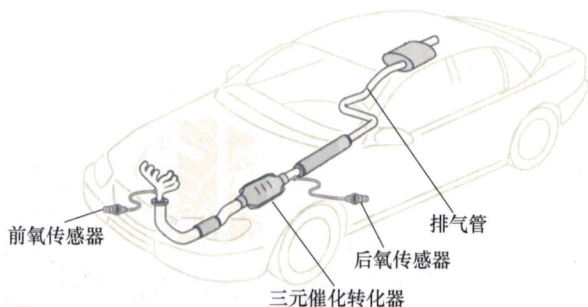

▲ 图4-8 氧传感器的安装位置

2. 氧传感器的类型

目前使用的氧传感器有氧化锆式、氧化钛式和宽带型3种。

（1）氧化锆（ZrO_2）式氧传感器 氧化锆式氧传感器的主要元件是氧化锆烧结的多孔性试管状陶瓷体，也称锆管。其基本结构如图4-9所示。

查一查：氧化锆式和氧化钛式两种氧传感器分别用于哪些汽车？

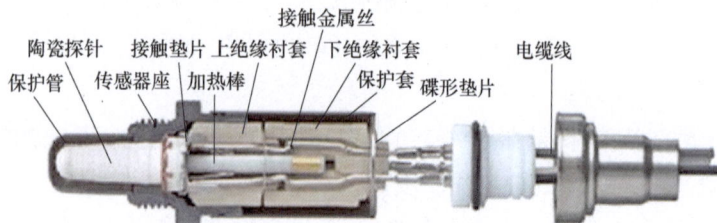

▲ 图4-9 氧化锆式氧传感器结构

提示：金属铂除了起电极作用，将信号电压引出传感器之外，另一个重要用途是起催化作用。

氧化锆式氧传感器的工作原理如图4-10所示。锆管的陶瓷体是多孔的，渗入其中的氧气，在温度较高时发生电离。由于锆管内、外侧氧含量不一致，

存在浓度差，因而氧离子从大气侧向排气一侧扩散，当氧离子移动时即会产生电动势，从而使锆管成为一个微电池，在两铂极间产生电压。

【课堂互动】

如图 4-11 所示，当发动机以较浓的混合气运转时（即 A/F 小于 14.7、λ 小于 1）时，排气中氧离子含量少，但 CO 较多，在锆管外表面的铅催化作用下与氧发生反应，将耗尽排气中残余的氧，使锆管外表面氧离子浓度变为零。由于锆管内表面与大气相通，氧离子浓度很大，这就使得锆管内、外侧氧浓差较大，两个铂电极之间的电位差较高，约为 0.9V。

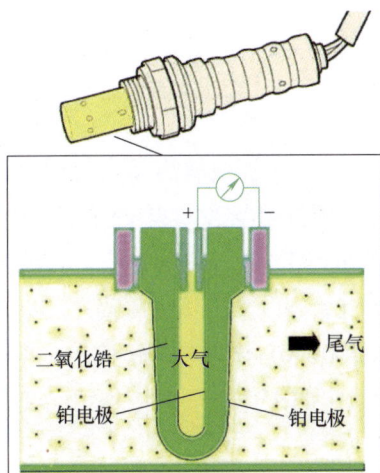

▲ 图 4-10　氧化锆式氧传感器的工作原理

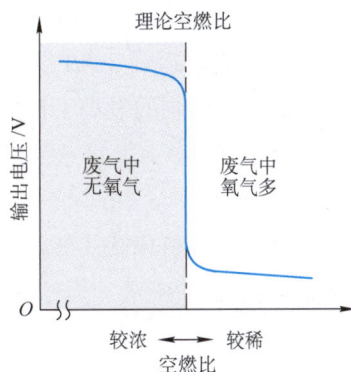

▲ 图 4-11　氧化锆式氧传感器
输出电压与空燃比的关系

当发动机以较稀的混合气运转（即 A/F 大于 14.7、λ 大于 1）时，排气中氧离子含量较多，但 CO 较少，在锆管外表面的铅催化作用下，即使 CO 全部与氧离子反应，锆管外表面还有富余的氧离子存在，因此锆管内、外侧氧离子浓度差较小，两个铂电极之间的电位差较小，约为 0.1V。

判断氧传感器的工作是否正常的依据是什么？

当空燃比 A/F 接近于理论值 14.7、过量空气系数 λ 接近于 1 时，排气中氧离子和 CO 含量都很少。在锆管外表面的铅催化作用下，氧离子与 CO 发生反应，从缺氧状态急剧变化为富氧状态。由于氧离子浓度差急剧变化，两个铂电极之间的电位差随之急剧变化，使传感器输出电压从 0.9V 降到 0.1V。

要准确地保持混合气浓度为理论空燃比是不可能的。实际上的反馈控制只能使混合气在理论空燃比附近一个狭小的范围内波动，故氧传感器的输出电压在 0.1~0.8V 之间不断变化（通常每 10s 内变化 8 次以上）。如果氧传感器输出电压变化过缓（每 10s 少于 8 次）或电压保持不变（不论保持在高电位还是低电位），则表明氧传感器有故障，需检修。

氧化锆式传感器必须满足发动机温度高于 60℃、传感器自身温度高于 400℃以及发动机在怠速工况或部分负荷时，才能进行正常工作。早期使用的氧传感器靠排气加热，这种传感器必须在发动机起动运转数分钟后才能开始工作。它只有一根接线与 ECU 相连。现在，大部分汽车使用带加热器的氧传感器（加热型氧传感器），这种传感器内有一个电加热元件，可在发动机起动后的 20~30s 内迅速将氧传感器加热至工作温度，在发动机温度较低时，氧传感器就开始工作。

（2）氧化钛式氧传感器　氧化钛式氧传感器是利用二氧化钛材料的电阻值随排气中氧含量的变化而变化的特性制成的，故又称电阻型氧传感器。氧化钛式氧传感器的外形和氧化锆式氧传感器相似，在传感器前端的护罩内是一个二氧化钛厚膜元件。二氧化钛厚膜元件的电阻值与元件周围氧离子的浓度有关，同时二氧化钛的电阻随温度不同而变化。因此，在氧化钛式氧传感器内部有一个电加热器，以保持氧化钛式氧传感器在发动机工作过程中的温度恒定不变。其结构如图 4-12 所示。

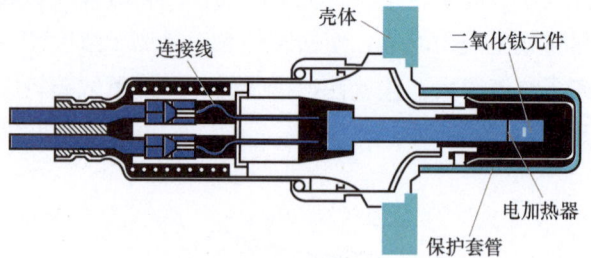

▲ 图 4-12　氧化钛式氧传感器的结构

当发动机以较稀的混合气浓度运转（A/F 大于 14.7、λ 大于 1）时，排气中氧离子含量较大，传感器元件周围的氧离子浓度较小，二氧化钛呈现低阻状态。当发动机以较浓的混合气运转（A/F 小于 14.7、λ 小于 1）时，排气中氧离子含量小，传感器元件周围的氧离子浓度较小，二氧化钛呈现高阻状态，从而大大提高了传感器的灵敏度。由此可见，氧化钛式氧传感器在混合气的空燃比 A/F 接近于理论值时，电阻值产生突变，如图 4-13 所示。当给氧传感器施加一个稳定的工作电压时，便可得到一个交替变化的信号电压。

稳定的工作电压一般由 ECU 内部的稳压电路提供。氧化钛式氧传感器的工作电路如图 4-14 所示。ECU 端子 2 将一个恒定的 1V 工作电压加在氧化钛式氧传感器的一端上，传感器的另一端与 ECU 端子 4 相接。当排出的废气中氧浓度随发动机混合气浓度变化而变化时，氧传感器的电阻值随之改变，ECU 端子 4 上的电压降随着变化。当 ECU 端子 4 上的电压高于参考电压时，ECU 判定混合气过浓；当 ECU 端子 4 上的电压低于参考电压时，ECU 判定混合气过稀。通过 ECU 的反馈控制，可保持混合气的浓度在理论空燃比附近。在实际的反馈控制过程中，二氧化钛式氧传感器与 ECU 连接的端子 4 上的电压在 0.1~0.9V 之间不断变化，这一点与氧化锆式氧传感器是相似的。

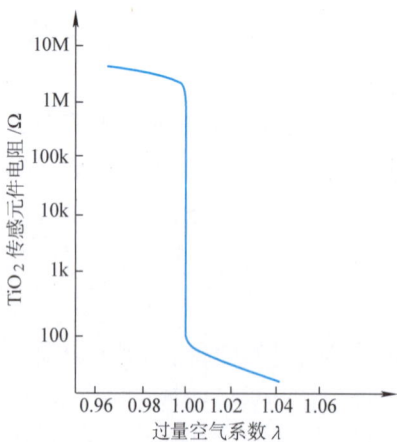

▲ 图 4-13　氧化钛式氧传感器的特性

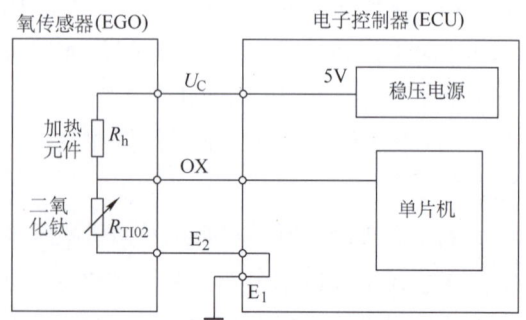

▲ 图 4-14　氧化钛式氧传感器的工作电路

氧化钛式氧传感器必须满足发动机温度高于 60℃、传感器自身温度高于 600℃以及发动机在怠速工况或部分负荷时，才能进行正常工作，调节混合气的浓度。大部分三元催化转化器使用带加热器的氧传感器（加热型氧传感器），这种传感器内有一个电加热元件，可在发动机起动后迅速将氧传感器加热至工作温度而投入工作。

现在多数中高级轿车，三元催化转化器前后各装有一个氧传感器。分别提供了表示催化净化前和后的排气中氧的含量的输出电压，前（主）氧传感器用作空燃比反馈控制信号，后（副）氧传感器信号输入给ECU，以测试催化转化的效率。通过两个传感器电压之差就可以测量出三元催化转化器的工作状态是否正常。

（3）宽带型氧传感器（LSU）　为了精确地将尾气中氧的含量输出一个连续变化的电信号，目前汽车上多数应用宽带型氧传感器。其原理示意图如图4-15所示。

宽带型氧传感器在传统氧化锆式氧传感器的基础上增加了一个单元泵，单元泵一侧通排气，另一侧通测量室。加在单元泵上的电压可以保证当测试腔内的氧多时，排除腔内的氧；当腔内的氧少时，供氧，从而提供给单元泵的电流就反映了排气中的空气过量系数。这样传感器产生的是连续递增的信号，如图4-16所示。

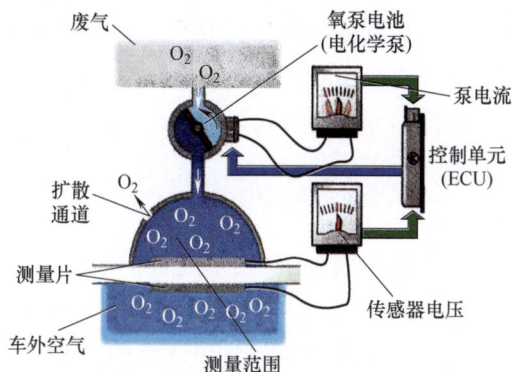

▲ 图4-15　宽带型氧传感器的原理示意图

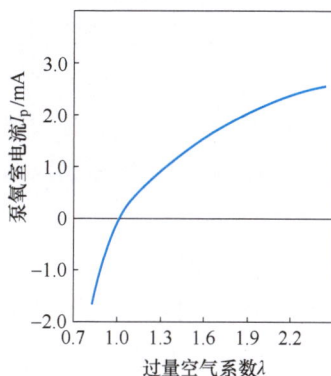

▲ 图4-16　泵氧室电流与λ的关系

宽带型氧传感器的特点：能在$\lambda>0.7$空气成分的宽范围内精确地给出连续的特征变化曲线；

响应时间<100ms；结构紧凑结实；良好的抗老化、抗腐蚀、抗沉淀、抗中毒等能力；对路面冲击不敏感，使用寿命>160000km。

3. 空燃比反馈控制

为了最有效地利用三元催化转化器对排气的催化净化作用，需采用氧传感器的反馈信号对空燃比进行精确的反馈控制。

在反馈控制过程中，空燃比、氧传感器输出的电压信号和空燃比反馈控制信号三者之间有一定的变化关系。假定开始时混合气的实际空燃比偏浓，此时氧传感器输出高电平信号。ECU收到这一信号后，通过减小（开始骤降，然后缓降）反馈修正系数，使喷油持续时间缩短，喷油器的喷油量减少。由于喷油量减少，混合气很快变稀。当混合气浓度低于理论空燃比时，氧传感器输出低电位信号。ECU接收到这一信号后，使反馈修正系数增大（开始快升，然后缓升），结果使喷油持续时间延长，喷油器的喷油增加，致使混合气很快变浓。如此反复循环，不断地对空燃比进行反馈控制，最终使混合气的实际空燃比稳定在理论值附近。

当汽油机电控系统对混合气空燃比采用反馈控制时，混合气的浓度基本上在理论空

【课堂互动】

什么情况下需要空燃比反馈控制？

【课堂互动】

燃比附近，但这种空燃比对发动机某些工况是不适宜的。例如发动机起动以及刚起动未暖机时，发动机冷却液温度低，这时需要较浓的混合气，如果进行反馈控制，供给理论空燃比浓度的混合气，则发动机可能会熄火。又如发动机在大负荷或高转速工况时，也需要较浓的混合气，如果进行反馈控制，供给的混合气在理论空燃比附近，则会使发动机动力不足。所以 ECU 对空燃比的控制还包括在下列状态下是否需要进行反馈控制的判定：①在发动机起动时；②起动后燃油量修正（加浓）时；③冷却液温度使燃油增量修正时；④节气门全开（大负荷、高转速）时；⑤加、减速燃油量修正时；⑥燃油中断停供时；⑦从氧传感器输入的空燃比过稀，信号持续时间大于规定值时；⑧从氧传感器送来的空燃比过浓，信号持续时间大于规定值时。

三、氧传感器常见故障

1. 中毒

氧传感器中毒是经常出现且较难防治的一种故障，尤其是经常使用含铅汽油的汽车，即使是新的氧传感器，也只能工作几千千米。如果只是轻微的铅中毒，接着使用一箱不含铅的汽油，就能消除氧传感器表面的铅，使其恢复正常工作。但往往由于过高的排气温度，而使铅侵入其内部，阻碍了氧离子的扩散，使氧传感器失效，这时就只能更换了。中毒的氧传感器如图 4-17 所示。

2. 积炭

由于发动机燃烧不好，在氧传感器表面形成积炭或氧传感器内部进入了油污或尘埃等沉积物，会阻碍或阻塞外部空气进入氧传感器内部，使氧传感器输出的信号失准，ECU 不能及时地修正空燃比。产生积炭，主要表现为油耗上升，排放浓度明显增加。此时，若将氧传感器拆下，用清洗剂将其表面沉积物清除干净，氧传感器就会恢复正常工作。产生积炭的氧传感器如图 4-18 所示。

▲ 图 4-17　中毒的氧传感器　　　　▲ 图 4-18　产生积炭的氧传感器

3. 氧传感器陶瓷碎裂

氧传感器的陶瓷硬而脆，用硬物敲击或用强烈气流吹洗，都可能使其碎裂而失效。因此，处理时要特别小心，发现问题时应及时更换。

4. 加热器电阻丝烧断

对于加热型氧传感器，如果加热器电阻丝烧蚀，就很难使传感器达到正常的工作温度而失去作用。如果测量发现电阻丝损坏，应及时更换氧传感器。避免造成发动机怠速不稳、加速不良、油耗上升冒黑烟等现象，对空气造成污染。

5. 氧传感器内部线脱落

【课堂互动】

氧传感器内部线脱落，如果是加热线脱落，就会造成氧传感器不能很快达到工作温度，从而使冷起动时空燃比不能达到最佳状态；如果是信号线脱落，就会造成ECU无法接收到正确的氧含量值，使发动机无法达到最佳空燃比。

三元催化转换器检修的基本内容有哪些？

四、三元催化转换器的检测

1. 使用与维修的注意事项

现代汽车都配设了三元催化转换器，如果不能正确使用和维修，常出现催化转换器过早失效现象，这一方面造成浪费，另一方面使汽车尾气排放得不到控制，严重污染环境。在使用和维修的过程中应注意以下几个方面：

1）保持发动机良好的工作状态，即理想的空燃比和安全燃烧，避免安装前排气污染物浓度过大（CO 体积分数 $\geqslant 8\%$、CH 体积分数 $\geqslant 0.5\%$）。

2）禁止使用含铅汽油，以免降低催化剂活性。

3）催化剂最适合的工作温度是 $400\sim800℃$，不能超过 $1000℃$，否则会促进催化剂过早老化，缩短其使用寿命。

4）装用蜂巢型催化转换器的汽车，一般汽车每行驶 80000km 应更换催化转换器芯体；装用颗粒型催化转换器的汽车，其颗粒型催化剂的质量小于规定值时，应更换。

5）行驶中应注意避免撞击，因为三元催化转换器大多数内部是蜂窝陶器形成的催化剂承载体，碰撞后容易破碎，使催化转换器和排气系统堵塞；避免灌水、浸水，否则将会大幅度降低催化转换器的净化效果。

6）尽量将热车状态的三元催化转换器远离易燃物，以免引起火灾。

2. 三元催化转换器的检修

（1）技术状况检查　有无异常声响（通常由排气管接头松动、催化转换器损坏、催化剂更换塞松动或丢失等原因造成）；检查催化转换器外部有无裂纹，有无裂皮或外壳压扁等外观损坏；导通催化转换器的排气管有无孔眼或损坏；排气尾管有无催化剂颗粒排出（颗粒式催化转换器特有的现象，排出颗粒说明催化转换器内盛装颗粒的不锈钢篮组件碎裂）；若发现催化转换器外观损坏或排气尾管排出颗粒，均需维修或更换。

排气系统在发动机运转过程中发出"咯咯"的声音，检查催化转换器铁心是否松动。托起车，用橡胶锤轻敲催化转换器，如果催化转换器有"咯咯"声，心部松动，则必须更换催化转换器。

（2）功能检查　排放控制系统的其他功能正常，而汽车仍然有过浓尾气排放，则可能是催化转换器的心部受到脏污。要彻底检查催化转换器，可按下述步骤进行：

将发动机预热到正常工作温度，使发动机以 2500r/min 转速运转 30s，用高温计测量催化转换器前、后排气管的温度，正常的排气温度应保证催化转换器出气口温度比进气口温度至少高 23.5℃。如果催化转换器对排气量影响较小或根本没有影响，那么心部可能受了污染。

目前催化转换器的品牌较多，一般有整体式催化转换器和颗粒式催化转换器。颗粒式催化转换器在催化剂失效时，可以重新加催化剂，而整体式催化转换器是不可维修的，必须更换。

（3）典型的颗粒式催化转化器的维修方法

1）在振动器和铁皮罐安装的同时，将"吸气器"或真空泵的电源开关接通，这样在催化转化器装料口螺塞卸除后可防止催化剂颗粒外漏。在振动器和铁皮罐安装就绪后，将真空泵关闭掉，振动器的气源接通，此时，催化剂颗粒就开始进入铁皮罐内，大约 10min 就可以卸除催化转化器。

2）填装新的催化剂颗粒时，先将铁皮罐内用过的颗粒倒出，然后装填新的催化剂颗粒。将铁皮罐接到振动器上，接通气源和真空管路，于是催化剂颗粒从铁皮罐被吸入催化转化器内。

3）在新的催化剂颗粒停止流入催化转化器后，卸除所接的空气软管和振动器。由于真空泵的作用，催化剂颗粒将不会外漏。催化转化器应装满，一直到与装料孔平齐为止，在螺塞的螺纹上涂上一层防粘剂，然后拧在装料孔上，将真空泵卸下。

4）起动发动机，检查催化转化器的排料塞有无泄漏，并用红外线分析仪检查汽车的各项排放是否符合标准。

【任务实施】

1. 目的与要求

1）熟悉氧传感器的电路。

2）掌握氧传感器的检测方法。

2. 设备与器材

1）整车或发动机试验台。

2）数字万用表，专用解码仪，维修手册。

3. 内容与步骤

下面以大众迈腾 1.8TSI 发动机为例说明氧传感器的检测。此发动机安装有两个氧传感器，前氧传感器为 G39，加热器为 Z19；后氧传感器为 G130，加热器为 Z29，如图 4-19 所示。前氧传感器为新型宽带型氧传感器，有 6 根线。T6w/4 为加热器 12V 电源，T6w/3 为加热器 ECU 控制的搭铁端子，T6w/6 为氧电池单元的信号端子，T6w/5 为校准后的泵氧单元的信号端子，T6w/1 为泵氧单元的初始信号端子，T6w/2 为氧电池单元与泵氧单元的共用参考搭铁端子。后氧传感器为普通加热型氧传感器，有 4 根线，T4no/1、T4no/2 为加热器端子，T4no/3、T4no/4 为氧传感器端子。

前氧传感器的检测过程如下。

（1）读取故障码和数据流

1）读取故障码。如果有故障码，则按照维修手册中的故障症状表进行诊断，或按照自行制订的诊断流程进行诊断；如果没有故障码，则结合故障的描述，按照下述步骤进行诊断。

2）读取数据流。输入通道号 166，进入故障诊断仪数据流界面，读取氧传感器相关数据，并与标准值比较，判断是否符合要求。迈腾 1.8T 发动机氧传感器数据流第 1 组数据为过量空气系数 λ 的数值，在 0.98~1.01 之间变化；第 2 组数据为宽带型氧传感器的氧电池单元的信号电压（端子 T6w/6 与 T6w/2 之间），在 0.45V 左右。

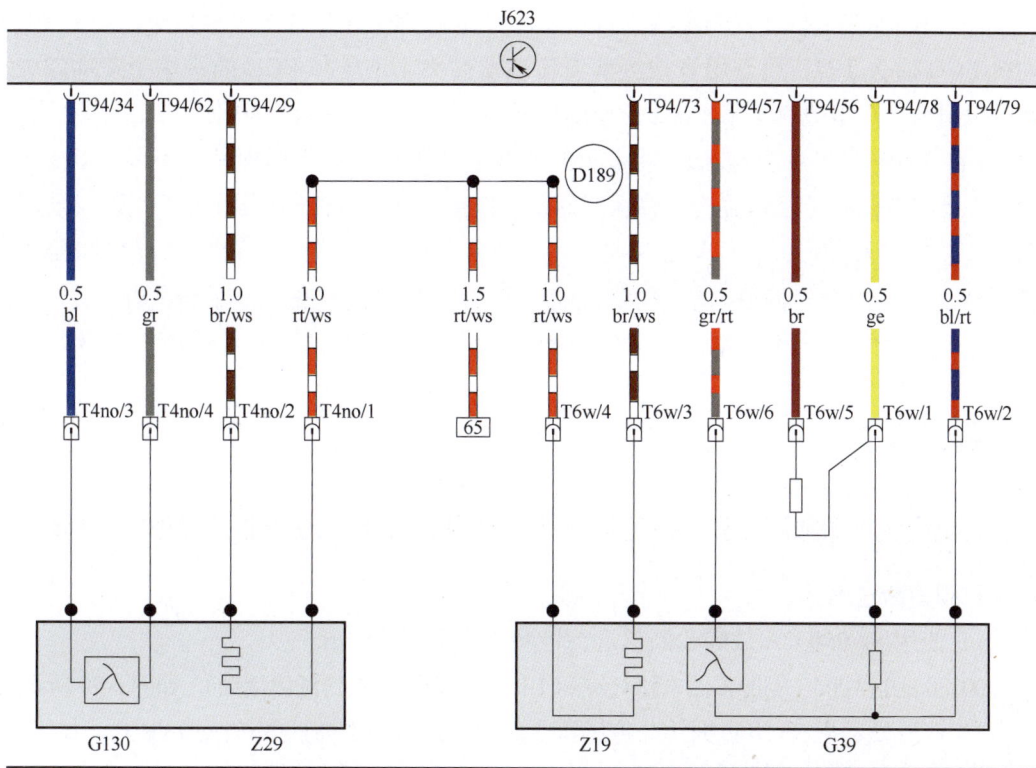

▲ 图 4-19 大众迈腾 1.8TSI 发动机氧传感器连接电路

（2）检测传感器信号 将点火开关置于 OFF 位置，将无损探针分别插入前氧传感器 G39 的端子 T6w/6、T6w/2 上，起动发动机并运转至工作温度，用万用表检测端子 T6w/6 与 T6w/2 之间的信号电压，电压值应在 0.45V 左右。将点火开关置于 OFF 位，将无损探针插入前氧传感器的 G39 的端子 T6w/5 上，起动发动机并运转至工作温度，用万用表检测端子 T6w/5 与搭铁之间的电压，怠速时信号电压值应在 2.2~2.8V 之间变化，若无电压输出，说明前氧传感器或相关电路存在故障。

（3）检测传感器与发动机之间电路

1）检测加热器电源。将点火开关置于 OFF 位，拔下前氧传感器插头，点火开关置于 ON 位，用万用表检测前氧传感器插头端子 T6w/4 与搭铁之间的电压，电压为 12V 左右。若无电压，则继续检测供电电路。

2）检测信号线。将点火开关置于 OFF 位，拔下前氧传感器插头，点火开关置于 ON 位，用万用表检测前氧传感器插头端子 T6w/6 与搭铁之间的电压，电压应为 2.94V 左右。用万用表分别检测前氧传感器插头端子 T6w/5、T6w/1 与搭铁之间电压，电压均为 2.83V 左右。用万用表检测前氧传感器插头端子 T6w/2 与搭铁之间电压，电压应为 2.50V 左右。若无电压值，则继续检测端子至发动机 ECU 的相应电路是否正常。

3）检测传感器加热器电阻。将点火开关置于 OFF 位，拔下前氧传感器插头，用万用表检测前氧传感器插头端子 T6w/3 与 T6w/4 之间的电阻值，电阻值应为 3.7Ω 左右。若电阻值无穷大，说明加热器或电路存在故障。

4）检测传感器微调电阻。将点火开关置于 OFF 位置，拔下前氧传感器插头，用万用表检测前氧传感器插头端子 T6w/1 与 T6w/5 之间的电阻值，电阻值应为 108Ω 左右。若电阻值无穷大，说明传感器存在故障。

【课堂互动】

5）检测加热器搭铁控制电路。将点火开关置于OFF位，拔下前氧传感器插头与发动机ECU插头T94，用万用表检测前氧传感器插头T6w/3与ECU插头端子T94/73之间的电阻值，电阻值应小于1Ω。若电阻值无穷大，说明电路存在断路故障。

（4）检测传感器信号波形　将点火开关置于OFF位，将无损探针插入端子T6w/5，起动发动机并运行至工作温度，将示波器正极连接探针，负极连接搭铁，用示波器观察前氧传感器信号波形，该信号反映混合气稀浓状况，以2.5V为电压中位，信号电压低于2.5V，说明混合气偏浓；信号电压高于2.5V，说明混合气偏稀；混合气在理论空燃比附近，信号电压约为2.5V。通过检测确定故障点后，按照维修手册要求修复故障。

【案例分析】

发动机尾气排放故障灯亮——迈腾B7L后氧传感器G130电路故障诊断与排除

故障诊断过程：

1）使用VAS5052A故障诊断仪进行检测，故障存储如下：

00320 P0140 000（氧传感器电路气缸列1传感器2未检测到任何活动），如图4-20所示。

2）读取发动机36组数据块。传感器2数据（传感器2即后氧传感器G130）如下：第一区：0.47V；第二区：气缸列1传感器2不正常，如图4-21所示。

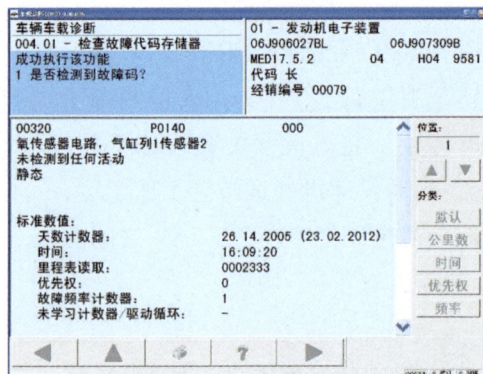

▲ 图4-20　使用VAS5052A进行电脑检测故障存储

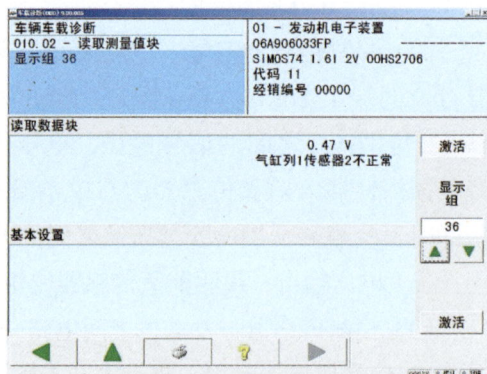

▲ 图4-21　发动机36组数据块传感器2数据

3）实车加速正常和前氧传感器工作正常，参照以上故障记录和数据块分析可能的故障原因：G130故障、G130线路故障和发动机ECU问题（ECU问题概率较低）。

4）根据电路图分析检查。测量J623 T94/34与G130 T4no/3之间电路正常，J623 T94/62与G130 T4no/4之间电路正常。检查插头J623 T94和G130 T4no正常，外观和插头头、尾部接触均未发现异常。

5）替换氧传感器G130后试车，故障依旧。

6）重新分析故障，怀疑T4no插头内部故障。使用线束维修专用工具打开G130 T4no/3和T4no/4端子，T4no/3端子正常，T4no/4端子内部口部较紧，内部间隙大，如图4-22所示。

7）修复T4no/4端子，安装试车，故障排除。

故障原因分析：

由于插头T4no内部T4no/4端子接触不良导致G130不能正常工作，发动机尾气排放故障灯亮。

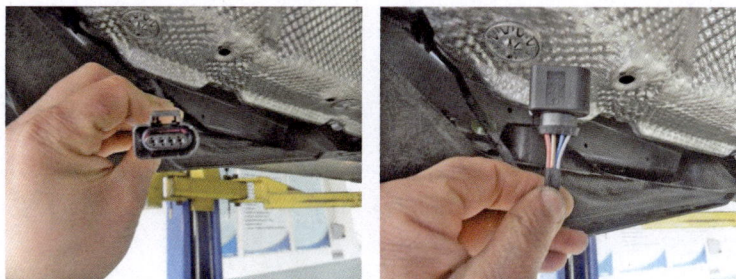

▲ 图 4-22 插头 T4no 与端子

【任务巩固】

1. 填空题

1）影响 TWC 转换效率的最大因素有＿＿＿＿＿和＿＿＿＿＿。

2）在闭环控制过程中，当实际的空燃比小于理论空燃比时，氧传感器向 ECU 输入的电压信号一般为＿＿＿＿＿。

3）在三元催化转化器前、后各装一个氧传感器的目的是＿＿＿＿＿。

4）三元催化剂是＿＿＿＿＿的混合物。

5）TWC 是利用转化器中＿＿＿＿＿将有害气体变为无害气体。

6）氧传感器失效一般有两种原因：一是＿＿＿＿＿；二是＿＿＿＿＿。

2. 判断题

1）测试尾气时，必须把分析仪的采样管插到三元催化转化器的上游。　　（　　）

2）催化转化器工作时的氧化反应会产生大量的热。　　（　　）

3）二氧化锆式氧传感器输出特性是在空燃比 14.7 附近有突变。　　（　　）

4）一般氧传感器安装在排气管处，三元催化装置安装前面。　　（　　）

5）三元催化转化器必须定期进行维护，延长其使用寿命。　　（　　）

6）催化转化器发生破裂、失效时，会造成发动机动力性下降。　　（　　）

7）三元催化转化器的工作正常与否可以用废气分析仪来测试。　　（　　）

8）在使用三元催化转化器来降低排放污染的发动机上，氧传感器是必不可少的。

（　　）

9）氧传感器失效时，会导致混合气过稀，不会导致混合气过浓。　　（　　）

10）发动机温度过高不会损坏三元催化转化器。　　（　　）

11）空燃比反馈控制的前提是氧传感器产生正常信号。　　（　　）

12）发动机的排气温度大于 815℃时，TWC 转换效率下降。　　（　　）

13）当氧化锆式氧传感器内、外侧氧浓度差小时，两电极产生的是高电压（约 1V）。

（　　）

14）氧化锆式氧传感器输出信号的强弱与工作温度无关。　　（　　）

15）在对车辆做排放检测前，一定要对发动机进行充分的预热。　　（　　）

3. 问答题

氧传感器信号的检测内容有哪些？

任务四　燃油挥发控制系统检测

【任务目标】

★ **知识目标：**

　　1. 了解汽油蒸气排放（EVAP）控制系统的结构组成及其功能。

　　2. 熟悉电控 EVAP 控制系统工作过程。

◆ **技能目标：**

　　掌握 EVAP 控制系统的使用与基本检修方法。

✿ **素养目标：**

　　1. 与小组成员合作交流，培养团队精神。

　　2. 养成规范作业的良好习惯，培养责任担当和安全意识。

　　3. 严格执行 7S 现场管理。

【基本理论知识】

　　为了防止燃油箱向大气排放燃油蒸气而污染大气环境，在发动机控制系统中包含了汽油蒸气排放（EVAP）控制系统。

一、EVAP 控制系统的主要功能

　　EVAP 控制系统的功能是收集燃油箱内蒸发的汽油蒸气，并将汽油蒸气导入气缸参加燃烧，从而防止汽油蒸气直接排入大气而造成燃料的浪费与环境的污染。同时，它可以根据发动机工况，控制导入气缸参加燃烧的汽油蒸气量，使发动机处于最佳的运行状态。

二、EVAP 控制系统的组成与工作原理

　　采用燃油蒸气的控制可减少大气中的 HC 并节约燃料。EVAP 控制系统一般分为机械式控制系统和电子式控制系统，如图 4-23 和图 4-24 所示。

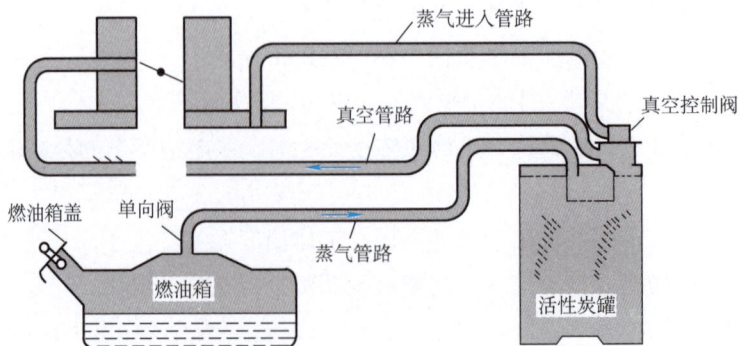

▲ 图 4-23　机械式 EVAP 控制系统

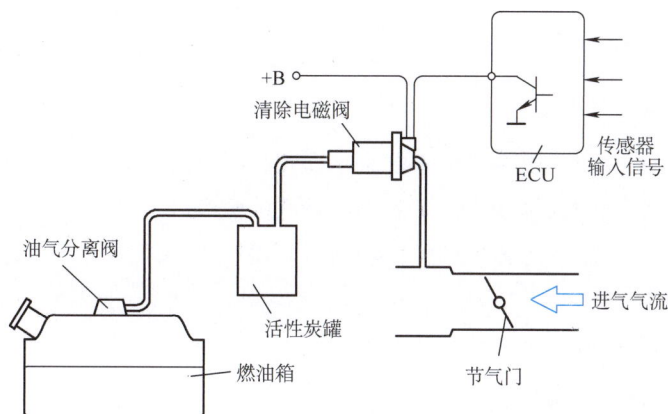

▲ 图 4-24 电子式 EVAP 控制系统

【课堂互动】

一般发动机控制模块使消除电磁阀开启，应考虑哪些工作条件？

　　早期的 EVAP 控制系统多是利用真空进行控制，现在基本上都是采用 ECU 进行控制。常见的比较简单的 EVAP 控制系统如图 4-25 所示。它主要由燃油箱、油气分离阀、活性炭罐、消除电磁阀和 ECU 组成。油箱的燃油蒸气通过单向阀进入活性炭罐，活性炭罐有 1 个出口，经软管与发动机进气歧管相通。软管中部有 1 个常闭的清除电磁阀，以控制管道的通断。当发动机运转时，如果消除电磁阀开启，则在进气管的真空吸力作用下，空气从炭罐下部进入，经炭罐上部进入进气管，使吸附在活性炭表面的汽油分子重新蒸发，随新鲜空气一起被吸入发动机气缸燃烧。常见的电控 EVAP 控制系统典型布置如图 4-25 所示。

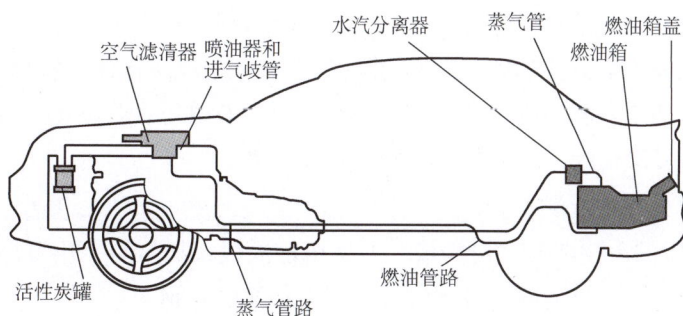

▲ 图 4-25 电控 EVAP 控制系统典型布置

　　在部分电控 EVAP 控制系统中，活性炭罐上不设真空控制阀，而将受 ECU 控制的电磁阀直接装在活性炭罐与进气管之间的吸气管中，如图 4-26 所示。韩国现代轿车装用的电控 EVAP 控制系统的控制方式是：ECU →清污电磁阀→进气歧管吸入燃油蒸气。

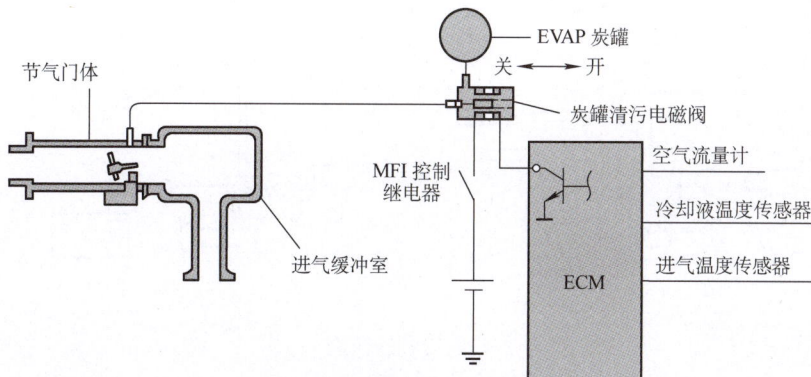

▲ 图 4-26 电控 EVAP 控制系统

对燃油蒸发控制系统的故障，微机一般不能自行诊断，只能采用就车检测和单件检测方法来查找。

　【任务实施】

1. 目的与要求

1）掌握 EVAP 控制系统一般维护的基本操作。

2）熟悉就车检测的基本操作，了解就车检测的意义。

3）掌握 EVAP 控制系统各单件的检测内容与操作方法。

2. 设备与器材

1）各类型轿车或发动机实验台架若干。

2）数字万用表，手动真空泵。

3. 内容与步骤

（1）一般维护　经常检查管路是否漏气，滤芯是否堵塞，炭罐壳体有无裂纹，每行驶 20000km 应更换活性炭罐底部的进气滤芯。

（2）就车检测

1）将发动机预热至正常工作温度，并使之怠速运转。

2）拔下蒸气回收罐上的真空软管，检查软管内有无真空吸力。若燃油蒸发控制系统工作正常，在发动机怠速运转中电磁阀应关闭、真空软管内无真空吸力，如图 4-27a 所示。如果此时真空软管内有真空吸力，则用万用表检查电磁阀线束插接器端子上是否有电压。若电磁阀线束插接器端子上有电压，说明微机有故障；若无电压，则说明电磁阀有故障。

3）踩下加速踏板，当发动机转速大于 2000r/min 时，检查上述真空软管内有无真空吸力。若真空软管内有真空吸力，则说明该系统工作正常；若真空软管内无真空吸力，则用万用表电压档检查电磁阀线束插接器端子上是否有电压。若电压正常，说明电磁阀有故障；若电压异常，则说明微机或控制电路有故障。

（3）电磁阀的单件检测

1）检查电磁阀电磁线圈的电阻值。拔下电磁阀线束插接器，用万用表测量电磁阀电磁线圈的电阻值。电阻值应符合规定，否则应更换电磁阀。

2）检查电磁阀的工作。拆下电磁阀，首先向电磁阀内吹气，电磁阀应不通气。然后将蓄电池电压加到电磁阀插接器的两端子上，如图 4-27b 所示，并同时向电磁阀内吹气，此时电磁圈子应通气。如果电磁阀的状态与上述情况不符，则电磁阀有故障，应更换。

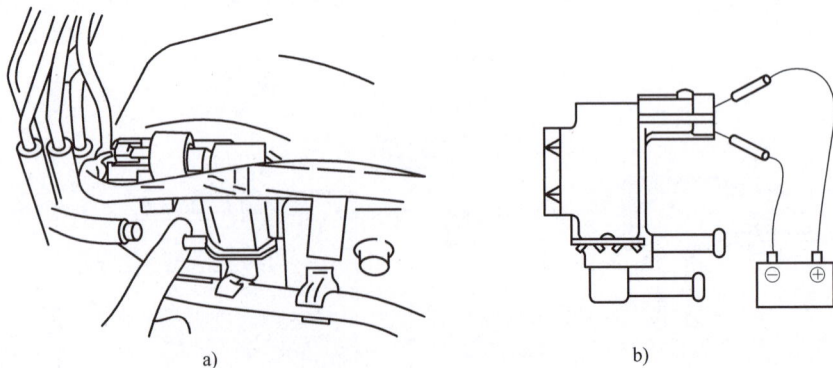

a)　　　　　　　　　　　　　　　　　　　b)

▲ 图 4-27　电磁阀的检查

a）就车检测　b）单件检测

（4）真空控制阀的检查　拆下真空控制阀，用手动真空泵对真空控制阀施加 5kPa 的 **【课堂互动】** 真空度，从活性炭罐侧孔吹入空气应畅通；不施加真空度，吹入空气则不通，如图 4-28 所示。

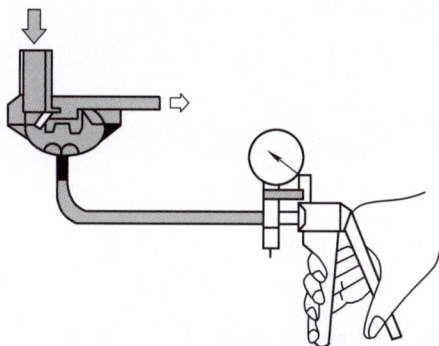

▲ 图 4-28　真空控制阀的检查

【任务巩固】

1. 填空题

1）EVAP 是_____的缩写。

2）常见的比较简单的 EVAP 控制系统主要有_____。

2. 判断题

1）活性炭罐受 ECU 控制，在各种工况下都工作。　　　　　　　　　　　（　　）

2）在所有的 EVAP 系统中，活性炭罐上都设有真空控制阀。　　　　　　（　　）

3）燃油蒸气的主要有害成分是 HC。　　　　　　　　　　　　　　　　（　　）

3. 问答题

EVAP 控制系统的检测内容有哪些？

项目五

进气与增压控制

【课堂互动】

【学习目标】

1. 掌握进气控制系统的类型与工作原理。
2. 掌握增压系统的结构和工作原理。
3. 能够识别进气与增压控制系统的零部件。
4. 能够对废气涡轮增压系统进行检修。
5. 能够进行进气与增压控制系统的故障诊断与排除。

任务一　进气控制系统检修

【任务目标】

⭐ **知识目标：**
　　1. 知道进气控制系统的组成、功用。
　　2. 掌握可变气门正时技术、可变配气相位控制系统的工作原理。

🔘 **技能目标：**
　　1. 能识别发动机进气控制系统的零部件。
　　2. 能对进气控制系统中各类电磁阀进行检测。

🔘 **素养目标：**
　　1. 与小组成员合作交流，培养团队意识。
　　2. 养成规范作业的良好习惯，培养责任担当和安全意识。
　　3. 严格执行 7S 现场管理。

【基本理论知识】

什么是充气效率？它对发动机工作有何影响？

　　增加发动机的充气效率有利于混合气的燃烧，既降低燃烧废气的排放，又提高了燃油经济性、发动机的动力性。目前，各大汽车公司纷纷运用各种进气控制技术，以提高发动机的充气效率，从而提升动力，提高燃烧效率，主要有可变气门正时（VVT）技术、可变配气相位控制（VTEC）系统、可变进气歧管等。

一、可变气门正时（VVT）技术

可变气门正时技术可使配气相位根据发动机转速和工况的不同进行调节，高、低转速下都能获得理想的进、排气效率。虽然可变气门正时技术在各个厂商的称谓略有不同，但是实现的方式却大同小异。以丰田的 VVT-i 技术为例，其工作原理为由 ECU 协调控制，发动机各部位的传感器实时向 ECU 报告运转情况。由于在 ECU 中储存有气门最佳正时参数，所以 ECU 会随时对正时机构进行调整，从而改变气门的开启和关闭时间，提前、滞后或保持不变。

简单地说，VVT 技术就是通过在凸轮轴的传动端加装一套液力机构，如图 5-1 所示，内转子与凸轮轴相连，内转子在外转子的推动下旋转，同时内转子在油压的作用下可以实现一定范围内角度的提前和延后，也就相当于对气门的开启和关闭时刻进行了调整。

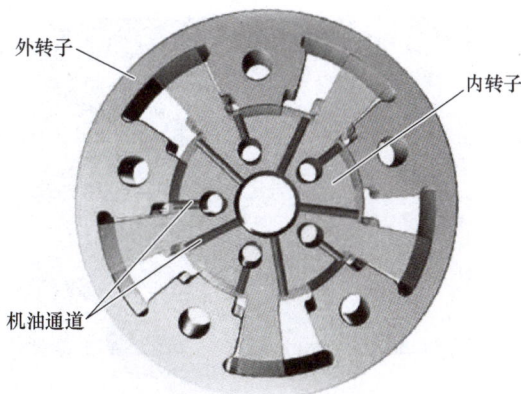

▲ 图 5-1　VVT 凸轮轴液压控制机构

二、可变配气相位控制（VTEC）系统

1. 对配气相位的要求

配气相位是指用曲轴转角表示的进、排气门开闭时刻和开启持续时间，主要包括进气门提前开启角、进气门迟后关闭角、排气门提前开启角、排气门迟后关闭角等。在发动机工作时，配气相位直接影响进排气过程进行的好坏，对发动机动力性、经济性有较大影响。即使同一台发动机，转速变化时，由于进气和排气时的气流惯性不同，为使发动机工作时进气更充分、排气更彻底，应随转速的提高适量增大进、排气门的提前开启角和迟后关闭角。

目前，汽车发动机一般都是根据性能的要求，通过试验来确定某一常用转速下较合适的配气相位。在装配时，对正配气正时标记，即可保证已确定的配气相位，且在发动机使用中，已确定的配气相位是不能改变的。发动机性能只有在某一常用转速下最好，在其他转速下工作时，发动机的性能相对较差。为解决上述问题，在汽车发动机上采用了可变配气相位控制机构。

日本本田公司生产的汽车发动机上，配备了可变配气正时（相位）及气门升程电子控制（Variable Valve Life Timing & Valve Electronic Control，VTEC）系统。

2. VTEC 机构的组成

VTEC 机构的组成如图 5-2 所示。同一缸的两个进气门有主、次之分，即主进气门和次进气门。每个进气门通过单独的摇臂驱动，驱动主进气门的摇臂称为主摇臂，驱动次进气门的摇臂称为次摇臂，在主、次摇臂之间装有一个中间摇臂，中间摇臂不与任何气门直接接触，3 个摇臂并列在一起组成进气摇臂总成。凸轮轴上相应有 3 个不同升程的凸轮分别驱动主摇臂、中间摇臂和次摇臂。凸轮轴上的凸轮也相应分为主凸轮、中间

【课堂互动】

查阅有关资料，了解其他进气控制的基本原理与工作过程。

凸轮和次凸轮。在凸轮形状设计上，中间凸轮的升程最大，次凸轮的升程最小，主凸轮的形状适合发动机低速时单气门工作的配气相位要求，中间凸轮的形状适合发动机高速时双进气门工作的配气相位的要求。

在正时活塞处于初始位置时，回位弹簧使正时片插入正时活塞相应的槽中，使正时活塞定位。

进气摇臂总成如图 5-3 所示，在 3 个摇臂靠近气门的一端均设有油缸孔，油缸孔中装有靠液压控制的活塞和弹簧。正时活塞一端的油缸孔与发动机的润滑油道连通，ECU 通过电磁阀控制油道的通、断。

▲ 图 5-2　VTEC 机构的组成

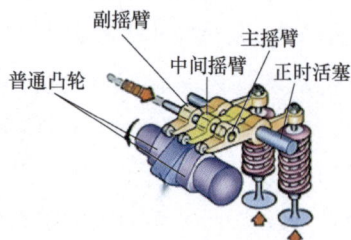

▲ 图 5-3　进气摇臂总成

VTEC 配气机构与普通配气机构相比，在结构上的主要区别是凸轮轴上的凸轮较多且升程不等，进气摇臂总成的结构复杂。排气门的工作情况与普通配气机构相同。

3. VTEC 机构的工作原理

可变配气相位控制系统的功能是根据发动机转速、负荷等变化来控制 VTEC 机构工作，改变驱动同一气缸两进气门工作的凸轮，以调整进气门的配气相位及升程，实现单进气门工作和双进气门工作的切换。

当发动机低速运转时，电磁阀不通电使油道关闭，机油压力不能作用在正时活塞上，在次摇臂油缸孔内的弹簧和阻挡活塞作用下，正时活塞和同步活塞 A 回到主摇臂油缸孔内，与中间摇臂等宽的同步活塞 B 停留在中间摇臂的油缸孔内，3 个摇臂彼此分离，如图 5-4 所示。此时，主凸轮通过主摇臂驱动主进气门；中间凸轮驱动中间摇臂空摆（不起作用）；次凸轮的升程非常小，通过次摇臂驱动次进气门微量开闭，其目的是防止次进气门附近积聚燃油。配气机构处于单进、双排气门工作状态，单进气门由主凸轮驱动。

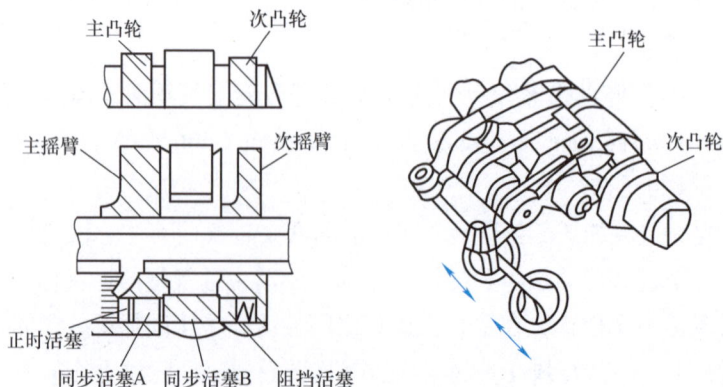

▲ 图 5-4　VTEC 机构低速运转状态

当发动机高速运转，且发动机转速、负荷、冷却液温度及车速达到设定值时，ECU
向 VTEC 电磁阀供电，使电磁阀开启，来自润滑油道的机油压力作用在正时活塞一侧，
由正时活塞推动两同步活塞和阻挡活塞移动，两同步活塞分别将主摇臂与中间摇臂、次
摇臂与中间摇臂插接成一体，成为一个同步工作的组合摇臂，如图 5-5 所示。此时，由
于中间凸轮升程最大，组合摇臂受中间凸轮驱动，两个进气门同步工作，进气门配气相
位和升程与发动机低速时相比，气门的升程、提前开启和迟后关闭角度均增大。

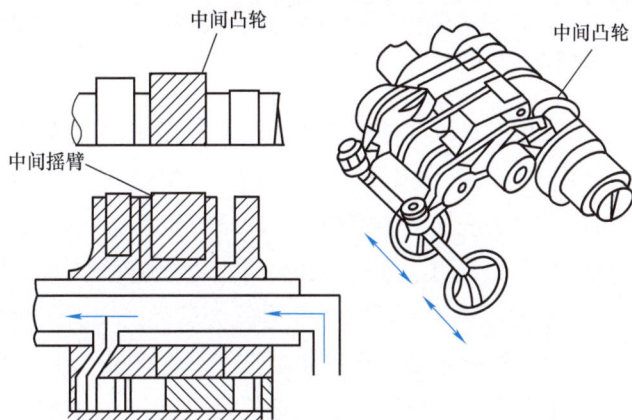

▲ 图 5-5　VTEC 机构高速运转状态

当发动机转速下降到设定值时，ECU 切断 VTEC 电磁阀电流，正时活塞一侧的油压
降低，各摇臂油缸孔内的活塞在回位弹簧作用下回位，3 个摇臂又彼此分离而独立工作。

4. VTEC 系统电路

VTEC 系统电路如图 5-6 所示。发动机 ECU 根据发动机转速、负荷、冷却液温度
和车速信号控制 VTEC 电磁阀。电磁阀通电后，通过压力开关给 ECU 提供一个反馈信
号，以便监控系统工作。

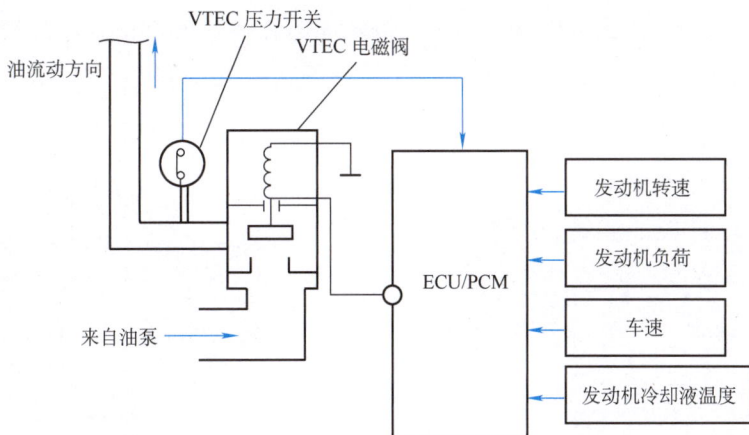

▲ 图 5-6　VTEC 系统电路

5. VTEC 系统的检修

在维修时，拆下 VTEC 电磁阀总成后，检查电磁阀滤清器。若滤清器有堵塞现象，
应更换滤清器和发动机润滑油。电磁阀密封垫一经拆下，必须更换新件。拆开 VTEC 电
磁阀，用手指检查阀的运动是否自如，若有发卡现象，应更换电磁阀。

发动机不工作时，拆下气门室罩盖，转动曲轴分别使各缸处于压缩上止点位置，用

手按压中间摇臂，应能与主摇臂和次摇臂分离单独运动。用专用堵塞堵住油道减压孔，拆下油压检查孔处的密封螺栓，通入压力为 400kPa 的压缩空气，用手推动正时片端部使其向上移动 2~3mm。当转动曲轴使气缸内活塞处于压缩上止点位置，3 个摇臂并列平行时，从 3 个摇臂的缝隙中观察同步活塞的结合情况，同步活塞将 3 个摇臂连接为一体，用手按压中间摇臂应不能单独运动；当停止输入压缩空气时，再推动正时片使其向上移动，摇臂内的同步活塞应迅速回位。进气摇臂总成的工作情况若不符合上述要求，应分解检查摇臂总成，必要时成组更换进气摇臂。

三、可变进气歧管

可变进气歧管技术就是通过改变进气管的长度和截面积，提高燃烧效率，使发动机在低转速时更平稳、转矩更充足，高转速时更顺畅、功率更大。进气歧管一端与进气门相连，另一端与进气总管后的进气谐振室相连，每个气缸都有一根进气歧管。发动机在运转时，进气门不断地开启和关闭，进气门开启时，进气歧管中的混合气以一定的速度通过进气门进入气缸，当气门关闭时混合气受阻就会反弹，周而复始会产生振动频率。如果进气歧管很短，显然这种频率会更快；如果进气歧管很长，这个频率就会变得相对慢一些。如果进气歧管中混合气的振荡频率与进气门开启的时间达到共振，此时的进气效率显然是很高的。因此可变进气歧管在发动机高速和低速时都能提供最佳配气。

1. 变长度

汽车用四冲程发动机的活塞往复两次循环才算完成一个工作循环，进气门只有 1/4 时间打开，这样在进气歧管内造成一个进气脉冲。发动机转速越高，气门开启间隔就越短，脉冲频率也就越高。简单地说，进气歧管的振动就越大。

通过改变进气歧管长度，可改进气流的流动。进气歧管被设计成蜗牛一般的螺旋状，分布在发动机缸体中间，气流从中部进入。当发动机在 2000r/min 低转速运转时，如图 5-7 所示，此时控制阀关闭，气流被迫从长歧管流入气缸，此时，进气歧管的固有频率降低，以适应气流的低转速。当发动机转速上升到 5000r/min，进气频率上升，如图 5-8 所示，此时控制阀开启，气流绕开下部导管直接注入气缸，这降低了进气歧管的共振频率，利于高速进气。

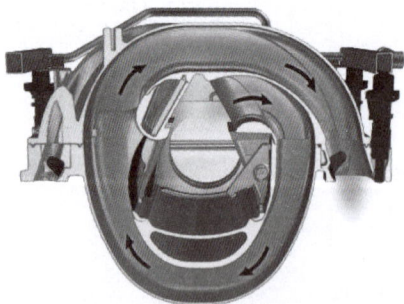

▲ 图 5-7　低转速时进气歧管变长　　　　▲ 图 5-8　高转速时进气歧管变短

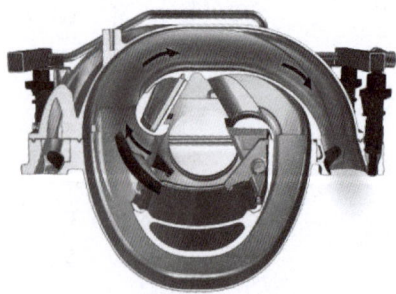

上面这种方式结构简单，但是只有二级可调，这显然不能完全满足各个转速下发动机的进气需求。解决的办法是设计一套连续可变进气歧管长度的机构。宝马的进气机构中间设计了一个转子来控制进气歧管的长度，通过转子角度的变化，使进气气流进入气缸的长度连续可变。这显然更能满足各个转速下的进气效率，动力输出更加线性，转矩

分布更加均匀，燃油经济性更加优秀。

2. 变截面

根据流体力学的原理，管道的截面积越大，流体压力越小；管道截面积越小，流体压力越大。发动机需要一套机构，在高转速时使用较大的进气歧管截面积，提高进气流量；在低转速时使用较小的进气歧管截面积，提高气缸的进气负压，也能在气缸内充分形成涡流，让空气与汽油更好地混合。如图 5-9 所示，以四气门发动机为例，二进二排设计，其中一个进气管带有气阀，该气阀受到 ECU 的直接控制。当发动机低转速运转时，需要进气歧管截面积小，这时可以关闭气阀，使两个进气门只有一个能够进气，这相当于减少了一半的截面积。同样，发动机高转速运转，气阀在 ECU 控制下开启，两个进气门同时工作，这相当于加大了截面积。

▲ 图 5-9　带有气阀的进气管

【任务实施】

1. 目的与要求

1）理解进气控制系统的控制原理。

2）能够运用相应的仪器和工具对进气系统进行检测和维修。

2. 设备与器材

实验车辆或发动机、万用表、诊断仪、常用工具、汽车维修手册。

3. 内容与步骤

大众 APS/ATX2.4L V6 可变进气歧管控制系统进气歧管转换电磁阀 N156 控制电路如图 5-10 所示。电磁阀由燃油泵继电器 J17 供电，另一端由 ECU 控制。

可变进气歧管控制系统的检修内容包括进气歧管转换系统功能的检查、真空系统密封性的检查、进气歧管转换电磁阀 N156 的检测等。

进行系统功能检查时，将故障诊断仪连接到诊断座上，起动发动机，选择显示组 95（怠速时进气歧管切换）读取数据流。怠速及小负荷时，显示区 4 的规定值应为 SU-V ASU（进气歧管转换阀关）。将转速提高到约 4000r/min 时，注意观察显示区 4 的显示，进气歧管转换功能应开始工作。

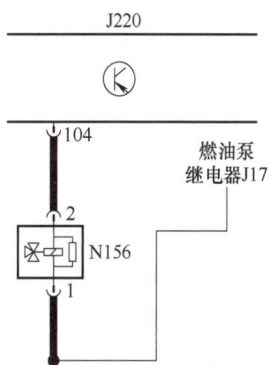

▲ 图 5-10　进气歧管转换电磁阀 N156 控制电路

检查真空系统密封性时，拔下真空驱动器上的真空管，将手动真空泵接到真空驱动器上，操纵手动真空泵并注意转换过程。只要手动真空泵在起作用，真空驱动器就不应回到原位。否则，更换真空驱动器。如果真空驱动器未拉紧，则检查真空管有无破损、泄漏。

进气歧管转换电磁阀 N156 的检测包括工作情况的检查、电源电压的检测、电磁阀线圈电阻的检测等。

（1）检查工作情况　起动发动机并怠速运转 2~3min（以便产生真空），关闭点火开关。拔下进气歧管转换电磁阀线束插头，用导线将线束插头上的端子 1 连接到蓄电池正极上，将端子 2 与蓄电池负极连接。此时，拔下真空管，向真空驱动器内吹气，进气歧管转换电磁阀应导通。插好真空管，真空驱动器中的膜片应处于拉紧状态。

（2）检测电磁阀线圈电阻　拔下进气歧管转换电磁阀线束插头，用万用表检测进气歧管转换电磁阀插座上的端子 1 和 2 之间的电阻值，其电阻值应为 25~35Ω。如果没有达到规定值，应更换进气歧管转换电磁阀。

（3）检测电源电压　拔下进气歧管转换电磁阀线束插头，起动发动机，检测进气歧管转换电磁阀线束插头端子 1 与搭铁之间的电压，其值应接近于 12V 的蓄电池电压。否则，检查进气歧管转换电磁阀与燃油泵继电器 J17 之间的电路及燃油泵继电器 J17。

（4）检查触发状况　关闭点火开关，将进气歧管转换电磁阀线束插头端子 2 的线束刺破，将发光二极管试灯接到电磁阀线束插头端子 2 与搭铁之间，插上进气歧管转换电磁阀线束插头。用故障诊断仪进行执行元件诊断（或短时起动发动机），触发进气歧管转换电磁阀时，发光二极管试灯应闪烁。如果二极管试灯一直亮着，则检测从进气歧管转换电磁阀线束插头端子 2 到 ECU 线束插头端子 104 之间的导线是否搭铁。如果二极管试灯不闪烁，则检查从进气歧管转换电磁阀线束插头端子 2 到 ECU 线束插头端子 104 之间的导线是否断路或正极短路。如导线既无断路也无短路，则更换发动机 ECU。

任务二　增压控制系统检修

【任务目标】

⭐ **知识目标：**

1. 知道增压控制系统的功能及类型。
2. 掌握废气涡轮增压控制系统的控制过程。

◆ **技能目标：**

1. 能识别发动机增压控制系统的零部件。
2. 能对进气与增压控制系统中各类电磁阀进行检测。

⬡ **素养目标：**

1. 与小组成员合作交流，培养团队意识。
2. 养成规范作业的良好习惯，培养责任担当和安全意识。
3. 严格执行 7S 现场管理。

【基本理论知识】

1. 增压控制系统的功能及类型

采用增压技术提高进气压力是提高发动机动力性和经济性的重要措施之一，尤其对在高原地区使用的车辆，更有意义。但汽油发动机的进气压力过高，容易产生爆燃。在

采用增压技术的发动机上，增压控制系统的功能是根据发动机进气压力的大小，控制增 【课堂互动】
压装置的工作，以达到控制进气压力、提高发动机动力性和经济性的目的。

根据增压装置使用的动力源不同，增压装置可分为废气涡轮增压和动力增压两种类型。前者利用发动机排出的废气能量驱动增压装置工作，后者利用发动机输出动力或电源驱动增压装置工作，目前多采用废气涡轮增压。废气涡轮增压器有旁通阀式涡轮增压器、可调叶片式涡轮增压器和带中冷式涡轮增压器 3 种，如图 5-11 所示。

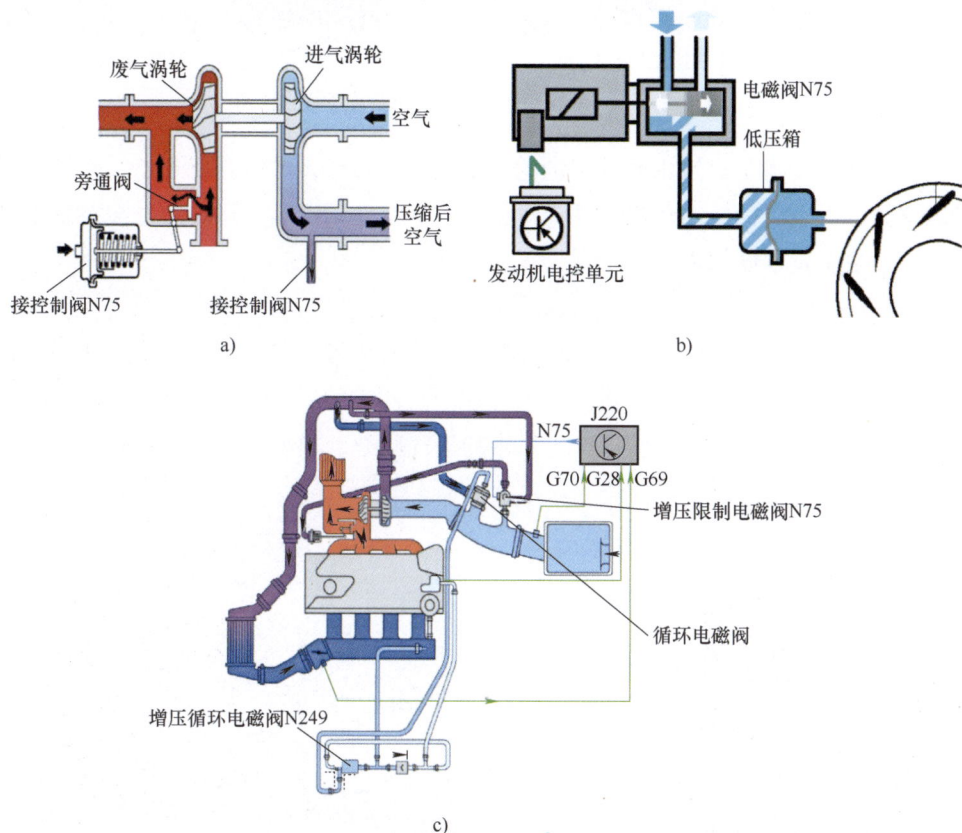

▲ 图 5-11　废气涡轮增压器常见类型
a）旁通阀式涡轮增压器　b）可调叶片式涡轮增压器　c）带中冷式涡轮增压器

2. 废气涡轮增压系统

涡轮增压器主要由涡轮机和压缩机两部分组成，通过一根传动轴连接。如图 5-12 所示，涡轮的进气口与发动机排气歧管相连，排气口与排气管相连；压缩机的进气口与进气管相连，排气口则接在进气歧管上。通过发动机排出的废气冲击涡轮高速运转，从而带动同轴的压缩机高速转动，强制将增压后的空气压送到气缸中。

涡轮增压主要是利用发动机废气的能量带动压缩机来实现对进气的增压，整个过程中基本不会消耗发动机的动力，拥有良好的加速持续性，但是在低速时涡轮不能及时介入，带有一定的滞后性。

3. 机械增压系统

机械增压器安装在发动机上并由传送带与发动机曲轴相连接，如图 5-13 所示。从发动机输出轴获得动力来驱动压缩机（增压器）的转子旋转，从而将空气增压吹到进气歧管里。

【课堂互动】

想一想：机械增压和涡轮增压有什么区别？

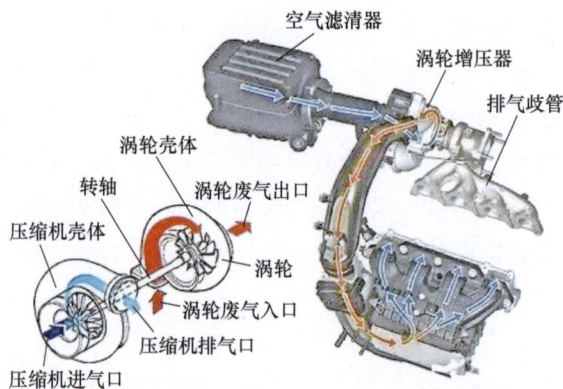

▲ 图 5-12　涡轮增压空气流动示意图

由于机械增压器是直接由曲轴带动的，发动机运转时，增压器就开始工作了。所以在低转速时，发动机的转矩输出表现十分出色，但在发动机高速运转时，会对发动机输出的动力造成一定程度的损耗。

4. 双增压系统

如图 5-14 所示，一台发动机上采用两个涡轮增压器，则称为双涡轮增压发动机。针对废气涡轮增压的迟滞现象，排气管上并联两只同样的涡轮，在发动机低转速时，较少的排气即可驱动涡轮高速旋转以产生足够的进气压力，减小涡轮迟滞效应。

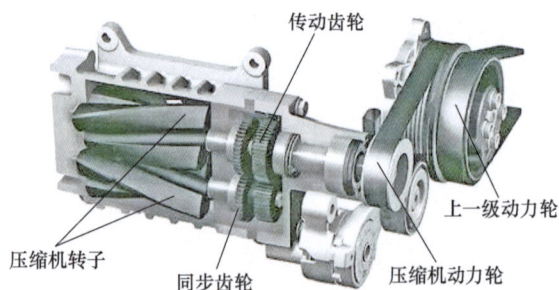

▲ 图 5-13　机械增压器的结构

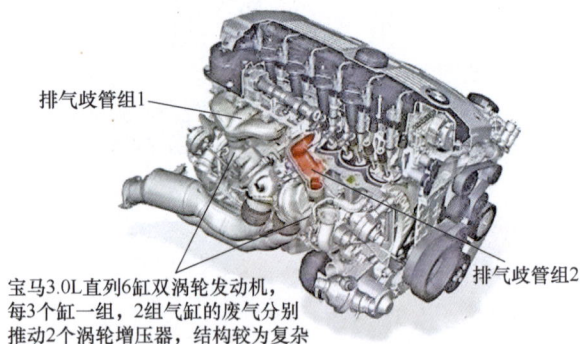

▲ 图 5-14　双涡轮增压发动机的结构

涡轮增压器在低转速时有迟滞现象，但高速时增压值大，发动机动力提升明显，而且基本不消耗发动机的动力；而机械增压器是发动机运转直接驱动涡轮，没有涡轮增压的迟滞，但是损耗部分动力、增压值较低。一旦把它们结合一起就可以优势互补了。

大众高尔夫 GT 上装备的 1.4L TSI 发动机采用涡轮增压器和机械增压器双增压系统。其将机械增压器安装到发动机进气系统上，涡轮增压器安装在排气系统上，从而保证发动机在低速、中速和高速时都能有较好的增压效果。发动机在较低转速下运行时，由机械增压器提供绝大部分的增压压力，发动机输出功率的增加主要来自机械增压系统，此时涡轮增压器由于"涡轮迟滞"增压效果并不明显。发动机转速上升到 1500r/min 时，涡轮增压器的增压效果开始增强，并与机械增压器共同为发动机功率的增加提供所需的增压压力。随着转速的不断提高，涡轮增压器的增压效果不断增强，与此同时，机械增压器的增压效果开始逐渐减弱。当发动机转速超过 3500r/min 时，由涡轮增压器提供全部的增压压力，发动机输出功率的增加全部来自涡轮增压系统，此时机械增压器已经停止工作，以防止消耗发动机功率。

双增压系统发动机很好地解决了机械增压系统燃油经济性较差和涡轮增压系统在低转速时容易产生"涡轮迟滞"现象的问题，但是，由于双增压系统结构复杂，不易与发动机匹配，对于发动机零部件的制造要求也较高，因此，目前只在某些车型上被应用。

无论哪种增压方式，增压后的空气都要送到中冷器去降温（增压等于对空气做功，气压增加到 1bar（$\times 10^6$Pa）的时候温度会升到 80℃左右，温度上升后空气体积会增大，同体积时进入燃烧室的空气质量减少，对增压不利，所以要用中冷器进行冷却），过高的气压会在泄压阀被放掉，所以有时可以听到涡轮增压汽车上有"吱吱"的泄气声，增压后的空气最终被送入燃烧室。

【任务实施】

1. 目的与要求

1）理解涡轮增压控制系统的控制原理。

2）能够运用相应的仪器和工具对涡轮增压进气系统进行检测和维修。

2. 设备与器材

实验车或发动机、万用表、诊断仪、常用工具、汽车维修手册。

3. 内容与步骤

大众 CEA 1.8TSI 发动机废气涡轮增压系统主要由发动机电控单元 J623、增压压力传感器 G31、废气旁通电磁阀（增压压力限制电磁阀）N75、废气旁通阀执行器、废气旁通阀、进气旁通电磁阀 N249、进气旁通阀执行器、真空罐以及连接管路等组成。其中，进气旁通电磁阀 N249 能在发动机转速较高而驾驶人突然松开加速踏板时防止产生压力波动、增压过度和涡轮转速下降的现象。

大众 CEA 1.8TSI 发动机增压压力传感器 G31、废气旁通电磁阀 N75、进气旁通电磁阀 N249 与 ECU 的连接电路如图 5-15 所示。

（1）基本检查　检查废气涡轮增压器的外壳，应无因过热、咬合变形或其他损伤而产生的裂纹。检查废气涡轮增压装置的进油管和回油管，应无堵塞、压瘪、变形或其他损坏。检查所有的管路，应连接牢固，无泄漏、老化等。

起动发动机并怠速运转 5min，急踩加速踏板使发动机转速迅速升高至 5000r/min，废气旁通阀执行器的推杆应能正常移动，无卡滞现象。

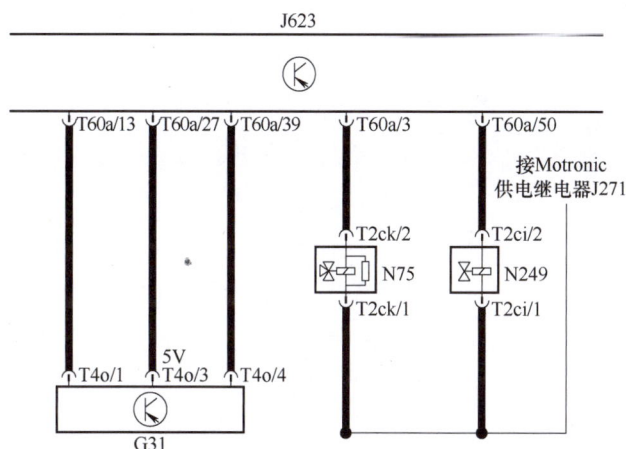

▲ 图 5-15　大众 CEA 1.8TSI 发动机废气涡轮增压系统与 ECU 的连接电路

（2）用故障诊断仪检测增压压力　将故障诊断仪连接到诊断座上，起动发动机，读取显示组 115 的数据流。怠速时，显示区 3 的目标增压压力为 300~390mbar（30~39kPa），显示区 4 的实际增压压力为 990mbar（99kPa）。当发动机转速为 3000r/min 时，显示区 3 目标增压压力为 600~700mbar（60~70kPa），显示区 4 的实际增压压力为 1600~1700mbar（160~170kPa）。

（3）增压压力传感器的检测　增压压力传感器 G31 安装在涡轮增压器之后、节气门之前的进气管路上，用于检测涡轮增压器的增压压力，以便涡轮增压系统对增压压力进行闭环控制。

当增压压力传感器损坏时，由于不能准确检测增压压力，一方面发动机 ECU 无法正确地计算出每个工作循环气缸吸入的空气流量，从而导致喷油量、喷油时刻和点火提前角错误，引发发动机怠速发抖、喘振、加速无力、排放超标等故障现象。另一方面，在发动机的增压工况，发动机 ECU 无法将增压压力调节到发动机工况相适应的目标值，增压压力过高有可能损坏发动机。

1）检测电源电压。关闭点火开关，拔下增压压力传感器 G31 线束插头 T4o。接通点火开关，用万用表检测传感器线束插头 T4o 端子 3（电源端）和端子 1（搭铁端）之间的电压，电压值应约为 5V。否则，检查传感器线束是否断路、短路和虚接，检查 ECU 是否损坏。

2）检测电路导通性。关闭点火开关，拔下增压压力传感器 G31 线束插头 T4o、ECU 线束插头 T60a，用万用表检测传感器线束插头 T4o 端子 1 与 ECU 线束插头 T60a 端子 13 之间的导线电阻值，检测传感器线束插头 T4o 端子 3 与 ECU 线束插头 T60a 端子 27 之间的导线电阻值，检测传感器线束插头 T4o 端子 4 与 ECU 线束插头 T60a 端子 39 之间的导线电阻值，正常值均应小于 1.5Ω。若电阻值较大，说明该段导线存在虚接或断路。然后检查导线相互之间是否短路（不相接的导线间电阻值应为无穷大）。如果导线有短路、断路故障，则应修复或更换。

3）检测信号电压。关闭点过开关，将增压压力传感器 G31 线束插头 T4o 端子 4（信号端）、端子 1（搭铁端）的线束刺破，接好万用表表笔。插上传感器 G31 线束插头 T4o 和 ECU 线束插头 T60a，起动发动机，用万用表检测线束插头 T4o 端子 4 与 1 之间的传感器信号电压。当发动机怠速运转时，电压值应约为 1.9V，发动机急加速时电压值应在 2.0~3.0 之间变化。如果信号电压不符合上述要求，说明增压压力传感器 G31 故障，应更换。

（4）废气旁通电磁阀的检测　增压压力的调节由废气旁通电磁阀 N75 来完成，由发动机 ECU 根据各传感器的信号通过通断电进行控制。如图 5-16 所示，废气旁通电磁阀 N75 是一种两位三通电磁阀，其 3 个管接口分别通高压空气端（增压器下游）、低压空气端（增压器上游，相当于大气压力）和膜片式废气旁通阀执行器。当废气旁通电磁阀不通电时，电磁阀关闭，膜片式旁通阀执行器与低压空气端连接。当废气旁通电磁阀通电时，膜片式废气旁通阀执行器与高压空气端连通。

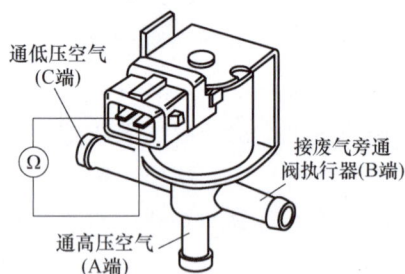

▲ 图 5-16　废气旁通电磁阀 N75 的检测

1）检测内部电阻。关闭点火开关，拔下废气旁通电磁阀 N75 线束插头 T2ck，用万用表检测电磁阀插头端子 1 与 2 之间的电阻值，其值应为 22~28Ω。如果电阻值与上述要求不符合，则应更换废气旁通电磁阀。

2）检测电源电压。废气旁通电磁阀 N75 由 Motronic 供电继电器 J271 供电。检测时，关闭点火开关，将废气旁通电磁阀线束插头 T2ck 端子 1（供电端）的线束刺破，在端子 1 和发动机搭铁之间连接发光二极管，插上废气旁通电磁阀线束插头 T2ck，短时起动发

动机，发光二极管应亮。如果发光二极管不亮，则应检查废气旁通电磁阀的供电电路是　　【课堂互动】

否短路或断路。

3）检测工作状态。将故障诊断仪连接到诊断座上，接通点火开关，进行执行元件检测，应能听到废气旁通电磁阀 N75 "咔嗒、咔嗒"的响声。

向软管接头吹气，检测废气旁通阀电磁阀打开和关闭的情况。直接给废气旁通电磁阀供给 12V 电源，不通电时 B 与 C 互通，通电时 A 与 B 应导通。

4）利用故障诊断仪读取数据流。将故障诊断仪连接到诊断座上，起动发动机，读取显示组 118 的数据流。怠速时，显示区 3 的读数为 2%。踩下加速踏板至节气门全开，显示区 3 的读数上升到 90%~100%，达到最大增压。当增压压力增大到目标压力时，显示区 3 的读数将下降至 65%~85%。当突然松开加速踏板时，显示区 3 的读数又回到 2%。

（5）进气旁通电磁阀的检测　进气旁通电磁阀 N249 能在发动机转速较高而驾驶人突然松开加速踏板时防止产生压力波动、增压过度和涡轮转速下降的现象。当汽车大负荷行驶时，如果突然松开加速踏板，节气门开度迅速减小，而涡轮转速仍然较高，若不加以控制，增压空气继续在进气管内流动，会产生气流噪声并有可能造成节气门和增压涡轮的损坏。当发生这种情况时，发动机 ECU 使安装在涡轮增压器上的进气旁通电磁阀 N249 通电而打开，阀体内的真空回路被接通，增压空气在管路中形成局部循环（图 5-17），从而可有效避免增压空气对节气门和增压涡轮的冲击，避免产生气流噪声。当进气旁通电磁阀 N249 由于电气故障或机械故障而常开时，会造成增压压力和发动机动力的损失，而无法打开时，则可能导致产生气流噪声，并有可能造成节气门和增压涡轮的损坏。

1）检测内部电阻。关闭点火开关，拔下进气旁通电磁阀 N249 线束插头 T2ei，用万用表检测电磁阀线束插头端子 1 和 2 之间的电阻值，其值应为 27~30Ω。如果电阻值与上述要求不符，则应更换进气旁通电磁阀。

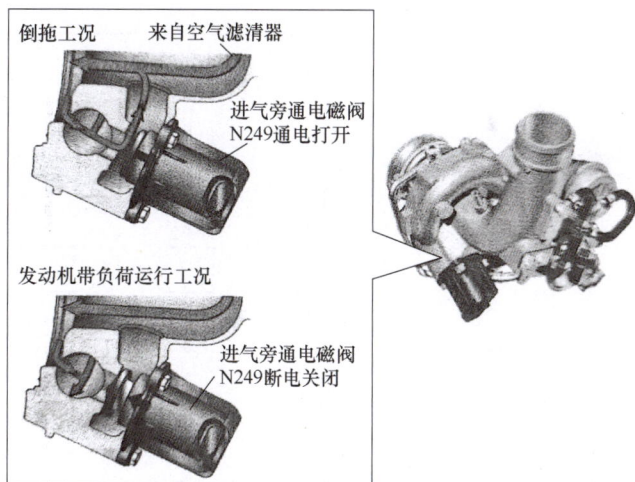

▲ 图 5-17　进气旁通电磁阀 N249 的工作情况

2）检测电源电压。与废气旁通电磁阀 N75 一样，进气旁通电磁阀 N249 由 Motronic 供电继电器 J271 供电。检测时，关闭点火开关，将进气旁通电磁阀线束插头 T2ci 端子 1（供电端）的线束刺破，在端子 1 和发动机搭铁之间连接发光二极管。插上进气旁通电磁阀 N249 线束插头 T2ci，短时起动发动机，发光二极管应亮。如果发光二极管不亮，则应检查进气旁通电磁阀的供电电路是否短路或断路。

3）工作状态检测。将故障诊断仪连接到诊断座上，接通点火开关，进行执行元件检测，应能听到进气旁通电磁阀 N249 "咔嗒、咔嗒"的响声。

4）利用故障诊断仪读取数据流。将故障诊断仪连接到诊断座上，起动发动机，读取显示组 114 的数据流。怠速时，显示区 4 的读数为 2%（进气旁通电磁阀 N249 断电关闭）。踩下加速踏板至发动机高速运转后突然松开加速踏板至节气门完全关闭时，显示区 4 的读数升高至 100%（进气旁通电磁阀 N249 通电打开），然后回落到 2%。

【课堂互动】　**【案例分析】**

案例分析1

故障现象： 迈腾B7L车速最高仅能达到80km/h，踩加速踏板无明显反应。

故障诊断过程：

1）用VAS5051诊断仪读取故障码，存有故障码"17957 P1549增压压力限制电磁阀-N75断路/对地短路"。故障可能原因：①线束或线束插接器故障；②增压压力限制电磁阀-N75故障。

2）进入发动机地址01-08-115组数据组第3、4区，查看数据流，见表5-1。

表5-1　第3、4区数据

工况	01-08-115-3 进气压力规定值	01-08-115-4 进气压力实际值
怠速	800mbar	800mbar
急加速	1600mbar	780mbar

01-08-115-4进气压力实际值正常车应该在1500mbar以上，而此车值为780mbar，没有增压效果。

无增压可能原因：①进气系统堵塞；②排气系统堵塞；③涡轮增压器失效。

3）将涡轮增压器压力单元的压力软管断开，故障依旧。

4）断开N75插头，电路图如图5-18所示，用万用表测量T2gx/1号线正常，为12.2V。检查插头和线束无异常。

互换涡轮增压压力限制阀-N75，故障依旧。

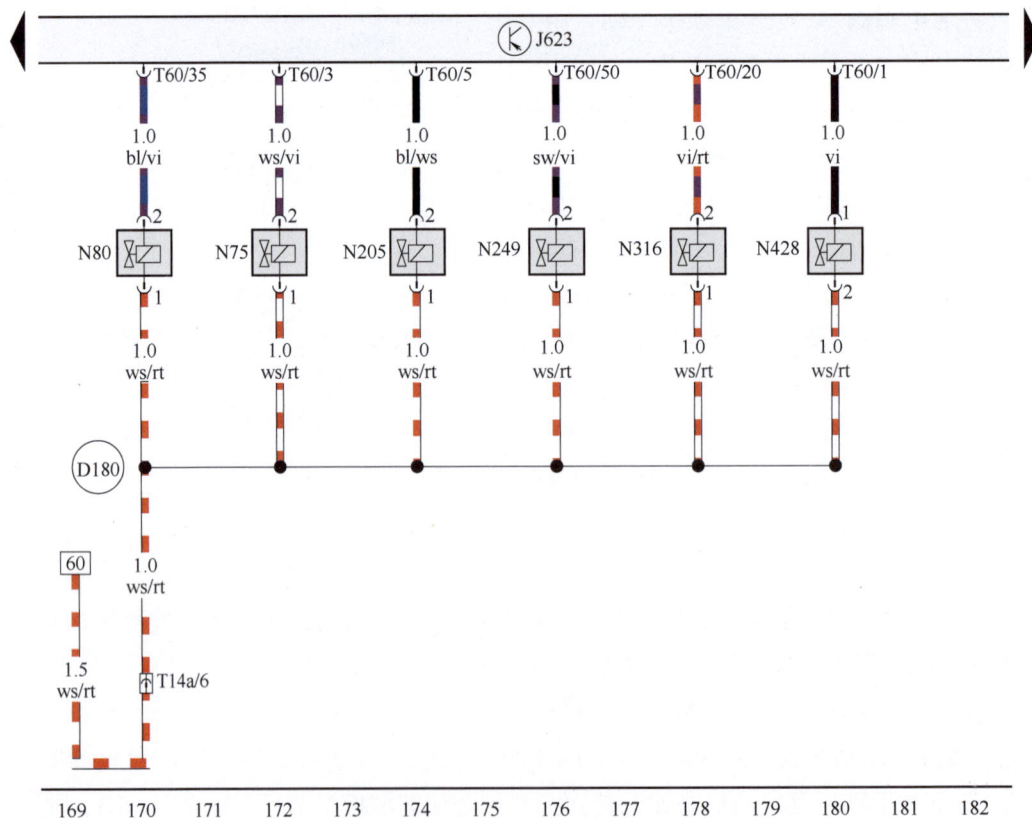

▲ 图5-18　N75插头电路

5）将空气滤清器、进气歧管、中冷器的连接拆开检查，未发现异物堵塞进气道。

【课堂互动】

6）拆下涡轮增压器空气循环阀 N249，插头电压为 12.2V，正常，对 N249 进行通电试验，能正常吸合。

7）拆除氧传感器，增加排气量，故障依旧，说明三元催化转化器未堵塞。

8）拆下涡轮增压器，经拆检发现废气侧涡轮轴的调节垫片断裂将废气侧涡轮轴卡死，废气涡轮不能转动，故无涡轮增压，如图 5-19、图 5-20 所示。

故障处理方法：更换涡轮增压器总成。

▲ 图 5-19　废气侧涡轮轴卡死

▲ 图 5-20　调节垫片断裂

案例点评及建议：

1）对于大众涡轮增压系列发动机，在维修动力不足故障的过程中，应注意涡轮增压器的故障，更要注意发动机相关数据流。

2）动力不足是维修站日常工作中常遇到的问题，维修过程中要依据实际的故障表现进行分析。

案例分析 2

故障现象：迈腾 B7L 行驶中加速无力，动机故障灯亮。

该车进店检查加油动力不足，最高车速只能到 120km/h，经试车，故障与客户描述相同，加速明显动力不足。

诊断与排除：因前部事故导致增压器开裂，增压器叶轮卡死增压器不工作。

用诊断仪 VAS6150 检查发动机查询故障码（图 5-21），根据故障含义得出以下几点：

1）增压管路漏气。

2）增压压力传感器损坏。

3）增压器损坏。

对以上 3 点逐一检查，增压管路连接良好无漏气现象，在检查增压管路时发现增压器与管路连接处磕碰变形，急加油时增压管路吸扁，因此怀疑是增压器叶轮卡死导致。经客户同意，拆解涡轮增压器检查，拆解完后发现增压器叶轮盖板变形、断裂，导致叶轮卡死，增压器不工作，如图 5-22 所示。

更换新的涡轮增压器并试车，故障排除。

故障原因分析：

因该车是事故车，发生事故时导致涡轮增压器叶轮盖板变形。

故障处理方法：更换新的涡轮增压器排除故障。

案例点评及建议：

在维修车辆故障时，建议查询车辆维护以及维修记录，对车辆维修历史进行充分了解，方便故障分析和诊断。

【课堂互动】

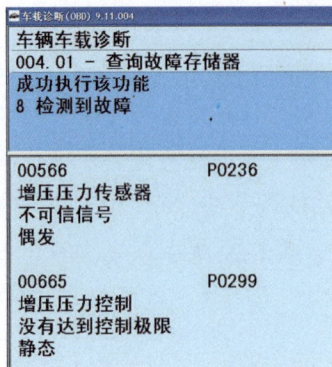

车载诊断(OBD) 9.11.004
车辆车载诊断
004.01 – 查询故障存储器
成功执行该功能
8 检测到故障

00566	P0236
增压压力传感器	
不可信信号	
偶发	

00665	P0299
增压压力控制	
没有达到控制极限	
静态	

▲ 图 5-21　故障码

▲ 图 5-22　增压器叶轮盖板

【任务巩固】

1. 填空题

1）在废气涡轮增压系统中，必须对增压压力进行控制，其目的是＿＿＿＿＿＿。

2）采用增压技术提高进气压力，是提高发动机＿＿＿＿＿性和＿＿＿＿＿性的重要措施之一。

3）根据动力源不同，增压装置可分为＿＿＿＿＿和＿＿＿＿＿两类。

2. 问答题

1）谐波进气增压控制系统中，压力波是如何产生的？

2）废气涡轮增压控制系统的工作原理是什么？

3）可变配气相位控制系统的功能是什么？

项目六

柴油机电控系统

【学习目标】

1. 了解电控柴油机的发展与分类。
2. 掌握柴油机电控系统的结构和工作原理。
3. 掌握电控泵喷嘴系统的组成与工作原理。
4. 掌握单体泵系统的组成与工作原理。
5. 掌握高压共轨系统的组成与工作原理。
6. 能够识别柴油机电控系统的主要零部件。
7. 能对电控柴油机的主要部件和总成进行检测。
8. 能对柴油机电控系统的故障进行诊断与排除。

任务一　认识柴油机电控系统

【任务目标】

⭐ 知识目标：

1. 了解柴油机电控技术的发展历程。
2. 掌握柴油机电控系统的工作原理和基本组成。
3. 理解电控柴油机的控制功能和控制模式。

🏷 技能目标：

1. 能识别柴油机电控系统的零部件。
2. 能判断电控柴油机的类型。

✿ 素养目标：

1. 与小组成员合作交流，培养团队意识。
2. 养成规范作业的良好习惯，培养责任担当和安全意识。
3. 严格执行7S现场管理。

【课堂互动】　**【基本理论知识】**

一、柴油机电控技术的发展历程

1. 传统柴油机燃油系统存在的问题

传统的柴油机燃油系统采用机械式喷射系统，可燃混合气形成具有以下特点。

（1）空间小、时间短　在压缩行程终了时，喷油过程只占 15°~30° 曲轴转角，使可燃混合气在狭小的燃烧室内形成，其过程是喷油—汽化—混合—燃烧，边喷油边燃烧。

対比：柴油机与汽油机相比，其着火方式有何不同？

（2）混合气不均匀、空燃比变化范围较大　混合气成分在燃烧室内分布很不均匀，在油雾喷射区的油粒多、混合气偏浓，其他区油粒少、混合气偏稀。为了完全燃烧，减少炭烟的产生，空气要过量 10%~40%，空燃比可达 16~20。各工况下一般只改变喷油量的多少，空燃比将在较大的范围内变化，造成大负荷工况时冒黑烟，怠速工况时过稀而熄火，还需加装结构复杂的调速器。

（3）边喷、边燃、成分不断变化　在空间方面，混合气浓区缺氧产生炭烟；稀区产生 NO_x。在时间方面，燃烧的前期氧多、油少，不易着火，延长了"备燃期"，造成压力升高率加大，振噪感加大；燃烧的后期氧少、废气多，燃烧条件恶化，排气冒黑烟。

可见，柴油机动力性、经济性、净化性和振噪感的好坏，取决于喷油压力、喷油时刻、喷油质量、喷油规律、空气量的多少、混合情况等多方面因素。其中"喷油时刻和喷油规律"与"燃烧过程"的精确匹配问题是机械式喷射系统无法解决的。

2. 汽车柴油机向环保电控方向发展

柴油机热效率高、功率范围宽、故障率低，是汽车的主要动力源。随着汽车应用领域的不断扩展，柴油机废气排放问题显得越来越突出。柴油机废气中包含有气态、液态和固态的污染物，其中 CO、HC、NO_x 及固体微粒（PM）的有害性较强。相对于汽油机而言，柴油机的 CO 和 HC 排放量较少，主要污染物是 NO_x 和 PM。

机械式喷射系统是如何控制喷油时刻和喷油规律的？（提示：提前角调节器和凸轮）

为了控制废气污染，许多国家都制定了相应的环保法规、污染物防治技术政策和污染物排放限值标准。

实践证明，对喷油量、喷油压力、喷油正时和喷油时间等指标进行 ECU 控制是解决柴油机排放、耗油等一系列问题的有效方法。所以在柴油机上应用电控技术成为必然趋势。目前柴油机电控系统已经经历了三个时代：第一代称为位置控制系统，它用电子伺服机构代替调速器控制供油滑套位置以实现供油量的调整；第二代称为时间控制系统，它通过控制快速响应电磁阀的开闭时刻来调节柴油机的喷油量和喷油正时；第三代称为时间 - 压力控制系统，它通过共轨压力和喷油压力 - 时间的综合控制，实现柴油机的各种复杂供油特性。

二、柴油机电控系统的基本组成和工作原理

対比：柴油机与汽油机电控系统的传感器有何异同？

与汽油机电控系统一样，柴油机电控系统由传感器、ECU 和执行器三部分组成。如图 6-1 所示，各种传感器输入信号，包括发动机转速、加速踏板位置、点火正时、正时活塞位置、喷油提前角、进气压力及温度、冷却液温度等通过输入装置输入 ECU（电控单元），ECU 将这些传感器实时检测到的柴油机运行参数与 ECU 中预先已经存储的参数值或参数图谱（称为 MAP 图）相比较，按其最

佳值或计算后的目标值把指令输送到执行器。执行器根据 ECU 指令控制喷油量（齿条位置或电磁阀关闭持续时间）和喷油正时（正时控制阀开闭或电磁阀关闭始点）。电控柴油喷射系统还可和整车传动装置的 ECU、ABS 的 ECU 及其他系统的 ECU 互通数据，从而实现整车的电子控制。

【课堂互动】

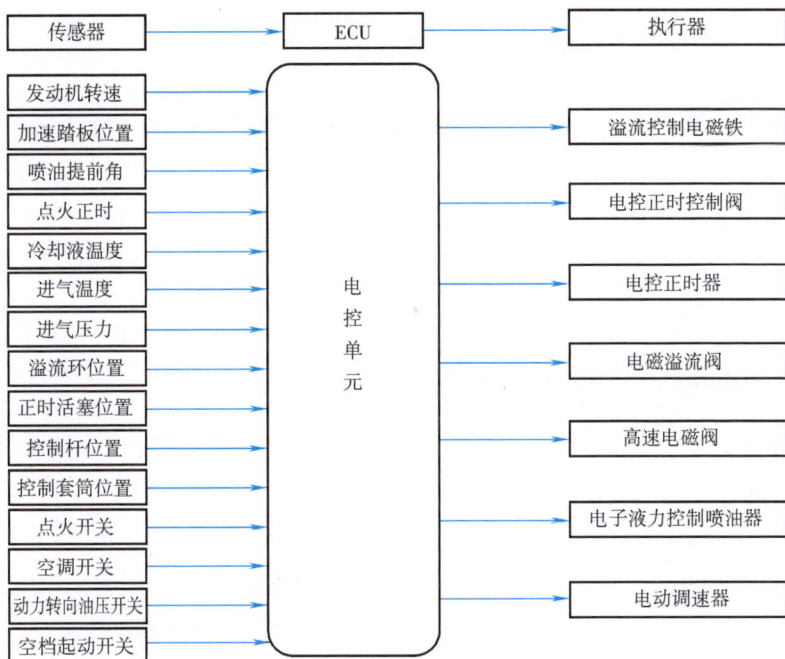

▲ 图 6-1　柴油机电控系统原理框图

1. 传感器

（1）加速踏板位置传感器　加速踏板位置传感器用以检测加速踏板的位置，即发动机的负荷信号，此信号输入 ECU 后，与转速信号共同决定柴油机的喷油量及喷油提前角，是柴油机电控系统的主控制信号。

（2）发动机转速传感器、曲轴位置传感器　用以检测发动机转速或曲轴位置，与加速踏板位置传感器共同决定喷油量和喷油提前角，是柴油机电控系统的主控制信号。

（3）油泵转角传感器　检测喷油泵轴转角，与曲轴位置传感器配合共同控制喷油量，并保证在喷油正时改变时不影响喷油量。

（4）点火正时传感器　检测燃烧室开始燃烧的时刻，修正喷油正时。

（5）冷却液温度传感器　检测发动机冷却液温度，修正喷油量及喷油正时。

（6）进气温度传感器　检测进气温度，修正喷油量及喷油正时。

（7）进气压力传感器　检测进气压力，修正喷油量及喷油正时。

（8）控制杆位置传感器　检测电子控制柱塞式喷油泵调速器中控制杆的位置，将燃油喷射量的增减信号反馈给 ECU。

（9）控制套筒位置传感器　检测电子控制分配式喷油泵调速器中控制套筒的位置，将燃油喷射量的增减信号反馈给 ECU。

（10）点火（E/G）开关　点火开关向 ECU 输入发动机工作状态信号。

（11）空调（A/C）开关　空调开关向 ECU 输入空调工作状态信号，是怠速控制信号之一。

柴油机电控系统中使用了哪些传感器？

柴油机电控系统的主控信号有哪些？起什么作用？

（12）动力转向油压开关 检测动力转向管路油压的变化，所获信号是怠速控制信号之一。

（13）空档起动开关 向 ECU 输入自动变速器是否处于空档位置的信号，是怠速控制信号之一。

2. ECU（电控单元）

柴油机 ECU 的功用和组成与汽油机 ECU 基本相同。

3. 执行器

柴油机电控系统的执行器由执行电器和机械执行机构两部分组成。柴油机执行器中使用的执行器种类主要有电磁阀、螺线管、直流电动机、步进电动机和力矩电动机等。执行机构的形式根据被调控对象和发动机的布置而定。柴油机电控系统的执行器主要有电动调速器、溢流控制电磁阀、电控正时控制阀、电控正时器、电磁溢流阀、高速电磁阀、电子液力控制喷油器等。

三、柴油机电控系统的控制功能

1. 燃油喷射控制

燃油喷射控制主要包括喷油量控制、喷油正时控制、喷油速率控制和喷油压力控制等。

（1）喷油量控制 喷油量控制是柴油机电控燃油喷射系统最主要的控制功能之一。在起动工况、怠速工况、正常工况等各种工况下，ECU 根据发动机转速信号、负荷信号（加速踏板位置信号）和内存的喷油量控制模型（图 6-2）来确定基本喷油量，再根据冷却液温度信号、进气温度信号、起动开关信号、空调开关信号、反馈信号等对喷油量进行修正。

（2）喷油正时控制 喷油正时控制是柴油机电控燃油喷射系统最主要的控制功能之一。在柴油机电控燃油喷射系统中，ECU 根据发动机转速信号、负荷信号和内存的喷油量正时控制模型（图 6-3）来确定基本的喷油提前角，再根据各种反馈信号进行修正。

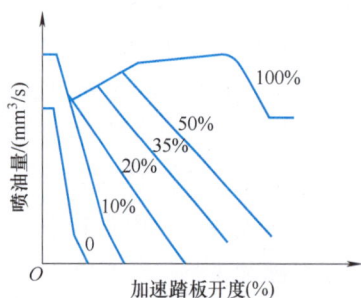

▲ 图 6-2 喷油量控制模型

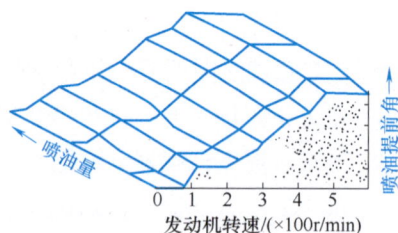

▲ 图 6-3 喷油正时控制模型

（3）喷油速率和喷油规律控制 在柴油机电控燃油喷射系统中，ECU 以柴油机转速信号和负荷信号作为主控制信号，按预设的程序确定最佳的喷油速率和喷油规律。

（4）喷油压力控制 在柴油机电控燃油喷射系统中，ECU 以柴油机转速信号和负荷信号作为主控制信号，按预设的程序确定最佳的喷油压力，并对喷油压力进行闭环控制。

（5）柴油机低油压保护 柴油机机油压力过低时，ECU 根据机油压力传感器信号

减少喷油量，降低转速并报警；当机油压力降到一定值以下时，则切断燃油供给，强制
发动机熄火。

（6）增压器工作保护　装有增压装置的柴油机，增压压力过高会造成中冷器和气缸内最高压力升高；增压压力过低则会导致进气量不足使排气温度升高。因此 ECU 根据增压压力信号适当调节喷油量，并在增压压力过高或过低时报警。

2. 怠速控制

柴油机的怠速控制主要包括怠速转速控制和怠速时各气缸喷油量均匀性的控制。

（1）怠速转速的控制　怠速工况时，ECU 以柴油机转速信号和负荷信号作为主控制信号，按内存程序确定怠速时的喷油量，并根据冷却液温度信号、进气温度信号、空调开关信号、转速（反馈）信号等，对怠速喷油量进行修正控制，使怠速转速保持稳定。

（2）各缸喷油量均匀性的控制　在共轨式第二代柴油机电控燃油喷射系统中，由 ECU 分别对各气缸的喷油器进行控制（顺序喷射控制），ECU 可以通过精确测定曲轴转速，根据各气缸做功行程中曲轴转速的变化确定各缸喷油量的偏差，然后进行补偿调节。

3. 进气控制

柴油机的进气控制主要包括进气节流控制、进气涡流控制和配气相位控制。

（1）进气节流控制　ECU 主要根据柴油机转速信号和负荷信号，控制设在进气管中的节气门开度，以满足不同工况对进气流量的不同要求。

（2）进气涡流控制　ECU 以柴油机转速和负荷信号作为主控制信号，按内存的程序对进气涡流强度进行控制，以满足不同工况对进气涡流强度的不同要求。

4. 增压控制

柴油机的增压控制主要是由 ECU 根据柴油机转速信号、负荷信号、增压压力信号等，通过控制废气旁通阀的开度或废气喷射器的喷射角度、增压器涡轮废气进口截面积大小等措施，实现对废气涡轮增压器工作状态和增压压力的控制，以改善柴油机的转矩特性，提高加速性能，降低排放污染和噪声。

5. 排放控制

柴油机的排放控制主要是废气再循环（EGR）控制。ECU 主要根据柴油机转速信号和负荷信号，按内存程序控制 EGR 阀开度，以调节 EGR 率。

6. 起动控制

柴油机起动控制主要包括喷油量控制、喷油正时控制和预热装置控制。其中，喷油量控制和喷油正时控制与其他工况相同。柴油机冷起动时的预热装置一般都是电加热装置（如进气预热塞等），ECU 根据柴油机起动时的冷却液温度决定电加热装置是否通电以及通电持续时间，并在柴油机起动后或起动温度较高时，自动切断电加热装置的电源。

四、柴油机电控系统的控制模式

柴油机电控系统的控制模式可分为开环控制、闭环控制和开环 - 闭环综合（复合式）控制 3 类，如图 6-4 所示。

1. 开环控制

开环控制系统的结构特点是用电控装置取代喷油提前角调节装置。在分配泵凸轮滚环上设置一个液压活塞，液压活塞由电磁阀控制，凸轮滚环的实际位置由正时活塞位置传感器检测。电磁阀控制流入活塞或流出活塞的通路，使活

【课堂互动】 塞到达所要求的位置，即调整点。该调整点由 ECU 根据发动机的转速、总供油量和冷却液温度来确定。最佳喷油提前角在研制开发系统时确定，并存入 ECU，即凸轮滚环位置与喷油提前角的关系是预先设定好的。此种控制方式会因为零部件的磨损、喷孔的堵塞等原因，导致即使相同型号的不同发动机或同一台发动机在不同的使用阶段喷油提前角存在差异。

2. 闭环控制

闭环控制是通过测定实际喷油提前角和调节流入正时活塞的压力在发动机工况及工作条件变化时对喷油提前角进行调整。当 ECU 根据反馈回来的信息发现实际喷油正时在调整点之外时，它就通过电磁阀控制正时活塞回到调整点。一般采用喷油传感器或点火正时传感器反馈实际喷油正时。

3. 开环 - 闭环综合（复合式）控制

此种控制模式是把闭环控制系统与凸轮滚环位置的定位控制结合起来，可克服传统闭环系统响应速度慢的缺点。当调整点与实际喷油正时出现误差时，控制系统就会知道活塞移动的距离，补偿误差，通常在相邻两次喷油间就能达到调整点。

▲ 图 6-4　柴油机电控系统的控制模式
a）开环　b）闭环　c）复合式

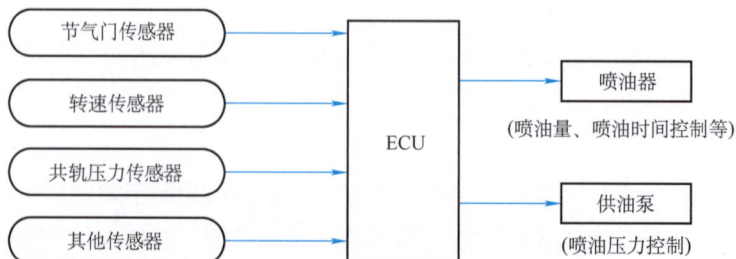

五、柴油机电控系统的类型和特点

柴油机电控系统按照发展阶段大致可以分为位置控制系统、时间控制系统和时间 - 压力控制系统，现主要以时间 - 压力控制系统为主。

时间 - 压力控制系统改变了传统燃油供给系统的组成和结构，主要以共轨（各缸喷油器共用一个高压油管）电控喷射系统为特征。其控制原理如图 6-5 所示，结构如图 6-6 所示。共轨电控喷射系统直接对喷油器的喷油量、喷油正时、喷油速率和喷油规律、喷油压力等进行"时间 - 压力控制"或"压力控制"。其特点是通过设置传感器、电控单元、高速电磁阀和相关电 / 液控制执行元件等，组成数字式高频调节系统，由电磁阀的通、断电时刻和通、断电时间控制喷油泵的喷油量和喷油正时。通过共轨蓄压或者高压共轨等形式形成高压，可以实现对喷油量和喷油正时的灵活控制。共轨系统中的喷油压力灵活可调，对不同负荷和转速，可确定所需的最佳喷射压力。

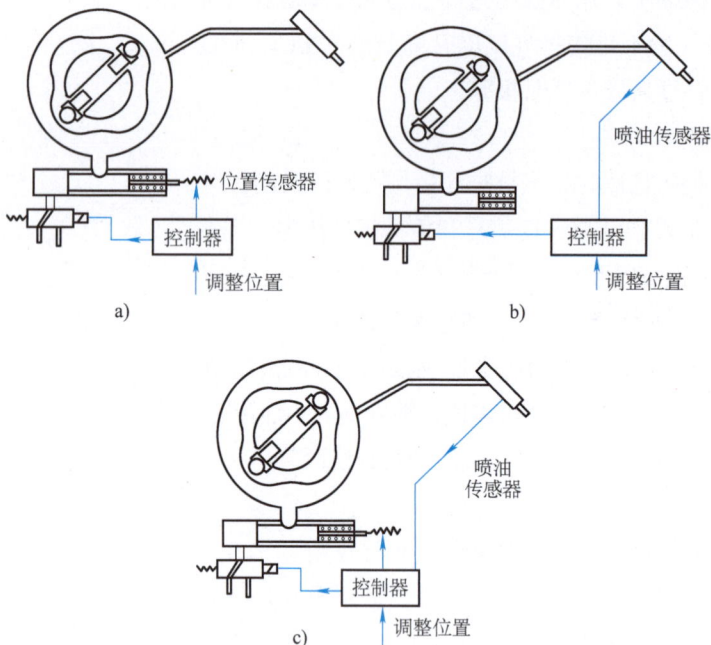

▲ 图 6-5　共轨电控喷射系统控制原理框图

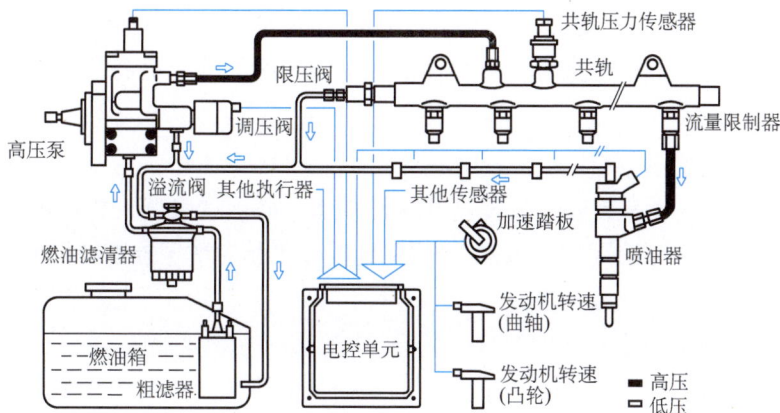

▲ 图6-6　共轨电控喷射系统结构

德国博世（BOSCH）公司的CR系统和ECD-CR系统、意大利菲亚特集团的Uniject喷射系统、美国德尔福公司的Multec DCR系统、美国卡特匹勒公司开发的HEUI系统、美国BKM公司开发的SSI-Ⅰ系统和SSI-Ⅱ系统、日本电装公司的ECD-U2系统、英国的DELPHI DIESEL SYS TEMS公司的LDCR系统等都属于时间-压力控制系统。

六、柴油机电控系统的优点

1. 改善低温起动性

由于柴油机是压燃式，发动机在低温条件下着火相当困难，因此需使用预热塞。起动时，驾驶人使发动机减压以提高转速，再返回压缩状态，起动预热塞使之迅速着火。这一系列操作十分麻烦。如果操作不熟练，很容易因反复起动而导致蓄电池放电过度。电控系统能够以最佳的程序替代驾驶人进行这种麻烦的起动操作，使柴油机低温起动更容易。

2. 降低氮氧化物和烟度的排放

当柴油机工作时，由于混合气的空燃比大，无法使用能够有效减少氮氧化物（NO_x）排放量的三元催化剂。因此，为了减少氮氧化物（NO_x）排放量，有必要采用废气再循环（EGR）系统，而废气再循环（EGR）系统会增加烟度，其控制方法比汽油机要难得多，采用柴油机电控技术则将变得非常容易。

柴油机排放的烟雾主要是在燃烧时燃料暴露在局部高温缺氧的环境中，产生热分解而生成的游离碳。采用柴油机电控技术，可精确地将喷油量控制在不超过冒烟界限的适当范围内，同时根据发动机工况调节喷油时刻，从而有效地抑制排烟。

3. 提高发动机运转稳定性

由于传统柴油机喷油泵调速器的反馈控制系统响应特性差，而容易导致发动机在负荷急剧变化和小负荷低速运转时产生游车现象。采用柴油机电控系统电子式反馈控制电路的响应特性很好，故不会产生游车。

此外，发动机怠速运转时，为防止因负荷的增加（如动力转向泵、空调压缩机工作等）而产生游车和熄火现象，传统的方法是把怠速转速调高。采用柴油机电控系统，无论负荷怎样增减，都能保证发动机怠速工况下以最低的转速稳定运转，有利于提高其经济性。

4. 提高发动机的动力性和经济性

喷油量和喷油正时是影响柴油机动力性和经济性的重要因素，传统的柴油机燃料供

【课堂互动】给装置，由于调整、磨损等原因，使喷油量和喷油正时等会产生误差。柴油机电控系统中，ECU 根据传感器信号精确计算喷油量和喷油正时，从而提高发动机的动力性和经济性。

5. 控制涡轮增压

柴油机的转速不易提高，要提高其输出功率，必须增大柴油机的转矩，采用涡轮增压已经成为一种较为广泛的手段，而采用电控技术是对增压装置进行精确控制的最好选择。

6. 适应性广

只要改变 ECU 的控制程序和数据，一种喷油泵就能广泛应用在各种柴油机上，而且柴油机燃油喷射控制可与变速器控制、怠速控制等各种控制系统进行组合实现集中控制，有利于缩短柴油机电控系统开发周期，降低成本，从而扩大柴油机电控系统的应用范围。

【任务巩固】

1. 填空题

1）柴油机电控系统中，进气控制主要包括_____和_____控制。

2）柴油机电控系统的控制模式可分为_____、_____和_____三大类。

3）最佳喷油正时受_____、_____、_____、进气温度及压力等多种因素的影响。

4）柴油机电控系统由_____、_____和_____三部分组成。

5）柴油机电控系统的执行器由_____、_____两部分组成。

6）柴油机执行器中所使用的执行电器种类主要有_____、_____、_____、_____和力矩电动机等。

7）电控柴油机燃油喷射控制模式主要包括_____控制、_____控制和_____控制。

2. 判断题

1）发展柴油机电控技术的主要目的是提高柴油机的功率。　　　　（　　）

2）喷油正时对柴油机的动力性、经济性及排放影响很大。　　　　（　　）

3）柴油机是压燃式的，发动机在低温条件下点着火相当困难。　　（　　）

4）柴油机的排放控制主要是废气再循环控制。　　　　　　　　　（　　）

5）柴油机电控系统的功用与组成与汽油机电控系统有很大区别。　（　　）

3. 选择题

1）下面（　　）说法是正确的。

A. 柴油机电控系统基本喷油量是由加速踏板位置传感器信号计算得到的

B. 柴油机电控系统喷油正时是由发动机转速信号决定，并由其他传感器信号进行修正的

C. 在柴油机控制模式中，开环控制比闭环控制响应速度快，但易出现控制偏差

2）下列传感器中，（　　）是柴油机电控系统的主控制信号。

A. 泵角传感器 B. 点火正时传感器

【课堂互动】

C. 发动机转速传感器 D. 冷却液温度传感器

E. 加速踏板位置传感器 F. 进气压力传感器

4. 问答题

在电控柴油机系统中，常用的执行元件有哪些？

任务二 电控高压共轨系统检修

【任务目标】

⭐ **知识目标：**

1. 掌握电控高压共轨系统的结构组成和工作原理。

2. 掌握共轨系统主要传感器的工作原理和检测方法。

🔘 **技能目标：**

1. 能识别共轨系统的零部件。

2. 能对主要零部件进行检测和诊断。

3. 能对电控高压共轨系统进行故障诊断和检修。

⬡ **素养目标：**

1. 与小组成员合作交流，培养团队意识。

2. 养成规范作业的良好习惯，培养责任担当和安全意识。

3. 严格执行 7S 现场管理。

> **【素养课堂】**
>
> **在执着专注中涵养敬业美德**
>
> 执着专注体现的是拥有高超技艺和精湛技能背后蕴藏的敬业美德，大致可概括为内心笃定、耐心执着、坚持不懈。对待本职工作，常怀敬畏之心。时刻以一种尊敬和严谨的态度来对待自己的工作，尽心竭力、专心致志，做到"干一行、爱一行、钻一行"，朝着既定的目标，坚定不移前进。

【基本理论知识】

柴油机共轨式电控燃油喷射技术将喷射压力的产生和喷射过程彼此完全分开，由高压油泵把高压燃油输送到共轨管，通过对共轨管内的油压实现精确控制，使高压油管压力大小与发动机的转速无关，不再采用传统的柱塞泵脉动供油的原理，而是通过共轨直接或间接地形成恒定的高压燃油，分送到每个喷油器，并借助于集成在每个喷油器上的高速电磁阀的开启与闭合，定时、定量地控制喷油器喷射至柴油机燃烧室的油量，从而保证柴油机达到最佳的燃烧比和良好的雾化以及最佳的点火时间、足够的点火能量和最少的污染排放。

一、组成和工作原理

以博世（BOSCH）电控高压共轨系统为例，该系统的组成如图 6-7 所示。从功能方面分析，电控共轨系统可以分为两大部分，即燃油部分和控制部分。

1. 控制系统

控制系统分为传感器（包括信号开关和传导元件等）、电控单元（ECU）和执行器三部分。

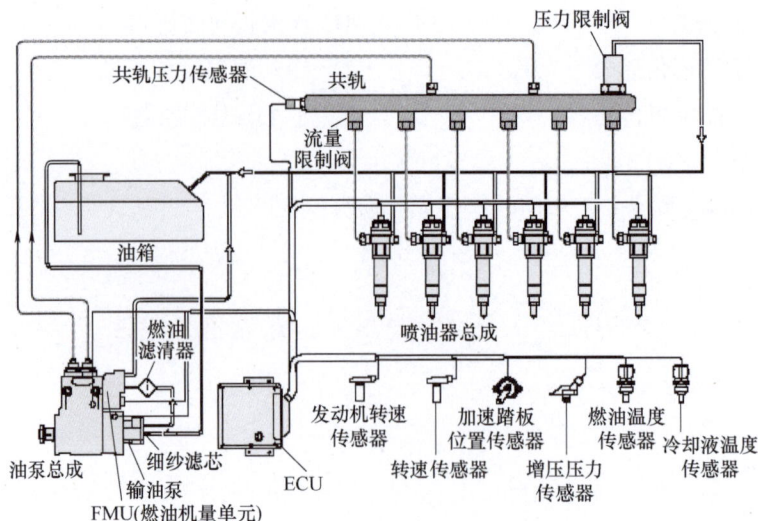

▲ 图6-7　电控高压共轨系统的组成

（1）传感器　实时检测柴油机、车辆运行状态及使用者的操作意图、操作量等信息，并送给电控单元。传感器包括曲轴位置传感器、气缸识别传感器、加速器位置传感器、进气温度传感器、冷却液温度传感器、燃油温度传感器、进气压力传感器等。

（2）电控单元（ECU）　负责处理所有收集到的信息，执行程序运算，并将运算结果作为控制指令输出到执行器。

（3）执行器　根据电控单元送来的执行命令驱动调节喷油量及喷油正时的相应机构，从而调节柴油机的运行状态。执行器包括输油泵、喷油器等。

2. 燃油供给系统

其主要由高压油泵、共轨管、喷油器、柴滤器、高压油管、低压油管、调压器、燃油箱等组成。高压油泵将燃油加压后供入共轨内。共轨实际上是一种燃油分配管，储存在共轨内的燃油在适当的时刻通过喷油器喷入发动机气缸内。电控共轨系统中的喷油器是一种由电磁阀控制的喷油阀，电磁阀的开启和关闭由ECU控制。系统的高、低压油路如图6-8所示。

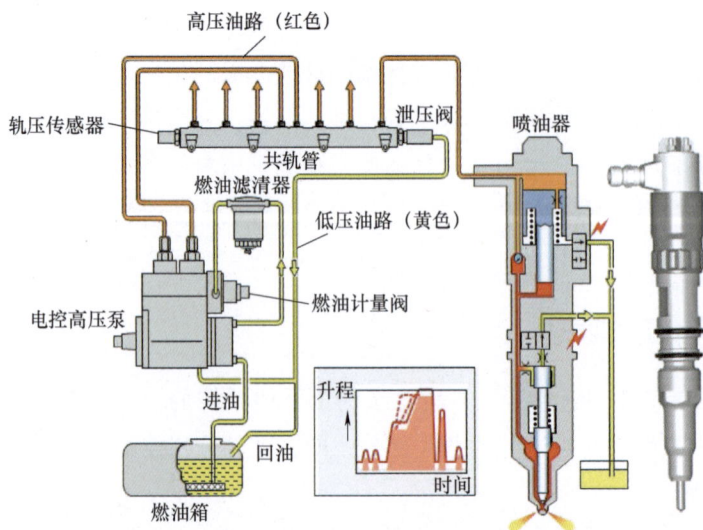

▲ 图6-8　高、低压油路

低压部分：燃油箱、输油泵、低压油管、燃油滤清器（粗滤、精滤）、回油管、ECU。低压部分作用是为高压部分提供足够的燃油。　　**【课堂互动】**

高压部分：燃油计量阀、高压油泵、高压油管、共轨管、喷油器。高压部分作用是产生高压，保证燃油喷射压力，进行燃油计量。

3. 工作原理

电控高压共轨燃油喷射系统是一种燃油喷射压力与发动机转速无关的供油方式，即喷射压力的产生与喷射过程相互分开。在该系统中，高压油泵把高压燃油输送到高压蓄能器（共轨管），在高压共轨管中，始终充满着高压燃油，而喷油量、喷油正时和喷油压力由电控单元根据其中存储的特性曲线和传感器采集的柴油机运转工况信息算出，然后控制每缸喷油器的高速电磁阀的开、闭来实现。

二、主要零件结构与工作原理

1. 输油泵总成

输油泵总成的外观结构如图 6-9 所示，剖视模型如图 6-10 所示。输油泵主要由传统型直列泵（两气缸）中的压送系统、控制燃油排放量的 PCV（泵控制阀）、气缸识别传感器［TDC（上止点）（G）传感器］和进油泵组成。输油泵总成各零部件的功能见表 6-1。

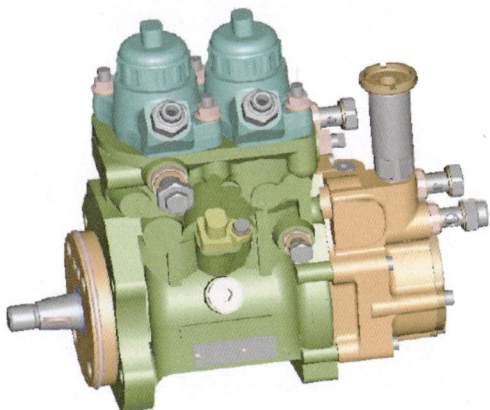

▲ 图 6-9　输油泵总成的外观结构

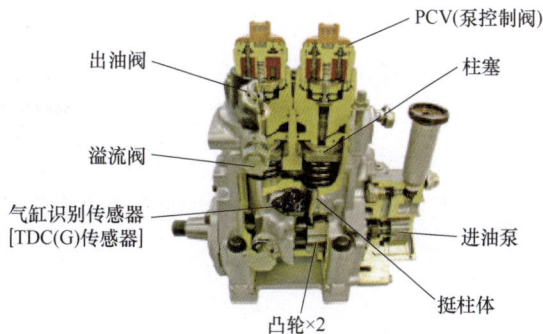

▲ 图 6-10　输油泵总成的剖视模型

表 6-1　输油泵总成各零部件的功能

零部件		功能
进油泵		从燃油箱吸入燃油，将其供给压送机构
溢流阀		调节输油泵中燃油的压力
PCV（泵控制阀）		控制供给油轨的燃油量
压送机构	凸轮	驱动挺柱体
	挺柱体	将往复运动传递给柱塞
	柱塞	往复运动以压送和压缩燃油
出油阀		使压送到油轨的燃油停止逆流
气缸识别传感器［TDC（G）传感器］		识别发动机气缸

（1）进油泵　进油泵（集成在输油泵中）从燃油箱吸入燃油，然后通过燃油滤清器供给泵室。进油泵有次摆线型和叶轮型两种类型。次摆线型进油泵的工作原理如图 6-11 所示。

凸轮轴驱动进油泵的外部 / 内部转子，使其开始转动。根据外部 / 内部转子的运动产生的空间，进油泵将燃油抽吸到吸入口，然后压送到排放口。

注意：进油泵进油螺栓内部的滤网容易堵塞。

（2）压送机构　压送机构的结构与工作原理如图 6-12 所示。凸轮轴由发动机驱动，凸轮通过挺柱体驱动柱塞压送进油泵提供的燃油。PCV 对供油量进行控制。燃油从进油泵压送到气缸，然后到出油阀。

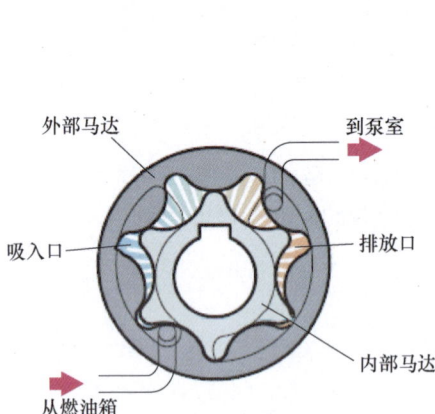

▲ 图 6-11　次摆线型进油泵的工作原理

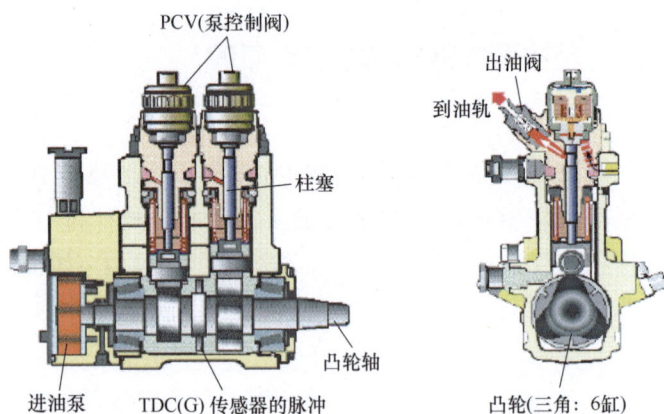

▲ 图 6-12　压送机构的结构与工作原理

输油泵以发动机一半的转速旋转，压送机构通过改变凸轮的齿数来控制发动机缸数。发动机缸数与输油泵的压送次数之间的关系见表 6-2。通过增加凸轮齿的个数来控制发动机缸数，使用一个小型、两缸的泵单元可以实现。此外，由于此泵的压送行程数与喷射次数相同，所以油轨压力会保持平稳。

表 6-2　发动机缸数与输油泵的压送次数之间的关系

发动机缸数	速度比 （泵：发动机）	输油泵		发动机 1 个循环的 压送转动次数
		缸数	凸轮齿	
4 缸			2	4
6 缸	1：2	2	3	6
8 缸			4	8

（3）泵控制阀　PCV（泵控制阀）的作用是调节输油泵的燃油输送量，以便调节油轨压力。输油泵输送到油轨的燃油量取决于向 PCV 施加电流的正时。

1）进油行程：在柱塞下降行程中，PCV 打开，同时低压燃油通过 PCV 被吸入柱塞室中，如图 6-13 所示。

2）预行程：在柱塞进入上升行程时，PCV 不通电并保持开启。此时，通过 PCV 吸入的燃油没经过加压（预行程）而通过 PCV 返回，如图 6-14 所示。

3）抽吸行程：在获得所需排放量的最佳时机，提供电力使 PCV 关闭，则返回通道关闭，同时柱塞室中的压力上升。因此，燃油流经出油阀（反向切断阀），然后被抽吸到油轨。具体情况是，PCV 关闭之后柱塞升程部分变成排放量，而且通过改变 PCV 关闭正时（柱塞预行程的终点），排放量得到改变，从而使油轨压力得到控制，如图 6-15 所示。【课堂互动】

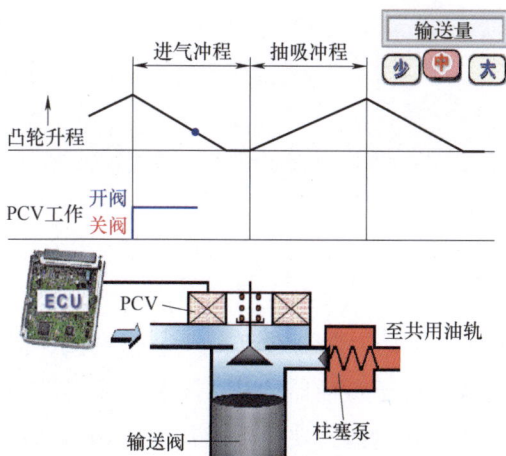

▲ 图 6-13　进油行程

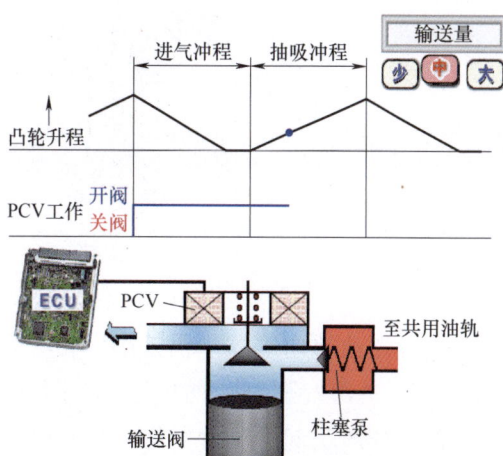

▲ 图 6-14　预行程

当凸轮超过最大升程时，柱塞进入下降行程，同时柱塞室中的压力下降。此时，出油阀关闭，燃油抽吸停止。此外，PCV 由于被断电而打开，低压燃油被吸入到柱塞室，系统又进入进油状态。

4）执行电路：图 6-16、图 6-17 所示为 PCV 的执行电路。点火开关接通或关断 PCV 继电器，以向 PCV 施加电流。ECU 对 PCV 的打开 / 关闭进行控制。它根据每个传感器发出的信号，确定提供最佳油轨压力所需的目标供油量，并控制 PCV 的打开 / 关闭正时，从而达到目标供油量。

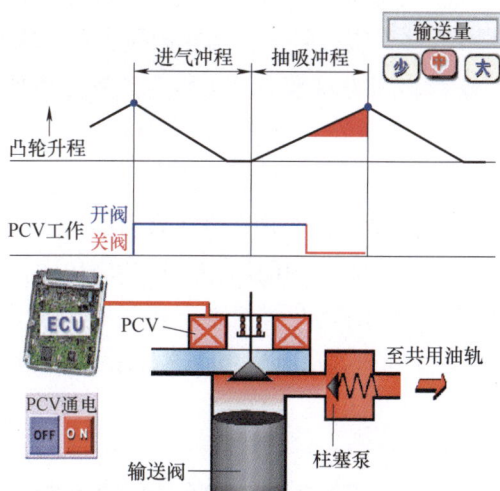

▲ 图 6-15　抽吸行程

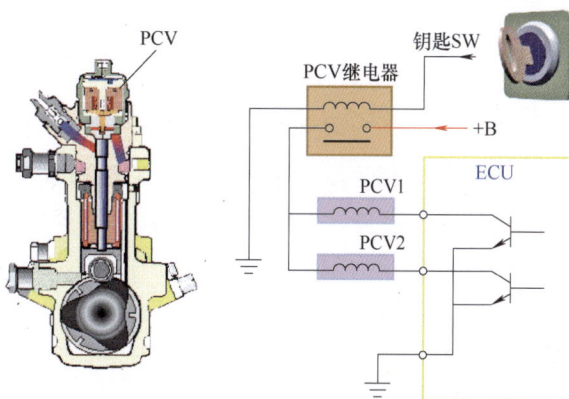

▲ 图 6-16　点火开关断开时电路

2. 共轨管

共轨管也称为高压蓄能器，是一根锻造钢管，各缸喷油器通过各自的油管与油轨连接。共轨管的作用是向各缸喷油器分配由输油泵加压的燃油，存储高压、抑制因油泵供油和喷油而产生的波动。

【课堂互动】

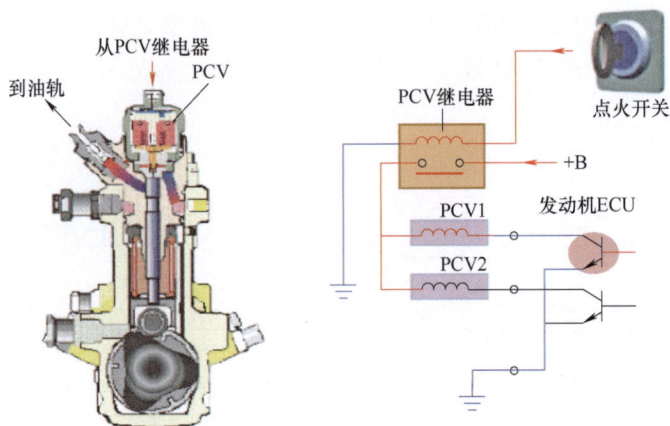

▲ 图 6-17   点火开关接通时电路

燃油轨内腔的体积较小，大约只有 29mL，主要是为保证在起动及怠速时快速提升压力，以满足此时的燃油压力需求，也为了减小由于喷油器的开、闭和高压燃油泵的工作所引起的压力变化。在燃油轨上连接着压力限制阀、轨压传感器等，如图 6-18 所示。

压力限制阀   进油口   轨压传感器

▲ 图 6-18   燃油轨总成

3. 流量限制器

流量限制器（图 6-19）作为燃油轨的出油口安装在燃油轨的上部，燃油通过出油口流至喷油器。限制器用于在油管或喷油器泄漏时保护燃油系统。当系统工作正常时，燃油压力作用在柱塞的两端，在弹簧的作用下柱塞上移，阀被打开。当在限制器的下游（即出油口至喷油器）出现较大的压力损失时，进油口压力将推动活塞移动，关闭燃油出油口，防止燃油在高压下的泄漏。

4. 压力限制器

压力限制器（图 6-20）安装在油轨下侧，利用机械溢流阀原理在高压泵后面的燃油压力调节器出现故障时，起到保护燃油系统的作用。当燃油轨中的油压达到 175MPa 时，阀被打开，允许过多的油压返回至燃油箱，确保共轨中的压力失控后不会超压。

压力限制器的操作压力取决于车辆型号，用于阀开启的压力为 140~230MPa，用于阀闭合的压力为 30~50MPa。

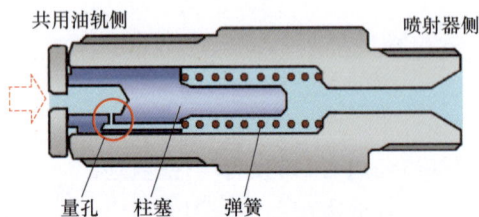

共用油轨侧   喷射器侧

量孔   柱塞   弹簧

▲ 图 6-19   流量限制器

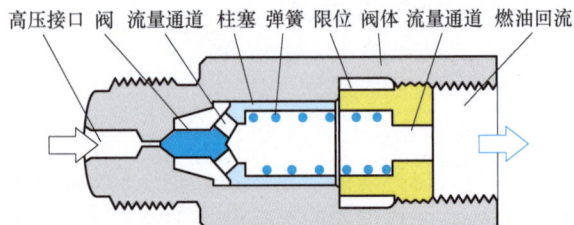

高压接口 阀 流量通道 柱塞 弹簧 限位 阀体 流量通道 燃油回流

▲ 图 6-20   压力限制器

5. 喷油器

喷油器的作用是根据 ECU 发出的控制信号，通过控制电磁阀的开启和关闭，将高压油管总的燃油以最佳的喷油正时、喷油量和喷油率喷入燃烧室。电动喷油器的结构如图 6-21 所示。喷油器的工作过程如图 6-22 所示。

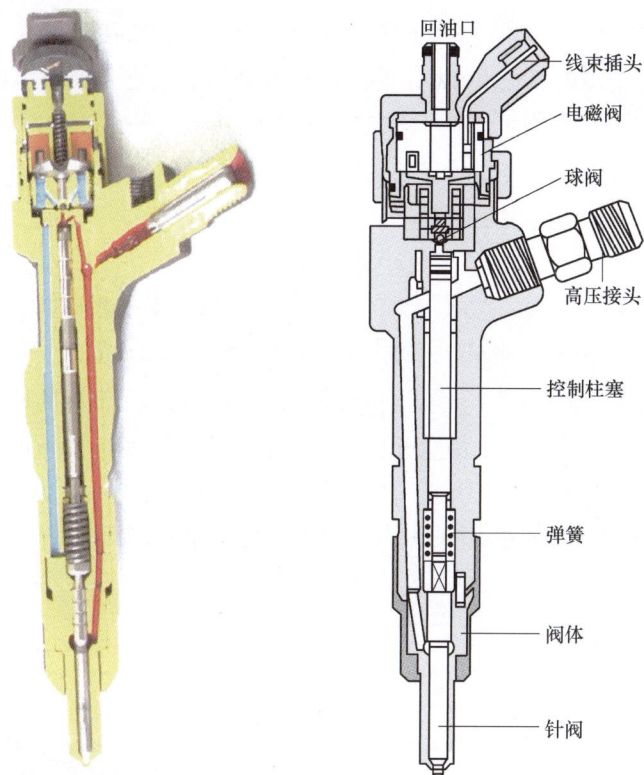

▲ 图 6-21　电动喷油器的结构

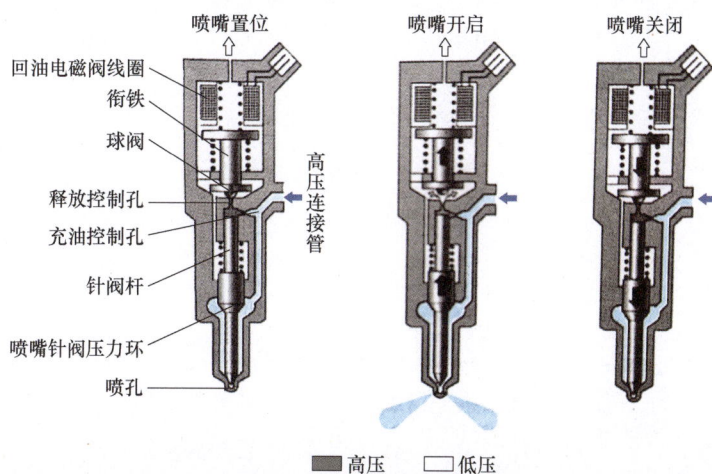

■ 高压　□ 低压

▲ 图 6-22　喷油器的工作过程

在初始位置，当喷油器的电磁阀未被触发时，小弹簧将电枢的球阀压在释放控制孔上，在控制室内形成共轨高压。同样，喷嘴腔内形成共轨高压，共轨压力对控制柱塞断面的压力、喷嘴弹簧的压力与高压燃油作用在针阀锥面上的开启力相平衡，使针阀保持关闭状态。

当需要喷射燃油时，喷油器上部的电磁阀通电，处于针阀上部的燃油压力通过泄油轨返回燃油箱。此时，作用于针阀下部的燃油压力将使针阀提升，离开阀座，燃油喷射开始。

在喷射结束时，电磁阀断电，这将使针阀上部重新建立起高压燃油压力。当针阀的上部和下部的压力恢复至相等时，针阀被强制压回阀座，燃油喷射结束。

喷油时刻和喷油量的调整是 ECU 根据当前发动机的状态，通过电磁线圈与燃油压力共同作用的喷油器实现的。同时，ECU 根据发动机的运行状况，实时对喷油器的加电时刻和时间进行修正。电磁阀开启和关闭的时间决定了喷油正时，该电磁阀开启时间的长短是决定喷油量大小的主要因素。

6. 燃油压力传感器

安装在燃油轨中间下侧的燃油压力传感器（图 6-23）用于测量燃油轨中的燃油压力以便决定喷射压力。该压力测量值作为一个电信号被传送给 ECU，从而确定燃油喷射的周期。燃油压力传感器由膜片、电气接头等构成。燃油分配管内的燃油压力经燃油压力传递孔，作用于由半导体压电敏感元件制成的膜片上，膜片因受压而变形，从而使膜片表面涂层的电阻值发生改变，并在电阻电桥中转换为电压信号，此电压信号经求值电路放大后传输给 ECU。其连接电路和输出特性如图 6-24 所示。

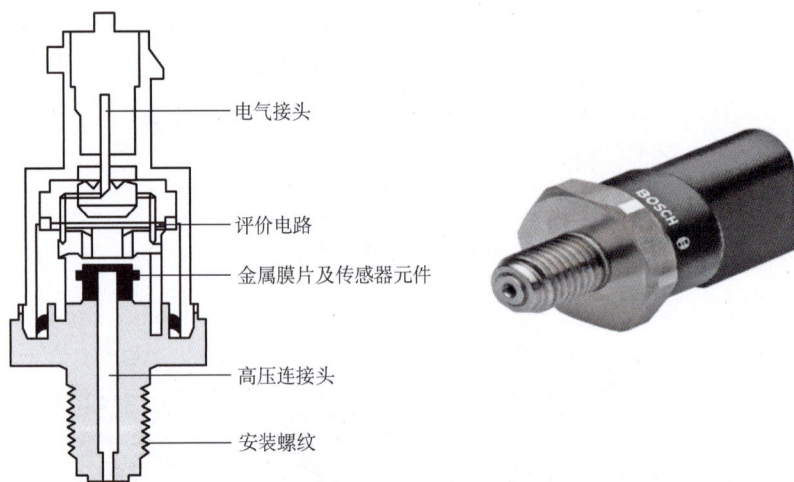

电气接头

评价电路

金属膜片及传感器元件

高压连接头

安装螺纹

▲ 图 6-23　燃油压力传感器

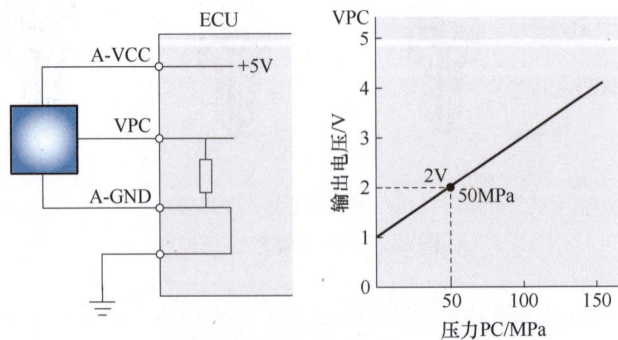

实际共用油轨压力=(VPC−1.0V)×50MPa

▲ 图 6-24　连接电路和输出特性

7. 大气压力传感器

【课堂互动】

大气压力传感器位于 ECU 内部。其功能是测量大气压力，以便根据海拔修正空气流量的比率。

8. 空气流量传感器

空气流量传感器（图 6-25）安装在进气歧管的上部，用于测量进入进气歧管的增压后的空气量。该测量值与空气温度一起用于 ECU 精确地计算进入气缸的空气量，以便在每个燃烧循环调整每个喷油器的供油量。

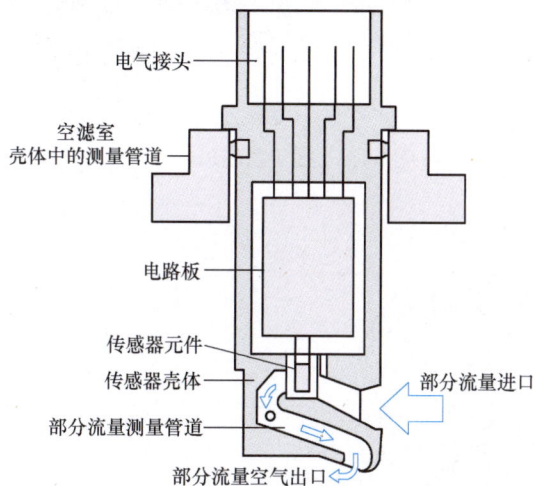

▲ 图 6-25　空气流量传感器

空气流量传感器还包含一个电子温度修正电路，以便相对于进气温度修正空气流量的测量精度。

9. 冷却液温度传感器

气缸体上安装有一个 NTC（负温度系数）类型的冷却液温度传感器（图 6-26），它可以检测冷却液温度，并将此反映发动机温度状态的信号提供给 ECU。该传感器为热敏电阻式传感器。

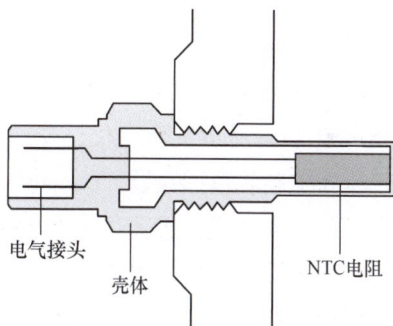

10. 机油压力传感器

机油压力传感器的作用是检测机油压力和机油温度。

▲ 图 6-26　冷却液温度传感器

11. 加速踏板位置传感器

加速踏板位置传感器将加速踏板位置转换为电子信号，并将其输送到发动机控制器，以便 ECU 确定燃油的供给量。

电位计型加速踏板位置传感器以分压电路原理工作，ECU 供给传感器电路 5V 电压。加速踏板通过转轴与传感器内部的滑动变阻器的电刷连接，加速踏板位置传感器的位置改变时，电刷与搭铁端的电压发生改变，ECU 内部的受压电路将该电压转变成加速踏板的位置信号，如图 6-27 所示。

霍尔效应式加速踏板位置传感器由转动的磁环和许多固定的软磁感应元件组成。转动的磁场直接通过位于两个半圆感应元件间的霍尔元件，流经霍尔元件的磁场的强度为一个转角函数。当踏板转动时带动磁场转动，从而改变磁场强度。霍尔效应式加速踏板

【课堂互动】　位置传感器的结构和工作原理分别如图6-28和图6-29所示。

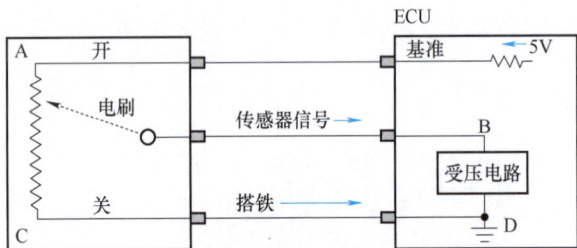

▲ 图6-27　加速踏板位置传感器的电路原理图

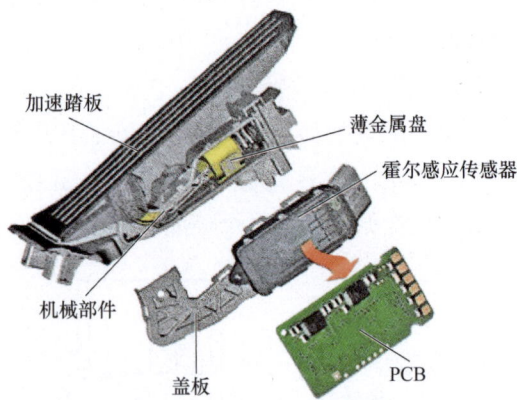

▲ 图6-28　霍尔效应式加速踏板位置传感器结构

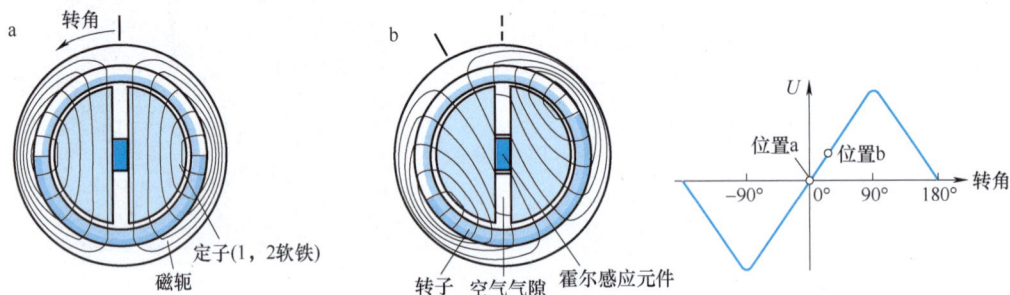

▲ 图6-29　霍尔效应式加速踏板位置传感器工作原理

12. 曲轴和凸轮轴传感器

曲轴转速传感器是磁感应式的，安装在飞轮上部。在发动机转动时，通过飞轮上的58个孔的磁通量发生变化，从而使传感器产生电信号。ECU使用此信号测量发动机的转速和控制转速计数器。

凸轮轴位置传感器位于凸轮轴带轮的后面，由于带轮上有一个缺口，在发动机转动时，传感器的磁通量发生变化从而产生电信号。发动机工作时的喷油相位由飞轮位置传感器和凸轮轴位置传感器来确定。ECU将此信号作为测量发动机转速的备用信号。

这两个传感器的工作原理与汽油机的相似。

【知识链接】

高压共轨电气部分的日常维护

柴油机电控元器件一定要保持干燥、无水、无油、无尘。虽然电控系统各个零部件采用了防护措施，例如传感器或执行器与线束插接件之间的连接采用了隔水橡胶套圈，ECU与线束之间的连接有盖板覆盖等，但日常维护做得不好仍会导致不必要的故障产生。因此，电控燃油喷射柴油机的日常维护应注意以下几点：

1）拔插线束及其与感应器/执行器的连接部分之前，应先关掉点火开关与蓄电池总开关，然后才可以进行柴油机电器部分的日常维护。

2）不能用水直接冲洗发动机电控部分的零部件和插接件。当电器部分意外进水后，例如 ECU 或线束被水淋湿或浸泡，应先应切断蓄电池总开关，不要运转发动机。 【课堂互动】

3）定期用洁净的软布擦拭柴油机线束上的油污与灰尘，保持线束及其与感应器 / 执行器的连接部分的干燥清洁，防止产生接触电阻。

4）ECU 是整个电控系统的中枢，ECU 必须防水、防油、防振，维修拆装时应远离发动机和车辆的高温区，严禁碰撞和摔落。

5）严格按要求安装。博世共轨系统的 ECU 壳体与车身必须接地良好，而 Delphi 共轨系统的 ECU 要求必须与车身绝缘。

6）一些共轨系统中的每个电控喷油器均有修正码，一旦将喷油器修正码输入 ECU，则 ECU 和发动机必须配对，各缸喷油器之间不能互换。

7）进行电焊作业时，一定要关闭总电源并拔掉 ECU 上的所有插件。

【任务实施】

任务实施 1 电控柴油机的总体认识

1. 目的与要求

1）能够熟练使用维修手册查阅相关资料。

2）认识电控柴油机的总体结构、气路、油路。

3）认识电控柴油机的主要传感器、执行器及所在位置及基本功用。

2. 设备与器材

电控柴油机（每组 1 台）、万用表（每组 1 个）、通用工具（每组 1 套）、实验车维修手册、实验车电路图等。

3. 内容与步骤

1）了解电控柴油机的气路和油路。

观察电控柴油机的总体布置，找出其空气流经路线和燃油流动路线。

记录空气流经路线：_____

_____

记录燃油流动路线：_____

_____

2）传感器、执行器的认识。

观察电控柴油机的传感器和执行器，与电控汽油机对比，说出在结构和工作原理上的区别。

传感器包括：_____

执行器包括：_____

工作原理上的区别：_____

任务实施 2 高压油泵检修

1. 目的与要求

1）能够熟练使用维修手册查阅相关资料。

2）明白高压油泵的工作原理。

3）能够使用万用表等对高压油泵进行检测和故障排除。

2. 设备与器材

长城 GW2.8TC 车辆 1 辆或长城 GW2.8TC 车辆用柴油机博世共轨系统台架 1 台、万用表（每组 1 个）、通用工具（每组 1 套）、实验车维修手册、实验车电路图。

3. 内容与步骤

（1）高压油泵故障分析

1）故障现象：发动机无法起动。

2）产生原因：进油计量比例阀卡滞，无法打开，使高压燃油无法进入油轨。导致此类故障现象出现的原因多为燃油中含有杂质，可对进油计量比例阀进行清洗。

（2）检测方法

1）排查低压油路是否堵塞、漏气（可以断开燃油滤清器总成的出油管，按动手油泵，燃油喷出 30cm 左右为正常，如燃油喷出的距离远小于 30cm，表明低压油路存在堵塞、漏气现象）。

2）排查高压油泵工作情况。检查进油计量比例阀，打开点火开关后，进油计量比例阀应发出连续不断的嗡鸣声。如果声音尖锐，表明油路内有空气；如果没有声音，表明该元件内电磁阀损坏。另外，可通过测量电阻值的方法来验证电磁阀的好坏。

3）按照电路图测量电路的通断。在不通电的情况下，测量元件引脚电阻值为 3Ω 左右；在打开点火开关的情况下，应听到元件发出连续不断的嗡鸣声，将手放到元件上时应能感到振动。

【案例分析】

案例分析 1

故障现象： 一辆汽车配置玉柴 YC4F100-30 国Ⅲ电控共轨式柴油机，在行驶了 3250km 后，突然柴油机加速不灵，出现异常熄火。再次起动柴油机，瞬间有着火点燃迹象，同时出现"咯儿"的异响，随之柴油机熄火，同时仪表盘上的柴油机故障灯闪烁。

故障分析思路： 玉柴 YC4F100-30 国Ⅲ电控共轨式柴油机采用的是美国 DELPHI 高压共轨燃油喷射技术。该车故障灯闪烁，起动时有着火迹象并伴有异响，初步分析可能是电控系统故障。

检查诊断： 首先，用数字万用表简单检查，拔掉冷却液温度传感器接插件，打开点火开关，用直流电压档测量冷却液温度传感器端子处有 5V 电压，说明 ECU 已工作，并证明 ECU 有正常的供电。

连接故障诊断仪检测，打开计算机，出现诊断界面，进入德尔福柴油机共轨诊断程序，读取故障码为：①轨压超高；②燃油计量阀故障。清除历史故障码，再次起动柴油机读取现行故障码，为"轨压超高故障"。读取柴油机状态数据流：轨压在 40.0~184.6MPa 之间波动。测量燃油计量阀工作电压 12V，为正常。检测轨压传感器的工作电压为 5V，信号电压均为正常。既然未检查到问题，考虑是否是因电控喷油器已损坏不工作而造成的轨压超高。检查发现电控喷油器只有 1、4 缸喷油，但油量很少，其他不工作，更换喷油器，故障现象仍不能排除。检查并更换轨压传感器，起动着车故障仍旧存在。读取柴油机状态数据流：轨压还是在 40.0~184.6MPa 之间波动。怀疑高压油泵燃油计量阀发卡，随即更换了高压油泵，起动困难故障依然如初。读取故障码时，轨压超高的故障码时有时无。怀疑的部件都进行了更换，但故障现象仍然在，考虑是否是 ECU 故障。随即对 ECU 进行了更换，但故障现象依旧。

读取故障码：故障状态显示的不是以前的历史故障和之前的现实故障，且故障码为 P0255、P1614、P1624。清除故障码，再次读取现行故障码为 P0255，仍然存在。故障码解释：燃油计量阀驱动电路故障 - 开路。

多次对燃油计量阀进行检测，其驱动电路和工作电压均为正常，但故障码解释的十分明确。以往的检测都是在柴油机不运转静态时进行的，那么动态时会有什么变化呢？于是维修人员边起动边测量，这时万用表出现了无电压显示状态，随即产生异响。起动停止，电压恢复正常。由此断定故障源于线束有断路。为进一步验证判断的正确性，从电源继电器处另接了一根电源线，直接给燃油计量阀一个工作电压，这时起动柴油机，柴油机瞬间起动成功，而且异响也消失了。再次读取柴油机状态数据流，均在正常值范围内，试车，加速性能良好，柴油机技术状况正常。

由此看来，此故障就出自 ECU 到柴油机电控元器件的线束上。当起动柴油机时，柴油机产生摆动，附在柴油机上的线束跟随摆动出现断路。不起动时，柴油机处于静态时，线束虽断路但它还能处于接通状态。更换了该段线束，故障排除。

案例分析 2

故障现象：一辆装配锡柴 CA6DL2-35E3 电控共轨柴油机的大货车，行驶里程为 35000km，车主反映空车冒蓝白烟、行车无力，且最近冒烟的情况越来越严重。

诊断与排除：经服务站调换了 ECU 和发动机线束，拆开缸盖检查，没有发现故障原因。最后分析还是喷油器雾化不良所致，通过拆排气歧管查看，发现排气道积炭严重，证明确实是喷嘴雾化不好，用户可能加的油有问题。更换 6 个喷嘴后，清除积炭，进行路试，故障排除。

【任务巩固】

1. 填空题

1）共轨电控喷射系统的高压油路包括_____、_____、_____和_____。

2）250kPa=_____MPa=_____bar=_____kg/cm^2

3）电控泵喷嘴系统的喷射分为_____阶段和_____阶段。

4）共轨柴油机高压油路包括的主要零部件有_____、_____和_____。

5）共轨柴油机中，喷油量除了取决于喷油器电磁阀的_____外，还取决于_____。

2. 判断题

1）打开点火开关，即使发动机未起动，电动油泵仍能短时间运转，以建立初始油压，便于发动机起动。 (　　)

【课堂互动】

2）燃油滤清器警告灯亮起时，说明燃油中存在较多水分。　　　　　（　　）

3）燃油温度过高时，发动机的功率将会减少甚至熄火。　　　　　　（　　）

4）在油轨中设置流量限制器的目的是防止过多的燃油进入气缸内燃烧造成积炭。

（　　）

5）共轨电控喷射系统中电动喷油器的电磁阀通电时，实现喷油，断电时，停止喷油。　　　　　　　　　　　　　　　　　　　　　　　　　　　　　　　（　　）

6）偶然出现的故障不会被储存在 ECU 的自诊断系统中。　　　　　（　　）

7）电控泵喷嘴系统中电动喷油器的电磁阀通电时，实现喷油，断电时，停止喷油。

（　　）

8）柴油高压共轨喷射系统能够将喷射压力的产生和喷射过程彼此完全分开。

（　　）

9）通过对共轨管内的油压实现精确控制，使高压油管压力的大小与发动机转速无关。　　　　　　　　　　　　　　　　　　　　　　　　　　　　　　　　（　　）

10）输油泵以发动机一半转速旋转，压送机构通过改变凸轮的齿数来控制发动机的缸数。　　　　　　　　　　　　　　　　　　　　　　　　　　　　　　　　（　　）

11）PCV 的作用是调节输油泵的燃油输送量，以便调节油轨压力。（　　）

12）燃油压力限制器的作用是确保共轨中的压力失控后不会超压。（　　）

3. 问答题

1）为什么安装共轨电控喷射系统的高压燃油泵时不需要确定正时位置？

2）电控共轨系统的组成和工作原理是什么？

3）高压油泵的工作原理是什么？

发动机电控系统的故障诊断

【学习目标】

1. 了解电控发动机诊断常用检测仪器和设备的使用方法。
2. 了解故障诊断的基本原则和注意事项。
3. 会操作常见的诊断仪器和设备。
4. 掌握故障码的读取、分析和消除方法。
5. 掌握发动机故障诊断程序及数据流分析方法。
6. 能够根据故障现象诊断并排除发动机电控系统常见故障。

任务一　常用工具及测试仪器认知与使用

【任务目标】

⭐ **知识目标：**
　　1. 了解常用的工具和测试仪器和功用。
　　2. 掌握常用工具和测试仪器的使用方法和流程。

◉ **技能目标：**
　　1. 能识别常用工具和测试仪器。
　　2. 会调试和使用测试仪器。

⬡ **素养目标：**
　　1. 与小组成员合作交流，培养团队意识。
　　2. 养成规范作业的良好习惯，培养责任担当和安全意识。
　　3. 严格操作规程。
　　4. 严格执行 7S 现场管理。

【课堂互动】　**【基本理论知识】**

一、汽车专用万用表

汽车专用万用表是检测汽车电路最基本也是最常用的工具,如图7-1所示。

其主要功能有测量汽车分电器触点闭合角、发动机转速、交流/直流电压、电流、电阻、温度、二极管正向压降及电路通断等。

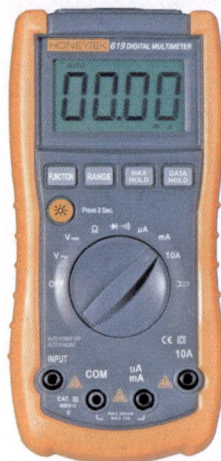

二、汽车专用示波器

在汽车维修过程中,利用解码器很难准确判断具体的故障部位。例如,当解码器指示"氧传感器信号不良"时,并不能认定是氧传感器坏了,而可能的故障部位有氧传感器、传感器与ECU之间的连接线以及ECU等。这时候就要借助其他仪器来测试了,而示波器在直接判断元件故障时特别有效,它可以直接拾取元件的工作信号,再现其工作状况,通过波形分析,可立即判断出该元件是否失效。

▲ 图7-1　汽车专用
万用表

例如,一辆红旗轿车,发动机转速达到4300r/min时排气管放炮,转速不能继续提升。故障诊断仪读取故障码显示对应故障为霍尔传感器信号超出容限。在发动机运转时清除故障码后,故障消失;然后关闭发动机,重新起动发动机,故障重新出现。根据故障码内容和故障现象分析,应是点火控制不正常,而ECU主要是根据霍尔传感器信号和曲轴位置传感器信号来确定点火时间的,经过一系列检查后,都没有发现故障,此时诊断工作似乎陷入困境。进一步分析,霍尔传感器信号和曲轴位置传感器信号的同步性(图7-2a),虽然从单个信号波形看,都是正常的,但如果两个信号不同步,将直接影响点火正时。于是用双通道示波器对上述两个传感信号同时进行测试,测得结果如图7-2b所示,经过相应的调整后故障消失。

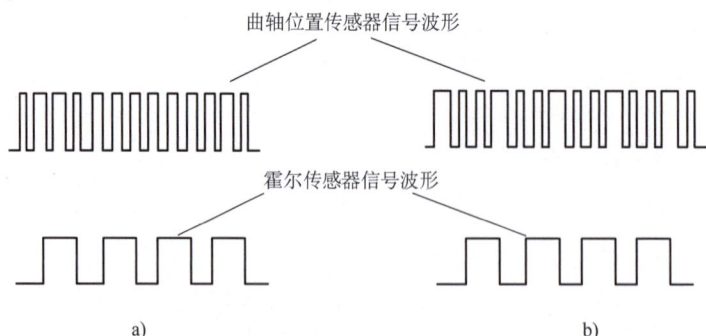

曲轴位置传感器信号波形

霍尔传感器信号波形

a)　　　　　　　　　　　　　　b)

▲ 图7-2　曲轴位置传感器与霍尔传感器波形图
a)同步　b)不同步

图7-3所示为汽车检修使用的汽车专用示波器。该示波器是一个二维电压表,它将测得的电压和时间的关系以曲线的形式显示出来。利用示波器可以测试一次和二次点火电路及充电系统的元件,还可以检测复杂的电子电路。示波器是一种多用途工具,它可以帮助技术人员查找间歇性故障。在现代汽车管理系统的检测诊断中,汽车专用示波器

是一种很重要的必备的检测设备。

汽车专用示波器有模拟式和数字式两种。模拟式和数字式示波器最主要的区别是描述电压轨迹的方式不同。模拟式示波器显示的信号是一条连续描述电压轨迹的曲线。在数字式示波器中，取样点间以连续直线来表示电压轨迹，计算机内一个类似于数字转换器的设备根据从探测器中得出的模拟信号产生这些取样点。

通过示波器可以看到电流如何在电路中流动，并可观察到电路中发生的变化。示波曲线是信号电压随时间的变化关系曲线，可以用来检测电压信号的振幅、状态变化、频率和脉冲宽度等。

三、燃油压力表

图7-4所示为汽车燃油压力表。该表被用来测试燃油系统的压力。因为燃油系统压力达到额定标准是发动机正常工作的前提，在不同的载荷条件下，发动机燃油系统压力值会有所不同。

用燃油压力表测量系统初始油压、工作油压、最大油压、残余油压各是多少。

▲ 图7-3　汽车专用示波器

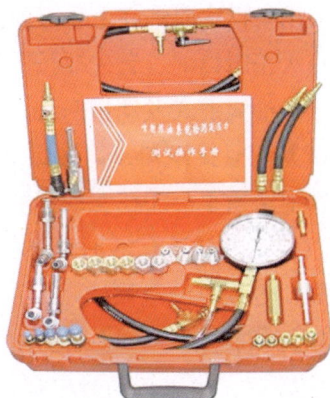

▲ 图7-4　燃油压力表

四、真空压力表

图7-5所示为汽车检修专用的真空压力表。它可以用来检测进气歧管的真空度，以及低压（如增压器增压压力）或机械燃油泵压力。真空压力表通过软管以及各种接头连接在发动机进气歧管上，能够检测气缸的密封性和发动机的负荷状态。

真空压力表的量程是多大？
一般气缸的压力是多大？

五、试灯

试灯如图7-6所示，可以测试电路中是否存在断路或短路。

▲ 图7-5　真空压力表

在教师的指导下，制作试灯。

六、点火正时灯

图 7-7 所示为汽车检测过程中经常使用的点火正时灯。正时灯以蓄电池为电源。基本用途是检查发动机的点火正时和点火提前角。大多数正时灯有一个与 1 缸火花塞高压线相连的夹线钳。正时灯上有一个控制按钮，它相当于一个开关，当发动机运转时，按下按钮，1 缸火花塞点火时，正时灯就会射出一束光。

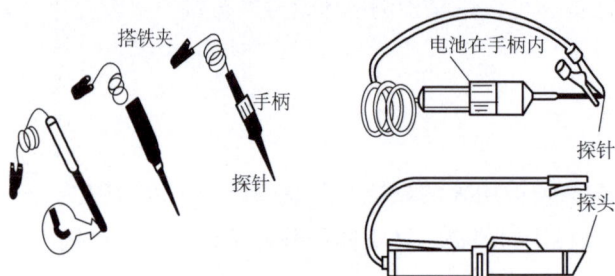

▲ 图 7-6　试灯

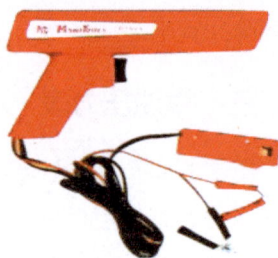

▲ 图 7-7　点火正时灯

正时刻度通常标注在曲轴带轮或飞轮上，在正时刻度正上方的缸体上有 1 个固定的指示标记。正时刻度是几条刻度线，表示 1 缸火花塞点火时活塞距上止点的曲轴转角度数。曲轴带轮处于上止点时的位置和角度通常用一组正时刻度标明。有的正时刻度还包括角度刻线，用来标注曲轴在上止点前后的位置。

在检查点火正时以前，首先要按照汽车制造商推荐的全部程序，对发动机进行必要的操作。对于燃油喷射式发动机来说，必须进行相关的准备工作，例如在检查基本点火正时前，要断开正时接线器，以确保 ECU 不修正点火提前角，提前角处于相对稳定状态。这些操作提示通常会印在发动机罩下面的标签上。

发动机以特定的转速运转时，每当被夹线钳的气缸点火时（如 1 缸），正时灯就会闪 1 次。例如，若汽车制造商确定的正时刻度是上止点前曲轴转角 12°，当点火时间正确，指针将正好指在 "12°" 的正时刻度上。如果正时刻度出现的位置不合适，可以松开分电器固定螺钉，然后转动分电器，直到刻度线与指示标记重合，然后拧紧固定螺钉。对于无分电器电子点火系统来说，点火正时的位置是不可调节的。

如果点火正时过早，发动机在加速或大负荷时可能爆燃。如果点火正时过晚，发动机功率下降，可能造成发动机过热。

有的正时灯背面有度数显示，该度数表示发动机加速时提前角的大小。压下正时灯上的控制按钮，正时灯闪亮，然后从数字显示屏上即可读出点火提前角。

注意：由于车型不同，测试基本点火正时角度的操作方法略有不同，应参考各自的维修手册。

七、手动真空泵

手动真空泵如图 7-8 所示，主要用来检测发动机进气系统是否漏气。

八、喷油器清洗检测仪

电喷车辆在使用过程中，会由于发动机内的燃油混

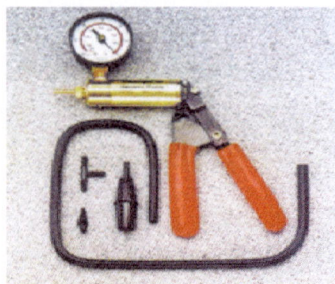

▲ 图 7-8　手动真空泵

合气燃烧，使喷油器出现积炭，或者由于燃油中的杂质等堵塞了喷油器通路，造成发动机发生抖动或耗油量增大等一系列问题。因此，适时清洗喷油器是车辆维护中不可忽视的一个内容。如果车辆出现上述问题或行驶里程达到 4 万 ~6 万 km（使用燃油质量越好，行驶里程越长），就需要对喷油器进行清洗。目前维修厂普遍采用的清洗方式是将喷油器拆下，并用喷油器清洗检测仪（图 7-9）进行清洗。其优点是不损伤被洗喷油器，清洗效果好，能完全恢复喷油器性能。此外，喷油器清洗检测仪可以测试喷油器单位时间内的喷油量是否合适、各喷油器喷油量是否均匀一致以及检测喷油器喷油时的喷射角度和密封性。

【课堂互动】

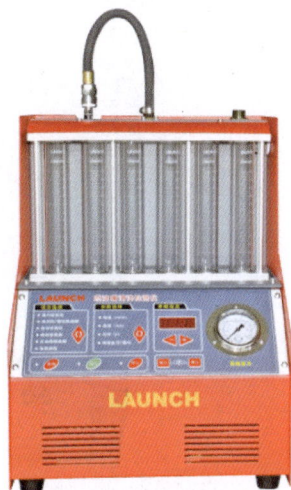

▲ 图 7-9　喷油器清洗检测仪

九、汽车故障诊断仪

汽车故障诊断仪俗称解码器，是一种多功能的诊断检测仪器。下面具体介绍几种常用的汽车故障诊断仪。

1. 道通 MaxiSys MS908SPRO

如图 7-10 所示，MaxiSys MS908SPRO 是新一代在线编程综合诊断维修检测设备，是集智能诊断、在线编程、远程诊断、多项特殊功能为一体的高端智能诊断产品，而且是国内可针对多个车系进行 ECU 编程的综合型诊断仪。

道通 MaxiSys MS908SPRO 组件由 MaxiSys 平板诊断设备、车辆通信接口（VCI）、配件等组成，如图 7-11 所示。它支持全球 115 个车系，上万种车型故障诊断，支持功能有控制模块编程设码、引导功能、ECU 更换匹配、仪表更换匹配、气囊复位、智能巡航控制标准、防盗匹配、前照灯调节、转向盘角度传感器标定、胎压监测系统、喷油器编程、空气悬架标定、DPF 尾气后处理、解除车辆运输模式、保养灯归零、节气门匹配、电子驻车启动、天窗门窗初始化学习、ABS 排气、遥控器匹配、离合器踏板学习、蓄电池更换、空调初始化学习、变速器初始化等。

互联网与我们生活息息相关的今天，汽车故障诊断是否可以实现网络诊断？

道通 MaxiSys MS908S-PRO 是通过哪些方式实现与网络的连接的？

▲ 图 7-10　道通 MaxiSys MS908SPRO

▲ 图 7-11　道通 MaxiSys MS908SPRO 组件

2. 博世 KT720 汽车故障诊断仪

博世 KT720 汽车故障诊断仪是集汽车诊断、汽车分析两大功能于一体的专业汽车故障诊断仪，如图 7-12 所示。其具有解码示波一体化、长距离无线诊断、软件响应快、操作简单等特点。

为什么说博世 KT720 是一款功能强大的汽车故障诊断仪？

博世 KT720 汽车故障诊断仪由主机、诊断插头、测试线等组成，如图 7-13 所示，并可结合安装在 PC 机里的软件程序使用。

你能从 KT720 主机上读取数据吗？

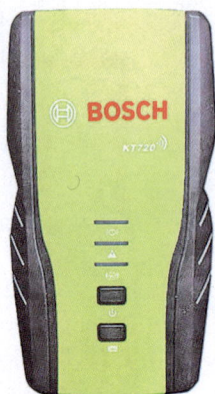

▲ 图 7-12　博世 KT720 汽车故障诊断仪

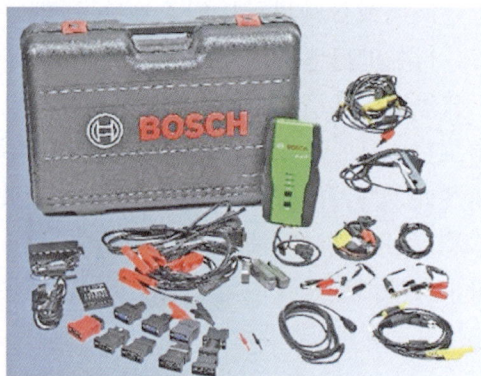

▲ 图 7-13　博世 KT720 汽车故障诊断仪组件

在进行诊断和分析功能时，通过什么程序进行操控？

博世 KT720 汽车故障诊断仪的功能主要有汽车诊断功能和汽车分析功能。汽车诊断功能包括读版本信息、读故障码、清故障码、读数记录据流、动作测试等。汽车分析功能主要有电子元器件测试，包括各类传感器、执行器，通用示波器、点火示波器、万用表数据分析及记录仪波形对比等功能。

3. X431pro3s+ 汽车故障诊断仪

X431pro3s+ 汽车故障诊断仪如图 7-14 所示，它集成了汽车诊断、即时通信、车云平台的功能，通过手机客户端与专业的汽车诊断插头进行蓝牙连接，获取车辆信息和数据，实现车辆故障诊断。通过连接互联网，能够实时远程诊断车辆故障，查询维修资料，参与维修维护、交流互动等。这些功能不断扩展，从而打造一个以

X431pro3s+ 汽车故障诊断仪可以实现远程故障诊断吗？

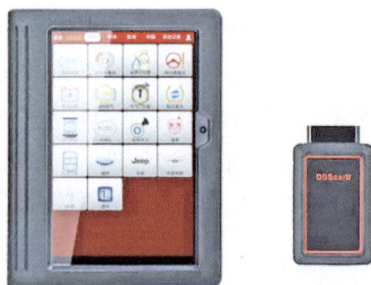

▲ 图 7-14　X431pro3s+ 汽车故障诊断仪

汽车维修技师、汽车维修企业和车主共同参与的维修技师工作平台。其主要由主机和诊断插头组成。

十、汽车尾气分析仪

随着社会的发展，人们对汽车尾气排放物的要求越来越严格，因此在汽车检修过程中需运用汽车尾气分析仪来测量发动机排气管排出的各种有害气体的含量。

博世 BEA060 汽车尾气分析仪如图 7-15 所示，是可以精确地测量 CO、CO_2、HC、O_2 和 NO_x（可选配）的尾气值的测试仪之一。它有蓝牙和 USB 两种连接方式，通过 PC 操作控制，所有的测量附件集成在一个单元中，设备紧凑、质量小。

你知道 HC、CO、NO_x 的产生机理吗？

▲ 图 7-15　博世 BEA060 汽车尾气分析仪

十一、发动机综合分析仪

【课堂互动】

图 7-16 所示为汽车检修过程中经常使用的发动机综合分析仪。它实际上是不同的汽车测试仪的组合，储存有不同年份生产汽车的传感器参数。在测试过程中，分析仪把汽车输入的数据与性能指标进行比较，最后辨明汽车的参数与性能指标是否一致，提出诊断结果并找出参数差异的准确原因。

发动机分析仪一般分为人工测试和自动测试两种状态。如果技术人员选择了自动状态，那么分析仪就会自动完成一系列测试；如果选择了人工状态，分析仪仅完成所选择的那项测试。在自动状态进行一系列测试时，分析仪需要输入各系统的工作状态，这些系统包括点火系统、起动系统、进气系统、燃油系统和排放系统。

发动机综合分析仪的功用是什么？

▲ 图 7-16　发动机综合分析仪

【任务实施】

任务实施 1　汽车故障诊断仪的使用

1. 目的与要求
1）学会汽车故障诊断仪的使用。
2）能够正确使用汽车故障诊断仪进行故障码、数据流的读取。
3）能够根据检测到的数据对汽车发动机故障进行简单的分析。

2. 设备与器材
汽车 1 辆、汽车故障诊断仪、万用表、常用拆装工具、相应的汽车维修资料。

当发动机出现故障的时候，首先需要做什么？

3. 内容与步骤
1）根据车辆的型号，选择正确的诊断插头，组装汽车故障诊断仪。

任务完成（　　）

2）将汽车故障诊断仪与车辆进行连接。

任务完成（　　）

3）打开点火开关，起动故障诊断仪。　　　　任务完成（　　）

4）根据故障诊断仪的使用说明书，进入诊断画面，根据发动机适用的车型选择生产厂家、车型、发动机型号。　　　　任务完成（　　）

5）进入选择菜单后，能够正确地读取故障码。

① 第 1 次读取到的故障码：

_____

② 清除故障码。　　　　　　　　　　　　任务完成（　　）

③ 再次读取故障码：

_____

6）选择"数据流"选项，进行发动机数据流的读取。　　　　　　任务完成（　　）

7）增大节气门开度，改变发动机运行状态，观察冷却液温度、空气流量（进气压力）、发动机转速、节气门开度、喷油时间、点火提前角等数据的变化情况。将观察到的数据记录到下表中。

被测数据项目	怠速	节气门打开
空气流量		
发动机转速		
节气门开度		
喷油时间		
点火提前角		

被测数据项目	发动机刚起动	2min 后
冷却液温度		

8）根据测量值判断发动机工作是否正常。如果不正常，请分析哪个部件有故障。

_____

9）用汽车万用表检查元件及其线束。

_____

任务实施 2　汽车尾气测量

1. 目的与要求

1）学会使用汽车尾气分析仪并对车辆尾气进行测量。

2）理解三元催化的作用及工作条件。

3）学会根据汽车尾气含量分析汽车发动机的故障。

2. 设备与器材

汽车 1 辆、发动机实验台架 1 台、汽车尾气分析仪、常用拆装工具及相应的维修资料。

3. 内容与步骤

（1）汽车尾气检查

1）连接好汽车尾气分析仪，将取样管插入排气尾管，不得小于 300mm（参考汽车尾气分析仪使用说明书）。　　　　　　任务完成（　　）

2）打开汽车尾气分析仪并预热，选择测量选项，起动发动机。　任务完成（　　）

3）观察刚起动时的各种气体的体积分数（尾气的示数将在某些数值停留很短的一段时间）并记录在下表中。

4）继续观察三元催化转化器预热后，各种气体的体积分数变化情况，记录在下表中。

5）将发动机转速设定在 3000r/min，观察各种气体的体积分数变化情况，记录在下表中。

【课堂互动】

测量时段	所测气体及其体积分数				
	CO	CO_2	HC	O_2	NO_x
刚起动时					
三元催化转化器预热后					
3000r/min 时					

（2）故障模拟测试

1）让发动机冷却至常温。

2）将三元催化转化器前的氧传感器拆下。注意：不要被排气管烫伤。

任务完成（　　）

3）将取样管从该处插入排气管，起动发动机，同时观察各种气体体积分数的变化，记录在下表中。

4）继续观察发动机预热后，各种气体的体积分数变化情况，记录在下表中。

被测气体	CO	CO_2	HC	O_2	NO_x
体积分数					

5）比较与排气尾管处的各气体体积分数是否一致。若一致，说明什么问题；若不一致，说明什么问题？

_____

6）从气门室盖上拆下 PCV。记录此时汽车尾气分析仪测得的 CO 的体积分数：_____%。

7）用大拇指堵住 PCV。记录此时 CO 的体积分数：_____%。

8）与步骤 4）的测量值进行对比，对观察到的现象进行分析。

_____

_____

9）断开某缸的喷油器连接，观察各气体的体积分数：

被测气体	CO	CO_2	HC	O_2	NO_x
体积分数					

10）与步骤 4）的测量值进行对比，对观察到的现象进行分析。

_____

11）接通被断开的喷油器，断掉某缸的高压线，观察各种气体的体积分数。注意：在断开的高压线处接一个火花塞，时间不要太长。

被测气体	CO	CO_2	HC	O_2	NO_x
体积分数					

12）与步骤 4）的测量值进行对比，对观察到的现象进行分析。

_____

_____

【课堂互动】

13）接通被断开的高压线，将取样管取出，从排气尾管处插入，观察各种气体的体积分数：

被测气体	CO	CO_2	HC	O_2	NO_x
体积分数					

14）与步骤4）的测量值进行对比，对观察到的现象进行分析。

_____

_____

【任务巩固】

1. 判断题

1）选择万用表的量程时，最好从高到低逐级进行选择。　　　　　　（　　）

2）万用表在测量前要在二极管档位进行校核，会发出蜂鸣声。　　　（　　）

3）示波器显示波形能够帮助确认汽车故障点。　　　　　　　　　　（　　）

4）将试灯跨接在被测电路的两端，如果灯不亮，说明被测电路有断路故障。

　　　　　　　　　　　　　　　　　　　　　　　　　　　　　（　　）

5）部分汽车故障诊断仪只有当电源被切断后，才可以拆下或插上程序卡。（　　）

6）测试尾气中真实的数据时，必须把分析仪的采样管插到三元催化转化器的下游。

　　　　　　　　　　　　　　　　　　　　　　　　　　　　　（　　）

7）发动机综合分析仪只是汽车故障诊断仪的升级版，功能一样。　　（　　）

8）汽车故障诊断仪无法读取传感器波形。　　　　　　　　　　　　（　　）

9）道通 MaxiSys MS908SPRO 汽车故障诊断仪尽管功能强大，却无法实现远程诊断。　　　　　　　　　　　　　　　　　　　　　　　　　　　（　　）

10）博世 KT720 汽车故障诊断仪无法对柴油汽车进行检测。　　　　（　　）

2. 选择题

1）下列（　　）准确描述了怎样用电压表测量一个负载上的电压降。

A. 接红表笔到蓄电池的正极接线柱，接黑表笔到一个已知良好的搭铁端

B. 接红表笔到负载正极端，接黑表笔到负载搭铁端

C. 接红表笔到负载正极端，接黑表笔到一个已知良好的搭铁端

D. 接红表笔到蓄电池正极接线柱，接黑表笔到负载蓄电池端

2）技术员甲说在进行发动机真空测试时，发动机应预热并在正常怠速状态运转；技术员乙说应将真空表连接到位于节气门下方的真空源上来测量发动机的真空。说法正确的是（　　）。

A. 只有甲正确　　　　　　　　　　B. 只有乙正确

C. 两人均正确　　　　　　　　　　D. 两人均不正确

3）进行燃油压力检测时，按正确的工序应该首先进行（　　）。

A. 断开燃油蒸发罐管路

B. 将燃油压力表连到电控燃油喷射系统的回流管路上

C. 在将燃油压力表连接到电喷系统前，先将管路中的压力卸掉

D. 拆下燃油机（分配器）上的燃油管　　　　　　　　　　　　　　　【课堂互动】

4）在用四气分析仪测试复合式车辆尾气时，技术员甲说当混合气较浓时，O_2 读数会偏低；技术员乙说混合气较浓时，CO 读数较高。说法正确的是（　　）。

A. 只有甲正确　　　　　　　　　　B. 只有乙正确

C. 两人均正确　　　　　　　　　　D. 两人均不正确

3. 问答题

1）汽车专用万用表的主要功能有哪些？

2）汽车故障诊断仪具有哪些功能？

任务二　故障诊断操作流程

【任务目标】

⭐ **知识目标：**

1. 掌握诊断维修的基本原则和注意事项。

2. 掌握发动机故障诊断的方法和基本程序。

⬢ **技能目标：**

1. 会使用测试仪器。

2. 能按照正确的流程进行故障诊断与分析。

⬡ **素养目标：**

1. 与小组成员合作交流，培养团队意识。

2. 养成规范作业的良好习惯，培养责任担当和安全意识。

3. 严格操作规程。

4. 严格执行 7S 现场管理。

【基本理论知识】

一、诊断维修的基本原则

发动机故障诊断的基本原则可概括为以下 4 点。

1. 先外后内

在发动机出现故障时，应先对发动机管理系统以外的可能故障部位予以检查，这样可避免本来是一个与管理系统无关的故障。

2. 先简后繁

应先对能以简单方法检查的可能故障部位进行检查。例如直观诊断最为简单，可以用看、摸、听等直观检查方法将一些较为显露的故障迅速查找出来。直观诊断未找出故障，需借助于仪器仪表或其他专业工具来进行诊断时，也应先对较容易检查的予以检查。

3. 先熟后生

由于结构和使用环境等原因，发动机的某一故障现象可能是以某些总成或部件的故障最为常见，应先对这些常见故障部位进行检查。若未找出故障，再对其他不常见的可能故障部位予以检查。这样做，往往可以迅速地找出故障，省时省力。

4. 先思后行

对发动机的故障现象先进行故障分析，了解可能的故障原因有哪些，然后进行故障检查。这样可避免故障检查的盲目性，即不会对与故障现象无关的部位做无效的检查，又可避免对一些有关部位漏检而不能迅速排除故障。

二、汽车故障诊断流程与操作程序

1. 汽车故障诊断流程

在排除故障时，务必采用逻辑诊断方法，从而避免错误的假设。维修技师应按照图 7-17 所示的发动机故障诊断流程按部就班地对故障进行诊断。

第1步 基本检查
1) 听取和验证用户报修故障
2) 进行直观检查
3) 测试发动机子系统
 ·机械部分(压缩)
 ·点火部分
 ·燃油部分
4) 检查进气系统是否泄漏
5) 检查并调整发动机
 ·点火正时
 ·怠速转速

第2步 自诊断
1) 若装备了自诊断系统，检查有无故障码
2) 处理产生故障码的原因
3) 清除控制ECU存储器，并重复测试

第3步 故障诊断症状
1) 如果没有自诊断系统或没有故障码存在，通过故障症状来查找故障
2) 排除故障

第4步 系统和部件测试
1) 进行所需测试
2) 验证故障是否修理好

▲ 图 7-17 发动机故障诊断流程

2. 汽车故障诊断操作程序

（1）车辆安全防护 对车辆进行安全防护，包括铺设车内三件套、车外三件套、车轮挡块、尾气抽排管，确认车辆档位在驻车档，驻车制动器处于驻车状态等，如图 7-18 所示。

（2）车辆前期检查 对车辆起动前进行前期检查，包括发动机机油液位检查、冷却液液位检查、制动液液位检查、发动机舱内插接件基本检查、搭铁点

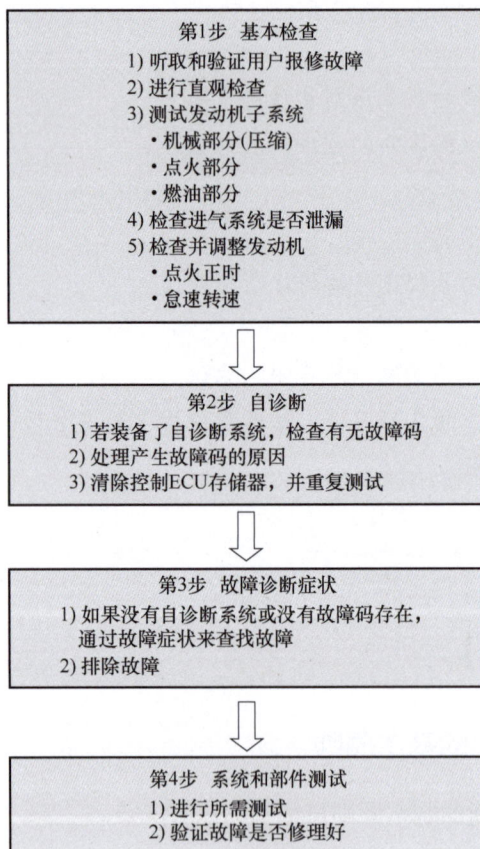

安装情况检查等。

▲ 图7-18　车辆安全防护

（3）连接汽车故障诊断仪并读取故障码　关闭点火开关，连接汽车故障诊断仪，选取车辆品牌、车辆型号、发动机型号等数据后进入读取故障码界面，读取并记录故障码，读取后再次检查该故障码涉及的插头是否松脱。如有松脱，复位后清除故障码，再次起动发动机并读取故障码，此时的故障码才是"真"码。

（4）故障排除　根据维修手册、电路图等资料，对故障进行排除，操作步骤严格按照维修手册步骤进行。在检测过程中，需要注意万用表的档位切勿使用错误。在测量电路电阻值时，需要断开蓄电池负极连接。要插拔熔丝、继电器、插头等时，应先关闭点火开关。

（5）场地恢复　作业完成后，需要对场地、车辆及设备进行复位。

【任务实施】

1. 目的与要求

1）学会汽车故障诊断流程。

2）能够使用故障诊断仪、检查工具和量具对车辆进行故障检测。

2. 设备与器材

汽车1辆，汽车故障诊断仪、万用表、常用拆装工具、相应的汽车维修资料。

3. 内容与步骤

项目	作业记录内容
一、故障描述	
二、前期准备、安全检查	
三、仪器连接	

【课堂互动】

温馨提示：

严格规范操作规程，切实增强安全意识

"安全无小事，责任大于天"。故障诊断排查过程中要充分认识安全规范的重要性，以高度的责任心、使命感进行规范操作，进一步明确安全职责，加强自我安全意识提升，时刻把安全规范放到首位。

温馨提示：

发动机电控部分是比较复杂的系统，在诊断故障时，需要掌握系统的检修步骤和方法。从原则上讲，在对电控发动机进行故障诊断时，需要首先系统、全面地掌握电控系统的结构、工作原理和电路连接方法，明确电控系统中各部分可能产生的故障及对整个系统的影响；运用科学的故障诊断方法对系统故障现象进行综合分析、判断，确定故障的性质和可能产生此类故障的原因和范围；制定合理的诊断程序，进行深入诊断和检查。

【课堂互动】

（续）

项目	作业记录内容		
四、故障现象确认	确认故障症状并记录症状现象（根据不同故障范围，进行功能检测，并填写检测结果）		
	① 仪表显示	□ 正常	□ 不正常
	② 发动机起动及怠速运转状况	□ 正常	□ 不正常
	其他（如果有）＿＿＿＿＿＿＿＿＿	□ 正常	□ 不正常
五、故障码检查	□ 无 DTC □ 有 DTC：＿＿＿＿＿＿＿＿＿＿＿＿ 其他：＿＿＿＿＿＿＿＿＿＿＿＿＿		
六、正确读取数据和清除故障码	1. 冻结帧／故障记录（只记录故障发生时的数据帧内容） 2. 与故障特征相关的动态数据记录 3. 清除故障码 4. 确认故障码是否再次出现，并填写结果		
七、确定故障范围	根据控制原理、电路图及故障现象确认结果进行分析判断，分析可能的故障原因：		
八、基本检查	电路／插接器外观及连接情况　　□ 正常　□ 不正常 零部件安装等情况　　　　　　　□ 正常　□ 不正常		

项目	作业记录内容		
九、电路测量	※ 严格按照维修手册相关故障诊断流程的步骤进行操作 结合诊断流程和电路图对相关电路进行测量，在下表中标注和判断所有系统相关电路： 注明插件代码和编号，控制单元端子代号以及测量结果：		

电路范围	检查或测试后的判断结果	
	□ 正常	□ 不正常
	□ 正常	□ 不正常
	□ 正常	□ 不正常
	□ 正常	□ 不正常
	□ 正常	□ 不正常
	□ 正常	□ 不正常
	□ 正常	□ 不正常

（续）　　　　　　　　　【课堂互动】

项目	作业记录内容		
十、部件测试	对相关部件进行部件测试：		
	部件	检查或测试后的判断结果	
		□ 正常	□ 不正常
		□ 正常	□ 不正常
		□ 正常	□ 不正常
		□ 正常	□ 不正常
		□ 正常	□ 不正常
		□ 正常	□ 不正常
十一、故障部位确认和排除	根据上述的所有检测结果，确定故障内容并注明： 1. 确定的故障 2. 故障点的排除处理说明		
十二、维修结果确认（表中项目检查有内容时填写检查结果，如果没有时填写"无"）	1. 维修后故障码读取，并填写读取结果 2. 与原故障码相关的动态数据检查结果 维修后的功能确认并填写结果		
十三、现场恢复			

【任务巩固】

1. 判断题

1）发动机电控系统电路的通断必须在点火开关断开时或蓄电池搭铁线拆下时进行。

（　　）

2）在检测控制系统电阻时，指针式和数字式两种万用表均可以使用。　　（　　）

3）自诊断系统对所设故障码以外的故障无能为力，特别是机械装置、真空装置等的故障。　　　　　　　　　　　　　　　　　　　　　　　　　　　　　　　　（　　）

【课堂互动】

2. 选择题

1）在听取和验证用户报修故障后应进行的步骤是（   ）。

A. 自诊断   B. 直观检查   C. 测试发动机子系统

2）拆卸和安装发动机 ECU 的插接器前，应首先将点火开关关闭，然后拆下（   ）。

A. 蓄电池正极上的搭铁线

B. 蓄电池负极上的搭铁线

C. 同时拆下蓄电池正、负极上的搭铁线

3. 问答题

汽车故障诊断与排除的一般步骤是什么？

任务三   自诊断系统的功能及测试过程

【任务目标】

⭐ **知识目标：**

1. 理解故障码识别与存储的原理。

2. 掌握故障码的读取和消除的方法。

3. 了解故障诊断系统的特点。

◎ **技能目标：**

1. 会使用诊断仪器读取和消除故障码。

2. 能运用诊断和测试仪器进行故障诊断。

⬡ **素养目标：**

1. 与小组成员合作交流，培养团队意识。

2. 养成规范作业的良好习惯，培养责任担当和安全意识。

3. 严格操作规程。

4. 严格执行 7S 现场管理。

【基本理论知识】

一、故障码识别与存储的原理

1. 故障码的存储原理

故障自诊断模块监测的对象是电控汽车上的各种传感器（如空气流量计）、电控系统本身以及各种执行元件（如继电器），故障判断正是针对上述 3 种对象进行的。故障自诊断模块共用汽车电控系统的信号输入电路，在汽车运行过程中监测上述 3 种对象的输入信息，当某一信号超出了预设的范围值且这一现象在一定的时间内不会消失时，故障自诊断模块便判定这一信号对应的电路或元件出现故障，并把这一故障以代码的形式存入内部存储器，同时使仪表盘上的故障指示灯亮起。

你知道软、硬故障码是什么意思吗？

2. 故障码的识别

发动机电控系统都在仪表板上设置一个发动机故障指示灯（Malfun Indictionator Light，MIL），有时称为发动机故障警告灯或发动机检查灯。其主要用于在出现与排放有关的传感器或系统故障时，警示驾驶人。发动机故障灯亮时，各车标志不一样，常见的是显示"CHECK""CHECK ENGINE"或发动机符号，如图 7-19 所示。

（1）故障报警　发动机运行中，当发动机控制模块检测到控制系统出现故障时（不是全部故障），立即输出控制信号，接通故障指示灯电路，使发动机故障指示灯亮，通知驾驶人发动机已发生故障。图 7-20 所示为故障指示灯的控制电路。直到故障排除，恢复正常工作后，发动机检查灯才熄灭。

▲ 图 7-19　发动机故障指示灯

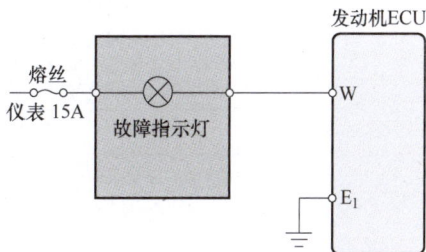

▲ 图 7-20　故障指示灯的控制电路

注意：在故障指示灯亮或闪烁后，虽然通过断电或其他方式可以使其暂时熄灭，但只要故障尚未排除，故障指示灯还会亮。因此，绝对不能仅熄灭故障灯而不维修故障。

（2）检查故障指示灯工作是否正常（灯泡检测）　在发动机未起动前，驾驶人将点火开关打开（ON）时，发动机控制模块将要进行自检过程时，发动机故障指示灯应亮数秒钟，此即为灯泡检测。如果灯不亮，一般说明故障指示灯电路有故障，如灯丝烧断、熔丝烧断或导线断路、发动机 ECU 供电或搭铁不良。发动机起动后（一般情况下，发动机转速高于 500r/min）、发动机正常工作情况下，发动机故障指示灯应自动熄灭。如果灯继续亮，说明自诊断系统检测到发动机管理系统有故障。

二、故障码的读取和消除的方法

1. 故障码的读取

故障码的读取有两种方式，一种是人工方式，另一种是外接设备方式，即利用故障诊断仪（解码器）。

将检测仪器连接到诊断接口，将点火开关旋至 ON 位置并打开检测仪，选择相应的菜单项目，检查并记录故障码。检测到故障时，发动机电控系统会记录发动机状态到定格数据中，可借助定格数据判断故障发生时车辆是运行还是停止、发动机是否暖机、空燃比稀还是浓及其他数据。

2. 故障码的清除

1）使用故障诊断仪清除故障码。将检测仪连接到故障诊断接口，将点火开关旋至 ON 位置并打开检测仪，选择相应的菜单项目进行清除。

2）不使用检测仪清除。断开蓄电池负极电缆 1min 以上或拆下 EFI 熔丝 1min 以上，即可清除故障码。

三、利用故障码诊断故障

对于不同的车型、不同的故障码，其诊断和排除故障的方法不尽相同，因此，在利用故障码进行诊断时，必须查阅相应车型的维修资料。一般情况下，可参照图 7-21 所示步骤进行故障码诊断。

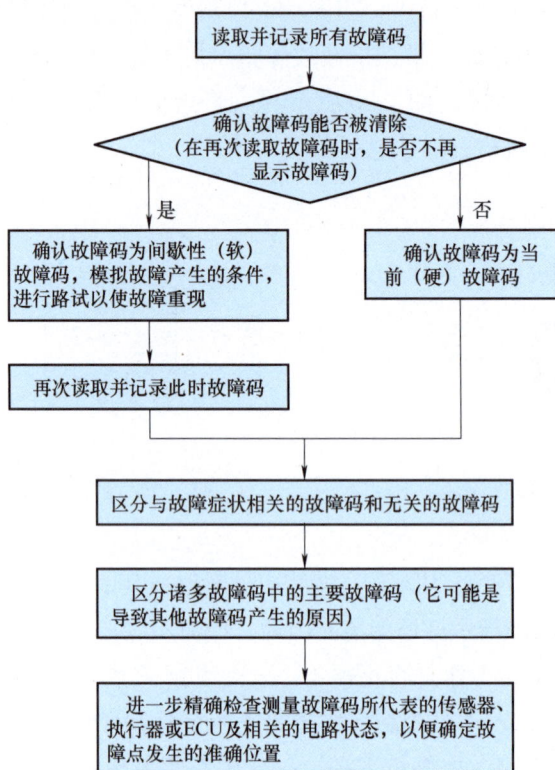

▲ 图 7-21　故障码诊断步骤

图 7-21 中最后 3 项内容是故障码分析的重点，也是需要进一步检查的方向。

在整个分析和检查过程中，应明确：整个控制系统是由许多子系统（各个传感器、执行器、电源及 ECU 中的各部分电路等）电路所组成的，而每一个子系统电路是由传感器（或执行器）、插接器、电路和 ECU 内部的该子系统电路所组成，因此反映某个子系统故障的故障码并不一定单是该传感器（或执行器）出现故障，而是表示该子系统的信号出现不正常的现象，不正常的原因则可能出现在组成该子系统的任何一部分，如元器件、插头、电路或 ECU 上。所以故障码仅为维修人员提供了进一步检测的大方向，还需要根据相应的技术资料，利用可能的检测手段进一步测量。

四、OBD-Ⅱ 系统

1. OBD-Ⅱ 概述

OBD-Ⅱ 是 ON-BOARD DIAGNOSITICS-Ⅱ（随车诊断装置）的简称。OBD-Ⅱ 的特点是统一诊断座形状，为 16pin（针），其功能见表 7-1。具有数值分析资料传输功能（DATA LINK CONNECTOR-DLC），统一故障码及意义，具有行车记录器功能，具有重新显示记忆故障码功能，并可由仪器直接清除故障码。

表 7-1　OBD-Ⅱ诊断座各端子功能

端子	功　能	端子	功　能
1	供制造厂应用	9	供制造厂应用
2	SAE-J1850 资料传输	10	SAE-J1850 资料传输
3	供制造厂应用	11	各生产厂家自动设定
4	车身直接搭铁	12	各生产厂家自动设定
5	信号回路搭铁	13	各生产厂家自动设定
6	供制造厂应用	14	各生产厂家自动设定
7	SO-9141 资料传输 K	15	ISO-9141 资料传输 L
8	供制造厂应用	16	接蓄电池 "+" 极

2. OBD-Ⅱ统一故障码

SAE 规定 OBD-Ⅱ故障码由 5 位构成。例如，故障码 P1352。

1）第 1 位是英文字母，代表测试的系统。

如果是 B（BODY），则代表车身；C（CHASSIS）代表底盘；P（POWER TRAIN）代表发动机、变速器；U 未定义，由 SAE 另行发布。

2）第 2 位为数字，代表汽车制造厂码，0 代表 SAE 定义的故障码，其他 1~9 代表各汽车制造厂自行定义的故障码。

3）第 3 位为数字，由 SAE 定义的故障范围，见表 7-2。

4）第 4、5 位为数字，代表汽车制造厂原厂故障码。

表 7-2　SAE 定义的故障范围

故障码	诊断内容
1	燃油和空气测试不良
2	燃油和空气测试不良
3	点火系统不良或发动机间歇熄火
4	汽车尾气控制系统辅助装置不良
5	汽车或怠速控制系统部件不良
6	ECU 或执行元件系统故障
7	变速器控制系统故障
8	变速器控制系统故障

【任务实施】

1. 目的与要求

熟悉并掌握自诊断系统的功能及测试过程。

2. 设备与器材

发动机或者试验台架、汽车万用表、跨接线、常用拆装工具及相应的维修资料。

【课堂互动】　　　3. 内容与步骤

1）打开点火开关，观察发动机故障灯是否亮。是（　　　）否（　　　）

2）根据观察结果写出检查意见。

_____

3）起动发动机，观察发动机故障灯是否熄灭。是（　　　）否（　　　）

4）如果故障灯继续亮，说明发动机管理系统有故障。请将发动机表现的故障症状记录下来。

_____

_____

5）将发动机熄火，然后将跨接线短接故障诊断口的端子 TE1 和 E1。

6）打开点火开关，观察故障灯的闪烁次数，并在下面记录故障灯闪出的故障码。

_____

7）根据闪出的故障码，查出故障码代表的故障信息，并记录在下面。

_____

_____

8）关闭点火开关，断开跨接线，从熔丝盒中拔出 EFI 熔丝（20A）10s 以上，然后将 EFI 熔丝放回。

9）起动发动机，观察故障灯是否一直亮。是（　　　）否（　　　）

10）如果故障灯没有亮，说明什么问题？

_____

11）如果故障灯继续亮，将发动机熄火，重新短接端子 TE1 和 E1，然后将点火钥匙置于"ON"档（不起动发动机）。观察故障灯的闪烁次数，并在下面记录故障灯闪出的故障码。

_____

_____

12）对比第一次闪出的故障码，看是否一样。是（　　　）否（　　　）

13）如果不一样，请指出哪些是软故障，哪些是硬故障，并判断软故障可能产生的原因。

_____

_____

14）断开跨接线，用专用电表检查硬故障码所指示的系统元件。

① 检查这些传感器、执行器元件本身是否正常。

② 检查这些传感器、执行器连接电路是否有断路或短路。

③ 检查 ECU 搭铁是否正常。

④ 请将检查结果写在下面（被测元件及其电路的电压，并做出诊断结论）。

_____

_____

15）根据自己的诊断结论，排除故障。

16）排除故障后，清除故障码，然后重新短接故障诊断接口的端子 TE1 和 E1，观察故障灯是否高频率闪烁。是（　　　）　否（　　　）

17）如果没有高频率闪烁。请继续读取故障码，重复步骤 11）、12）、13）、14）、15）。　　【课堂互动】

18）如果故障灯高频率闪烁，说明故障已排除。

19）这次检查碰到的难题是什么？

_____

_____

_____

【任务巩固】

1. 判断题

1）读取故障码必须用专用的诊断仪。　　　　　　　　　　　　　　　　（　　）

2）历史故障码通常可能是由偶然情况或以前的维修引起的。　　　　　　（　　）

3）有故障码存在，说明发动机系统一定存在故障。　　　　　　　　　　（　　）

4）有些情况下，当有故障症状出现时，一定有故障，但不一定有故障码。

　　　　　　　　　　　　　　　　　　　　　　　　　　　　　　　　（　　）

5）利用故障码进行诊断只是多种故障诊断手段中的一种。　　　　　　　（　　）

6）自诊断系统对所设故障码以外的故障无能为力，特别是机械装置、真空装置等。

　　　　　　　　　　　　　　　　　　　　　　　　　　　　　　　　（　　）

7）自诊断系统只能根据传感器输入信号来判定有无故障，但不能确定故障的具体部位。　　　　　　　　　　　　　　　　　　　　　　　　　　　　　　（　　）

8）在汽车运行过程中，"CHECK"灯亮说明发动机工作正常。　　　　　（　　）

2. 选择题

1）丰田车系采用普通方式调取故障码时，将点火开关打开，不起动发动机，用专用跨接线短接故障诊断座上的端子（　　　），仪表板上的故障指示灯即闪烁输出故障码。

A. TE1 与 EP　　　　　　　　　　　　B. TE1 与 E1

C. VF1 与 E1　　　　　　　　　　　　D. TE2 与 E1

2）ECU 一般至少有（　　　）搭铁线，以确保 ECU 总是能良好搭铁。

A. 1 条　　　　　　B. 2 条　　　　　　C. 3 条　　　　　　D. 4 条

3）OBD-Ⅱ系统的诊断座有（　　　）针。

A. 6　　　　　　　B. 8　　　　　　　C. 10　　　　　　D. 16

3. 问答题

1）如何读取和清除丰田车系故障码？

2）使用跨接线时应注意什么？

3）OBD-Ⅱ系统的特点是什么？

参考文献 REFERENCES

［1］吴雅丽.汽车发动机电控技术［M］.长春：吉林大学出版社，2015.

［2］徐晓齐，李巍.汽车发动机系统维修实例精选集剖析［M］.北京：机械工业出版社，2012.

［3］黄艳玲，张贵武，姚杰.发动机电控系统检修［M］.北京：北京理工大学出版社，2015.

［4］嵇伟，桂江—.汽车新技术新配置［M］.北京：机械工业出版社，2012.

［5］吴海东.汽车车载网络控制技术［M］.2版.北京：机械工业出版社，2019.

［6］凌永成.车载网络技术［M］.北京：机械工业出版社，2013.

［7］杨维俊.电控柴油发动机结构原理与维修［M］.北京：机械工业出版社，2015.

［8］赵培全，景艳，张颂.车用柴油机电控技术［M］.北京：机械工业出版社，2012.

［9］侯红宾.汽车发动机电控系统检修［M］.北京：机械工业出版社，2021.

［10］李雷.电控发动机维修［M］.3版.北京：机械工业出版社，2021.

［11］曹红兵.汽车发动机电控技术原理与维修［M］.3版.北京：机械工业出版社，2023.